오진호 지음

PLAYER FOCUS

리그 오브 레전드
플레이어 중심주의

GOLDEN RABBIT

골든래빗은 가치가 성장하는 도서를 함께 만드실 저자님을 찾고 있습니다.

내가 할 수 있을까 망설이는 대신, 용기 내어 골든래빗의 문을 두드려보세요.

apply@goldenrabbit.co.kr

우리는
가치가 성장하는
시간을
만듭니다.

GOLDEN RABBIT

"그토록 필요했던 내용을 듬뿍 담은 바로 그 책이
ㄷㄷㄷㅈ"

스무 해 전 그룹사에서 함께 일하던 저자와 나는 2005년 게임 산업으로
옮긴 유일한 사람이 되었다. 당시 주위에서 "왜 잘 나가는 대기업을 그만
두고 PC방을 하느냐"라고 물을 정도로 게임 산업의 위상은 그리 좋지 못
했다. 저자는 게임 회사 한국 지사장으로, 나는 스타크래프트 구단주로서
다시 만났다. 그리고 12년 전 〈리그 오브 레전드〉가 처음으로 게임 메카
한국에서 돌풍을 일으키며 성장할 때, 나도 라이브 플랫폼을 세계 최초로
시작하며 게임 방송의 중심으로 〈리그 오브 레전드〉와 함께 성장해갔다.
〈리그 오브 레전드〉 프로구단 Freecs(현재 광동프릭스 KDF) 구단주로서
라이엇 게임즈 미국 본사에 있는 저자와 계속 인연을 이어갔다.
　강산이 두 번 변하는 동안 저자는 나에게 있어 존경하고 좋아하는 동료
이자 친구로서 항상 가까이 지냈다. 그런데 이 책을 읽으면서 나도 몰랐
던 무대 뒤의 많은 사연들, 눈물과 환희를 알게 되었다. 게임 산업이 아닌
뉴미디어 플랫폼 사업을 하는 나에게도 날카로운 관점과 가르침을 주는
이야기들도 적혀 있었다. 한 가지만 말하자면 '플레이어 포커스'라는 철
학을 빼놓을 수 없다. 사용자가 주인인 미디어가 비전인 아프리카TV에서,
게임 콘텐츠와 관련해서 게임 회사와의 협력은 매우 중요한데, 지난 12년

넘는 시간 동안 라이엇 게임즈 코리아와 본사는 '플레이어'를 위한 일이라면 적극적인 태도로 지원을 아끼지 않았다. 거기에는 라이엇 게임즈 두 창업자의 '플레이어 포커스' 철학뿐만 아니라 오진호 총괄 대표의 리더십이 큰 역할을 했다고 단언한다.

오래전 미국에서 컨설팅 회사에서 일할 때, 부족한 영어와 문화 차이로 많은 고생을 했다. 반면 저자는 라이엇 게임즈 미국 본사에서 프레지던트로서 맹활약을 했다. 부럽기도 하고 대견하기도 해 항상 큰 박수를 보내 왔다. 이 책에는 글로벌 회사 본사에서 톱 매니지먼트(top management)를 해보지 않으면 도저히 알 수 없는 저자의 경험과 보석 같은 지혜가 담겨 있다.

세계 1위 게임이 어떻게 부가가치를 창출하는지를 대부분의 사람은 잘 모른다. 이 책에 그 해답이 있다. 이 책을 교수님과 중고 선생님들께서 읽어보시길 강권한다. 중고생 자녀를 둔 부모님들도 꼭 읽어보았으면 한다. 조금 생소한 단어들이 나오지만 그 단어들을 알게 되는 것만으로도 아이들과 소통을 할 수 있게 될 것이다. 디지털 경제, 4차 산업혁명을 어떻게 이해하고 지원과 규제를 해야 할지 고민하는 공무원들도 꼭 읽으시길. 제발.

우리 한국 청년들이 전 세계로 나아가서 도전하기를 응원한다. 그 무엇보다 뉴 이코노미(new economy)와 창업에 관심 있는 청년들은 꼭 읽어야 한다.

그토록 필요했던 내용을 듬뿍 담은 바로 그 책이 'ㄷㄷㄷㅈ'

서수길(BJ 케빈)_ 아프리카TV CBO

"〈리그 오브 레전드〉와 라이엇 게임즈의
성공 비하인드 스토리를 만나보세요"

〈리그 오브 레전드〉와 라이엇 게임즈의 비하인드 스토리가 궁금하신가
요? 한국 초대 지사장이자 미국 프레지던트로 활약하신 오진호 저자가 직
접 풀어낸 이 책에서 성공 비결을 찾아보세요. 여러분에게 새로운 인사이
트를 선사할 거예요.

조혁진_ 라이엇 게임즈 한국 대표

"자신 안의 챔피언을 깨우기를 바라는 분들께 적극 추천한다"

《리그 오브 레전드 플레이어 중심주의》는 내 안의 프로게이머 페이커
를 탄생하게 해준 〈리그 오브 레전드〉 역사서이다. 내가 이 책의 일부가
되었다니 영광이다. 자신 안의 챔피언(그것이 프로게이머이든 창업가이
든)을 깨우기를 바라는 분들께 적극 추천한다.

페이커 이상혁_ 프로게이머

"정말 찐이다. 필독, 필독, 필독"

라이엇 게임즈, 〈리그 오브 레전드〉, 〈발로란트〉, LCK, 롤드컵, 〈아케인〉. 20년 넘게 게임 캐스터로 활동해오며 내 가슴을 뜨겁게 달군 하나하나다. 이 책에는 내가 한 일도 있다. 내 이야기도 있다. 내가 아는 이야기도 있다. 내가 모르는 이야기도 있다. 내가 아는 이야기는 내 기억보다 정확했다. 내가 모르는 이야기에서는 깨달음을 얻을 수 있었다. 저자인 오진호 대표. 이분을 2005년부터 알았다. 이분은 정말 찐이다. 게임 회사 임직원 필독, 〈리그 오브 레전드〉 팬이라면 필독. 성공한 게임 회사에 대한 인사이트가 필요하신 분 강추. 술술 잘 읽힌다. 우린 모두 〈리그 오브 레전드〉를 아니까.

전용준_ e스포츠 캐스터

실례지만... 그거 어디서 사셨어요?

〈리그 오브 레전드 League of Legends, LoL〉를 론칭하고 그 인기를 실감한 건 얼마 지나지 않아 가족의 입을 통해서다.

어느 날 아내가 〈리그 오브 레전드〉의 챔피언 라이즈와 트린다미어가 프린트된 장우산을 쓰고 횡단보도를 건너려는데 뒤에 서 있던 학생들의 웅성거리는 소리가 들렸다고 한다. 이윽고 학생들이 다가와서 "이 우산은 어디서 구할 수 있나요?"라고 눈을 동그랗게 뜨고 물었다고 한다. 마음 같아서 당장 우산을 주고 싶었지만 그러지 못해 안타까웠다며 내게 이야기를 들려주었다.

또 한번은 집 근처 경복고등학교 축제에 아이를 업고 구경 간 아내가 사진을 담은 문자를 보내왔다. 학생들이 쓴 글쓰기 주제 절반이 〈리그 오브 레전드〉라며 보내준 것이다.

"여보 다들 당신 게임 이야기뿐이야!"

〈리그 오브 레전드〉의 인기를 체감하는 일은 아내에서 그치지 않았다. 하루는 아버지가 〈리그 오브 레전드〉 티셔츠를 입고 시내를 활보하는데 지나가던 청년들이 가슴에 새겨진 로고에 눈을 떼지 못하고 말을 걸어왔다고 한다. 그날 아버지는 흐뭇한 마음에 청년들을 붙잡고 "우리 아들이 말이에요"라고 말문을 열며 원 없이 자랑을 했다고 나에게 말씀하시던 기억이 있다. 지금은 아버지가 작고해 안 계시지만 그런 소소한 기쁨을 안겨드렸던 것이 적지 않은 위안을 준다.

한번은 유튜브 알고리즘의 추천 영상으로 tvN의 예능 프로그램 〈놀라운 토요일〉을 우연히 보게 되었다. 음악을 틀어주면 출연자가 해당 노래의 가사를 맞추는 프로그램이다. 선곡된 음악을 듣고 있자니 귀에 익숙한 멜로디다. 바로 2018년 라이엇 게임즈 Riot Games가 만든 가상의 걸그룹 케이디에이 K/DA가 부르는 〈Pop Star〉다. 이 곡은 같은 해 인천에서 개최한 '2018 리그 오브 레전드 월드 챔피언십' 결승전에서 선보여 세계적으로 큰 인기를 끌었다. 해당 방송에서는 〈Pop Star〉 영상을 보여주며 자세한 설명을 덧붙였다.

이제는 공중파 방송이나 케이블 TV 등 다양한 프로그램에서 〈리그 오브 레전드〉 콘텐츠를 흔히 만날 수 있다. 〈리그 오브 레전드〉는 게임이라는 테두리에서 벗어나 이제 대중문화로 자리잡았다.

국민 게임이 되다

〈스타크래프트〉는 명실상부한 국민 게임이다. 아니 국민 게임**이었다.** 어쩌면 40대 이상이라면 아직도 가슴과 머리에 새겨진 국민 게임은 〈스타크래프트〉라는 공식이 확고히 자리잡고 있을지 모른다. 그런데 연령을 조금만 낮추면 〈리그 오브 레전드〉가 그 자리를 대신하고 있다. 비단 10대뿐 아니라 게임에 관심 있는 40대 이상에서도 국민 게임 타이틀을 거머쥐었고, 시야를 더 넓혀 보면 세계적으로도 성공을 거두었으니 '지구촌 게임'이라 말해도 과장이 아니다.

국내 성적만 조금 살펴보자면, 순위 집계 업체마다 점유율에 차이는 있지만 2023년 8월 14일 기준 〈리그 오브 레전드〉는 점유율 40퍼센트 내외로 한국 PC방 게임 순위 1위를 차지하고 있다. 2위와 점유율 차이는 두 배 넘게 난다. 연속 1위 기록만 200주가 넘는 대기록이다. 이는 기록의 일부분이고 앞서 2012년 7월 말부터 2016년 6월까지 204주 연속 1위 기록을 세운 바 있다. 〈리그 오브 레전드〉 이전에 최장 연속 1위 기록은 〈아이온〉이 달성한 160주였다. 사실상 경쟁자가 없는 1위를 달리고 있기 때문에 연속 1위 기록은 앞으로도 이어질 가능성이 높다. 그렇다면 그 인기는 한국에서만 느낄 수 있는 것일까? 그렇지 않다. 전 세계 월간 이용자 수는 1억 명, 일평균 이용자 수는 2,700만 명이며 최대 동시 접속자 수는 800만 명에 이른다. 이 수치가 보여주듯 〈리그 오브 레전드〉는 게임을 넘어 세계인이 즐기는 콘텐츠나 마찬가지다.

25억 원에 달하는 상금을 걸고 열리는 롤드컵* 성적도 잠깐 살펴보자. 2012년 이후로 전체 시청자 수와 오프라인 관람객, 온라인 시청자 수 모두 꾸준히 증가해왔다. 미국 유명 비즈니스 매체인 CNBC는 2019년 4월 기사에 리그 오브 레전드 월드 챔피언십이 미국에서 가장 인기 있는 스포

---

* 정식 명칭은 '2023 리그 오브 레전드 월드 챔피언십'처럼 쓴다.

츠 행사 중 하나인 미식축구의 슈퍼볼 Superbowl 보다 더 많은 시청자를 확보했다고 전했다. 2021년 롤드컵 결승전의 시청자는 무려 7,387만 명에 달했다. 인기가 식을 기미가 보이지 않기 때문에 앞으로 기록은 갱신될 것이다. 나이키, 마스터카드, 메르세데스 벤츠와 같은 글로벌 스폰서도 확보함으로써 e스포츠를 넘어 하나의 스포츠로 자리잡아 가고 있다. 심지어 2022년 항저우아시안게임 정식 종목으로도 채택되었다. 12년 전 내가 라이엇 게임즈에 합류했을 때만 해도 상상하지 못했던 일들이다.

10년에 1개, 1년에 3개

라이엇 게임즈에 입사하고 몇 년이 지나지 않아 〈리그 오브 레전드〉는 게임 업계에서 레전드가 되었다. 〈리그 오브 레전드〉가 성공한 이후 본사 리더의 일원이던 내가 흔히 들었던 질문이 있다. "언제 차기작이 나와요?" 물론 본사 리더 중 한 명으로서 회사가 준비하는 게임들에 대한 큰 그림을 모를 리는 없다. 하지만 차기작 관련 정보는 구체적인 출시 계획이 잡히기 전까지는 해당 게임의 관련자만 알 수 있어서 나 역시 매우 궁금한 처지인 건 동일했다. 다만 아주 오래전부터 준비해온 게임들이라 조직의 일원으로서 조만간 출시가 되길 같은 마음으로 기다릴 뿐이었다.

그러던 어느 날 손꼽아 기다리던 〈리그 오브 레전드〉의 후속작 출시일이 결정되었다. 출시에 앞서 〈리그 오브 레전드〉의 뒤를 이어 플레이어의 기대를 충족시켜줄 만한 흥미로운 요소가 얼마나 있는지, 버그가 있는지 점검하는 시간을 가지며 출시에 필요한 마무리 준비를 병행했다. 그러나 세상에 이름이 알려지지 않은 '그 게임'은 결국 막바지에 출시가 무산됐다. 거듭된 내부 회의에서 '플레이어의 눈높이에 맞지 않다'는 결론에 도달했기 때문이다. 이미 개발된 게임의 구성과 요소를 적정 수준으로 수정해 일단 출시한 후 무난한 수익과 평가를 얻어 전체 사업에 기여하는 방법도 있었다. 하지만 라이엇 게임즈는 그 길을 택하지 않았고 수백만 달러의 비용과 시간을 과감히 버렸다. 백지상태에서 새롭게 시작한다는 게 당시의 결론이었다. 그 후로 오랫동안 차기작 출시는 없었고 〈리그 오브 레전드〉의 안정적인 운영에 집중했다. 라이엇 게임즈 전반에 공기와 같이 존재하는 '플레이어 중심주의'에 적당한 게임은 없다. 덕분에 라이엇 게임즈는 오랫동안 'One game wonder'* 회사여야 했다.

〈리그 오브 레전드〉 10주년 기념 행사가 2019년 10월 16일에 열렸다. 이날 라이엇 게임즈는 신작 게임과 애니메이션 시리즈를 선보였고 행사가 끝난 후 순서대로 출시 소식을 알렸다.

첫 번째 주자는 2020년 4월 〈레전드 오브 룬테라 Legends of Runterra〉라는 수집형 카드 게임 Collectible Card Game, CCG이다. 2009년에 처음 서비스를 시작한 이래로 라이엇 게임즈는 줄곧 〈리그 오브 레전드〉 단일 게임만 서비스해왔기 때문에 신작을 출시한다는 소식만으로도 게임 업계에 긴장감이 돌았다. 반면 게임을 즐기는 유저들의 반응은 이 소식만을 기다렸다는 듯 열광적이었다. 〈리그 오브 레전드〉의 세계관과 캐릭터가 등장한다는 소식에 수집형 카드 게임을 좋아하는 유저뿐만 아니라 기존 〈리그 오브 레전드〉 플레이어도 기대감으로 가득 차 있었다. 두 플레이어가 차례대로 돌아가면서 하는 역동적인 전투에 중점을 둔 〈레전드 오브 룬테라〉는 〈리

---

* 주로 스포츠에서 한 번의 탁월한 경기만으로도 해당 선수나 팀이 급격하게 주목받거나 소속팀이 승리하는 경우를 지칭할 때 사용하는 말

그 오브 레전드〉와 마찬가지로 플레이에 영향을 미치는 유료 결제를 최소화했다. 〈레전드 오브 룬테라〉는 업계에서도 그 가치를 인정을 받아 'Game of the Year at DICE Awards'와 'iPad Game of the Year by Apple'을 수상했다.

불과 두 달 후인 2020년 6월에는 1인칭 슈팅 게임 First-Person Shooter, FPS 〈발로란트 VALORANT〉를 출시했다. 〈발로란트〉는 라이엇 게임즈가 처음 선보이는 1인칭 전술 슈팅 게임이다. 〈리그 오브 레전드〉와는 전혀 다른 새로운 지식재산권을 사용한다. 〈발로란트〉는 다양한 총기를 활용해 겨루는 5대 5 대전 게임이다. 각 캐릭터 고유의 스킬을 활용해 화려한 전술 플레이를 전개할 수 있다. 〈발로란트〉는 클로즈 베타 테스트 Closed Beta Test, CBT 때부터 플레이어들의 열렬한 호응을 받았다. 출시 이후 북미와 유럽에서 큰 인기를 얻었으며 한국에서는 3년이 지난 2023년 현재 PC방 순위 5위권 안에 안착했다.

같은 해 10월에 〈리그 오브 레전드 : 와일드 리프트 League of Legends, WildRift〉를 출시했다. PC 버전의 게임을 모바일로 플레이할 수 있도록 만든 게임이다. 한 게임에 소요되는 시간은 약 15~20분 정도로 PC 버전보다 더 가볍게 즐길 수 있다. 〈리그 오브 레전드〉의 세계관과 챔피언 등을 그대로 모바일 버전에 적용했지만 단순히 PC 게임을 1대1로 모바일에 이식한 것이 아닌 유니티 엔진을 이용해 게임 자체를 새로 개발했다. 그래픽도 새로 제작했으며, 초기 챔피언들은 원작과 다른 모습으로 바뀌었고 전체적으로 효과와 품질을 개선해 비주얼적으로 PC 버전의 〈리그 오브 레전드〉보다 좋아졌다는 평가도 받았다. 출시 당시 페이커가 광고에 참여해 인기몰이에 힘을 실어주었다.

게임이 에미상을 탈 수 있나요?

2021년 가을 라이엇 게임즈는 애니메이션 시리즈 〈아케인 Arcane〉을 선보였다. 〈아케인〉은 온라인 스트리밍 업체 넷플릭스를 통해 공개되었다. 개봉 첫 주 한국을 포함한 52개국에서 1위를 기록하며 방대한 대중적 확장을 이루었다. 2022년 74회 에미상에서 〈아케인〉은 '최우수 애니메이션상Outstanding Animated Program'을 수상했고 제작에 참여한 포티셰 프로덕션 소속 스태프 세 명이 프로덕션 디자인과 배경 디자인, 컬러 부문에서 각각 개인상을 수상했다. 제49회 연례 애니어워드에서는 TV/미디어, 캐릭터 디자인, 각본 등 9관왕을 달성했다. 현재 라이엇 게임즈는 〈아케인〉 시즌 2의 제작을 확정해 준비 중이다.

그동안 라이엇 게임즈는 다양한 영역에서 지식재산권을 확장하려는 시도를 해왔다. 예를 들어 월드 챔피언십 시즌마다 아티스트와 협업을 통해 주제곡을 만들었다. 2018년에는 가상의 K-POP 걸그룹 K/DA를 만들기도 했는데, 〈리그 오브 레전드〉의 챔피언들과 이어지는 수평적 세계관을 선보여 화제가 되었다. 2021년 3월에는 〈리그 오브 레전드 라이브 : 디 오케스트라〉 클래식 공연을 세종문화회관에서 열었다. 모든 회차의 공연이 5분 만에 매진될 정도로 큰 인기를 끌었다. 이 공연은 메가박스 상영관으로 실시간 중계되었다. 우리나라에서는 〈리그 오브 레전드〉를 테마로 한 미술 전시회도 열렸다. 상황이 낙관적으로 진행되다 보니 라이엇 게임즈가 여러 분야의 저작권 에이전시로 사업 영역을 넓히는 게 아니냐는 추측이 난무했다.

성공 비결은 무엇일까?

진부하지만 아무리 생각해도 정답은 하나다.

'플레이어 포커스 player-focus'

우리말로 '플레이어 중심주의'라고 할 수 있는 '플레이어 포커스'는 라이엇 게임즈의 미션을 관통하는 철학과 가치다. 라이엇 게임즈는 '세계에서 가장 플레이어 중심적인 게임 회사가 되는 것 To be the most player-focused game company in the world'이 미션이다. 고객 중심(플레이어 중심)은 어쩌면 모든 회사의 공통적인 슬로건이다. 아무리 강조해도 부족함 없는 이 흔한 슬로건은 진실성 있는 설계와 실행이 매우 어렵다. 그래서 공허한 선언으로만 남기 십상이다.

현실에서 기업은 당기 매출과 수익이 우선이다. 라이엇 게임즈도 기업이므로 매출과 수익에서 자유로울 수만은 없다. 그렇지만 두 창업자의 회사 설립 동기에서 비롯된 '플레이어에게 최고의 경험을 제공하겠다'는 마음가짐은 그저 선언에 그치지 않았다. 모든 업무에서 실존하며 결정과 행동을 좌지우지한다. 라이엇 게임즈의 두 창업자는 의견을 공유할 기회가 있을 때마다 플레이어가 회사의 주인이라고 강조한다. 라이어터 Rioter*들은 결정을 할 때마다 자신에게 또는 서로에게 질문한다.

---

*   라이엇 게임즈의 직원들을 이르는 말

'이것은 플레이어 포커스에 부합하는가?'

스스로에게 끊임없이 되묻는 과정을 통해 라이어터들은 핵심 가치를 지켜나간다. 적어도 내가 퇴사하던 때에도 그 질문은 모든 결정에서 연속적으로 등장했다. 이러한 철학과 가치는 전략을 만드는 근간을 이루었고 시시때때로 닥쳐오는 변수와 어려움을 이겨내는 처방약이 되었다. 게임 접속 시 속도를 안정적으로 유지하는 업무부터 월드 챔피언십 결승전이라는 이벤트까지 규모와 중요도는 모두 다르지만 수많은 일을 관리하고 기획하고 집행하는 모든 순간에 진정 '플레이어 포커스'한 것인지 자기 검열의 과정을 거쳤다.

대표적인 예가 비즈니스 모델 Business Model, BM이다. 〈리그 오브 레전드〉가 출시되던 당시 북미, 유럽에서는 패키지 게임이 대다수였고 MMORPG*를 제외하면 구독 비즈니스 모델이 없는 상태였다. 한국 및 아시아권에서는 부분 유료화 Free to Play, F2P 게임이 주를 이뤘다. 〈리그 오브 레전드〉 역시 부분 유료화 모델을 채택했다. 초기에는 챔피언이 40명이었다. 계정을 생성하면 일부 챔피언을 무료로 제공했다. 그 외 챔피언은 추가로 구매해 사용할 수 있었다. 챔피언과 스킨을 묶어서 판매도 했는데 스탯**에 영향을 미치는 상품은 아니었다. 이 전략은 별 무리없이 매출은 냈다. 더 큰 매출을 올릴 다른 선택지도 있었다. 하지만 창업자들은 돈보다는 플레이어와 같이 호흡하면서 커뮤니티를 형성하고 플레이어의 경험을 발전시키는 것이 중요하다고 생각했기에 무료 플레이를 고집했다. 〈리그 오브 레전드〉

---

*   Massively Multiplayer Online Role-Playing Game. 다중 접속 역할 수행 게임

**   statistics. 캐릭터의 능력치

가 출시되던 당시에는 비즈니스 모델이 두 가지로 양분되어 있었다. 게임 패키지를 유료로 판매하는 모델과 게임은 무료지만 게임 내 아이템 등을 구매해 능력을 남들보다 빠르게 올릴 수 있게 하는 모델이었다. 게임 시장 비즈니스 모델의 흐름은 점점 후자로 변해갔다. 라이엇 게임즈는 돈으로 유리함을 사는 게임 구조인 페이투윈 Pay to Win, P2W 대신 스킨 판매를 비즈니스 모델로 삼았다. 물론 스킨 판매 자체를 최초로 고안한 것은 아니지만 적어도 스탯에 보너스를 주는 스킨을 판매하지 않는 것은 좀 낯선 선택이었다. 덕분에 〈리그 오브 레전드〉는 과금 여부와 상관없이 누구에게나 평등한 게이밍 경험을 제공할 수 있었다. 게임성에 매료된 플레이어는 자신이 좋아하는 캐릭터의 스킨을 기꺼이 구매했다. 이렇게 플레이어 중심의 선택적 비즈니스 모델을 정착시킬 수 있었다.*

어떻게 보면 라이엇 게임즈의 기업 운영 방식이 지극히 모범적이어서 현실적으로 다가오지 않을 수 있다. 그러나 그게 사실이고 '플레이어 포커스'라는 슬로건을 실천했기에 〈리그 오브 레전드〉가 오늘날 게임을 넘어 e스포츠의 왕좌까지 차지할 수 있었던 게 아닐까?

대부분의 게임 업계 사람들은 '정말 재미있는 게임을 만들고 싶다'는 마음에서 처음 이 분야에 발을 내딛는다고 한다. 그러나 '내가 만든 게임'이 생각과 달리 점점 과금 경쟁으로 치닫고 있는 모습을 보고 있노라면 종종 회의감이 든다고 한다. "누구는 과금 유도 게임을 만들고 싶어 만드나? 회사에서 시키니까 그렇지..." 만들 줄 몰라서가 아니라 구조적으로 못한다는 말이다. 그렇다면 회사는 누구인가? 게임 제작에는 많은 돈이

---

* 능력치를 올려주는 스킨을 판매하면 회사가 게임성보다 이익을 주목적으로 하는 것처럼 보일 수 있다.

투입된다. 초기 단계에는 엔젤 투자로 생존할 수 있지만 개발을 거듭할수록 비용은 기하급수적으로 늘어난다. 거기에 시장의 생존 경쟁에서 살아남아야 한다. 지속적인 투자와 새로운 게임 개발을 위해서 상장은 무시할 수 없는 선택지다. 상장사 대표라면 주주의 단기 이익보다 소비자 중심의 운영을 우선시하기가 쉽지 않다. 아마존 같이 예외도 있지만 대부분 회사는 분기별 실적을 맞추기 위해 바쁘게 움직인다. 최고 경영자도 압박을 받는데 중간 관리자는 오죽할까? 그렇다면 라이엇 게임즈는 어떤가? 아직 상장하지 않았다. 이익과 실적의 압박을 받는 상장사와 달리 라이엇 게임즈는 비교적 그들의 가치를 우선적으로 추구한다고 감히 말할 수 있다.

책에서 어떤 얘길 할 것인가?

나는 라이엇 게임즈에 한국 대표로 합류해 서울에 한국 지사를 설립하고 〈리그 오브 레전드〉를 국내에 출시했다. 그 후 미국 로스앤젤레스 본사로 건너가 최고 경영자에게 보고하는 최고 임원Executive Team으로 일하면서 전 세계의 e스포츠 및 퍼블리싱 사장*을 맡았다. 이후 2021년 퇴사하고 한국으로 귀국해 현재는 벤처캐피털 비트크래프트에서 아시아 지역 게임 스타트업 투자를 담당하고 있다. 퇴사한 지 2년이 지난 지금도 라이엇 게임즈에서의 값진 경험은 잊지 못한다.

오늘날 〈리그 오브 레전드〉는 게임 그 자체를 넘어 하나의 생태계가 되

---

* 라이엇 게임즈에서는 CEO를 최고 경영자, 각 부문의 최고 책임자를 프레지던트(사장)이라고 부른다.

었다. 우리가 사는 지구라는 생태계에서는 빛이 나무를 자라게 하고, 나무에서 열리는 열매가 동물의 양식이 되고, 동물의 모든 것이 흙으로 돌아간다. 흙은 다시 나무가 자라도록 자양분을 제공한다. 나는 라이엇 게임즈가 〈리그 오브 레전드〉 생태계를 구축했다고 믿는다. 라이엇 게임즈의 두 창업자는 '플레이어 포커스'라는 가치를 높게 들어 우여곡절 끝에 모든 플레이어에게 평등한 게이밍 기회를 제공하는 〈리그 오브 레전드〉를 만들었다.

플레이어들은 〈리그 오브 레전드〉의 평등한 게이밍 경험과 게임성 그 자체만으로 5대5 실시간 대전에 빠져들었다. 관심도가 높아지고 셀럽 스트리머들이 하나둘씩 대전 영상을 방송했다. 그 덕분에 라이엇 게임즈는 직접 〈리그 오브 레전드〉를 하지 않아도 대전 영상을 보는 사람들이 있다는 사실을 눈으로 확인할 수 있었다. 그 움직임을 놓치지 않았다. 찬란했던 스타리그 전성기를 뛰어넘는 e스포츠 시장을 만들고 영화와 음악까지 제작했다. 〈리그 오브 레전드〉라는 게임을 둘러싸고 플레이어뿐만 아니라 보는 사람들 그리고 굿즈를 모으는 컬렉터, 영웅으로 치장하는 사람들까지 다양한 영역에서 사람들의 군집이 생겨났다.

방금 언급한 이야기에서 라이엇 게임즈는 흙, 〈리그 오브 레전드〉는 누구에게나 공평하게 산소와 열매 그리고 그늘을 제공하는 나무다. 〈리그 오브 레전드〉를 즐기는 다양한 군집에 있는 사람들은 생태계에서 동물에 속한다고 볼 수 있다. 나는 이를 커뮤니티라고 부른다. 이렇게 라이엇 게임즈, 〈리그 오브 레전드〉, 커뮤니티가 만든 생태계를 이 책에서는 '〈리그 오브 레전드〉 문화' 줄여서 'LoL 문화'로 부른다.

이 책에 LoL 문화를 만든 수많은 이야기를 담았다. 그렇다고 책 전반에 걸쳐 빽빽하게 그리고 체계적으로 LoL 문화를 집중 탐구하지는 않는다. 경제경영서로의 가치를 담았다기보다는 경험을 엿보는 에세이다. 가능하면 시간 흐름으로 이야기를 전개하지만 후반부는 주제 중심으로 이야기를 담았기에 꼭 그렇지는 않다. 이를 보완하고자 연도나 직책의 변화를 곳곳에 달아두었다. '무엇'을 하는지뿐만 아니라 '왜' 그런 선택을 했고 '어떻게' 해왔는지도 공유할 것이다. 〈리그 오브 레전드〉와 라이엇 게임즈의 성공에 대한 비하인드 스토리를 살펴보는 재미도 있을 것이다.

나는 라이엇 게임즈의 창업자가 아니다. 한 게임이 성장하고 넘어지고 다시 발돋움하는 과정에서 수많은 사람이 피, 땀, 눈물을 흘린다. 그래서 설령 창업자라고 하더라도 모든 일을 세세히 알 수는 없다. 게다가 지금은 라이엇 게임즈 현역이 아니니 기억이 윤색되거나 주관적인 해석이 들어 있을 수도 있다. 가능하면 객관적으로 라이엇 게임즈와 〈리그 오브 레전드〉를 다루고 싶었으나 라이엇 게임즈에서의 맨땅에 헤딩 경험이 너무나 강렬했던 탓에 종종 객관과 주관이라는 차선을 넘나들 것이다. 그러한 부분을 발견할 때마다 너그럽게 웃어넘겨주면 좋겠다. 그럼에도 이 책을 쓰는 이유는 라이엇 게임즈가 〈리그 오브 레전드〉라는 게임을 만들고 성장시키면서 어떤 고민을 하고 어떤 선택을 해왔는지 한국 초대 지사장으로서 그리고 미국 프레지던트로서 겪은 경험을 공유하는 것이 〈리그 오브 레전드〉 팬들에게 그리고 제2, 제3의 〈리그 오브 레전드〉를 꿈꾸는 경영자와 프로덕트 매니저, 개발자에게 어떤 식으로든 도움이 되지 않을까라는 생각에서다.

〈리그 오브 레전드〉를 플레이하면서 또는 같은 게임 업계에 몸담은 사람으로서 일하며 '라이엇 게임즈는 대체 왜 그랬을까?', '어떤 사람들이 일하지?', '라이엇 게임즈가 말하는 플레이어 포커스가 뭐야?', '라이엇 게임즈는 어떻게 의사결정을 할까?' 같은 궁금증을 하나쯤은 품고 있을 것이다. 책 곳곳에서 궁금증에 대한 답변을 찾길 바란다. '우리 회사도 이렇게 좋은 회사로 키우고 싶어'라는 의욕을, 〈리그 오브 레전드〉를 더 즐기고 싶은 욕구를 샘솟게 하는 묘한 구석이 있다면 좋겠다. 읽는 재미가 있어서 시간 가는 줄 모를 킬링 타임용 책이 된다면 더할 나위가 없겠다.

이제 이 책을 읽을 독자께 드릴 사전 안내는 모두 마쳤다. 한때 사랑했던, 어쩌면 지금도 그러할 라이엇 게임즈와 〈리그 오브 레전드〉와의 인연이 시작된 12년 전으로 시간 여행을 떠나보자.

커뮤니케이션

LoL
평등한 게이밍
경험 제공

라이엇
플레이어
중심주의

LoL
문화

커뮤니티
왓칭, 플레이, 액션

블리자드에서
라이엇 게임즈로

꿈의 직장, 게임 업계와의 인연

2005년에 블리자드 엔터테인먼트 코리아 마케팅 상무로 게임 업계에 첫 발을 내디뎠다. 블리자드는 '국민 게임' 〈스타크래프트〉를 개발한 미국계 회사다. 당시 〈스타크래프트〉의 인기는 대단했다. 〈스타크래프트〉를 하지 않는 사람이라 할지라도 성별과 나이를 불문하고 누구나 이름 정도는 알 만한 게임이었다. '스타-한다'는 용어가 따로 설명이 필요없을 정도의 하나의 동사였다.

블리자드는 나에게 꿈의 직장이었다. 게임을 즐기는 사람으로서 게임이 청소년기뿐 아니라 다음 시대의 라이프 스타일이자 문화가 될 것 같다는 생각을 품고 있었다. 사업적으로도 게임이 미래를 주도할 것이라 판단했고 그 가능성을 믿었다. 당시 블리자드는 그 가능성을 실현시킨 대표

기업이었다. 그런 기업의 구성원으로서 일할 기회를 얻다니, 입사 통보를 듣고 너무 기뻐서 이게 현실인가 싶었다. 내가 믿고 이루어졌으면 하는 미래를 스스로 열어 나갈 수 있다는 점이 무엇보다 매력적이었다. 그런 만큼 온몸으로 부딪히며 많은 것을 배우고 시도했다. 그곳에서 열정을 바쳐 열심히 일했고 성과를 인정받아 한국 대표로 승진하는 기회도 가졌다.

2009년 또 다른 기회가 다가왔다. 싱가포르를 거점으로 블리자드의 동남아시아 시장을 개척하는 업무가 주어졌다. 새로운 지역을 오픈하고 백지상태에서 사업을 시작할 수 있다는 사실이 가장 끌렸다. 더구나 싱가포르는 나에게 좋은 추억이 있는 곳이다. 어린 시절 아버지가 발령을 받아 가족이 거주한 적이 있었다. 처음으로 해외 생활을 했던 곳이었고 다른 세계와 만나는 것이 얼마나 흥미로운 일인지 일깨워준 곳이었다. 아열대의 그 덥고 달콤한 공기가 따뜻하고 긍정적인 기억으로 남아 있었다. 그런 싱가포르로 발령을 받다니 뭔가 좋은 일이 생길 것만 같았다. 오랫동안 아이가 생기지 않아 심적으로 지쳐 있던 아내에게 발령 소식을 전했다. 아니나 다를까, 역시 서울을 떠나는 사실만으로도 반겼다. 망설일 이유가 없었다.

2010년 1월에 서울에서 싱가포르로 이사했다. 비행기에서 내려 창이국제공항을 빠져나오자 싱가포르가 가진 동남아 특유의 향기와 연중 덥고 습한 기후가 훅 하고 폐 속으로 들어왔다. 싱가포르의 번화가 오처드 거리 Orchard Road에 위치한 호텔에 체크인한 후 짐을 풀었다. 밤거리로 나와 보니 대부분 가게가 문을 닫았다. 한참을 걷다가 아직 영업을 하는 주점을 찾아 들어갔고 간단히 맥주와 안주를 주문했다. 또 다른 삶을 시작하게 되어 얼마나 감사하고 기대되는지 아내와 얘기를 나누었고 서로에게 행운을 빌며 건배를 했다. 서울은 한파로 얼어붙어 있는데 적도와 가까운 이곳의 날씨가 무척이나 생경했다. 한밤에 얇은 여름옷을 입고 무작정 걸을 수 있는 그 순간의 공기와 상기된 젊은 우리의 모습이 오래도록 기억에 남아 있다.

라이엇 게임즈를 아십니까?

2010년 봄이었다. 지인과 이탈리안 레스토랑에서 점심 약속이 있었다. 식사가 거의 끝나갈 무렵 그는 "라이엇 게임즈를 아십니까?"라며 말문을 열었다. "물론이죠. 〈리그 오브 레전드〉를 개발한 미국 회사 아닙니까?"라고 대답했다. 지인의 말에 따르면 그들이 현재 한국 대표를 찾고 있는데 본인이 라이엇 게임즈 쪽에 나를 추천했다는 것이었다. 급작스러운 제안이라 조금 놀라기도 했지만 한편으로는 나를 인정해준 것이라 생각하니 고마웠다.

그는 계속해서 라이엇 게임즈의 제품이 어떻게 세상에 나왔으며 지금 사람들의 반응은 어떤지, 어떤 구성원이 회사를 만들었고 분위기가 어떤지, 그리고 왜 굳이 한국에 지사를 내고 대표를 찾으려 하는지 자세히 설명했다. 신중하게 이야기를 들었지만 나는 당시에 이직할 생각이 없었다. "저를 추천해주신 것은 정말 고맙습니다만 현 업무에 전념하고 싶습니다. 그리고 싱가포르로 이사 온 지도 얼마 되지 않아서 당장은 한국으로 돌아갈 생각이 없습니다." 조심스럽게 거절 의사를 밝혔다. 충분히 이해한다는 답변이 돌아왔다. 이 정도로 이야기가 일단락되는 듯 싶었다.

몇 달 후 나에게 라이엇을 추천한 지인과 다시 만남을 가졌다. 식사가 끝날 무렵 그는 혹시 라이엇 게임즈에 대해 고려해보았는지 재차 물었다. 나는 이전 대화에서 전했던 얘기를 다시 조심스럽게 건넸다. 그러나 그는 포기하지 않고 내가 미국에 방문할 때 라이엇 게임즈 창업자들과 인터내셔널 총괄을 만나는 정도는 어떻겠느냐고 제안했다. 한국 시장에 대한 조언이 필요하다고 했다. 그 정도라면 충분히 가능하다 싶어 지인과의 관계를 고려해 그러겠다고 대답했다.

젊은 리더들

얼마 후 미국을 방문할 기회가 생겼다. 지인과 약속한 '한국 시장에 대한 조언'을 지키고자 캘리포니아 로스앤젤레스의 컬버시티 Culver City에 위치한 라이엇 게임즈 사무실에 방문했다. 황량하기 그지없는 사무실 단지였다. 내부도 영화나 드라마에 흔히 나오는 일반적인 미국 기업 사무실 같은 분위기였다. 곳곳에 〈리그 오브 레전드〉 포스터가 붙어 있어 그나마 게임 개발하는 회사라는 느낌이 났다. '이제 막 세상에 도전장을 내미는 스타트업은 이렇구나...' 새삼스레 어바인 Irvine에 있는 블리자드 캠퍼스가 얼마나 멋진 곳인지 깨닫게 되는 순간이었다.

리셉션으로 발을 옮겨 브랜든 벡 Brandon Beck과 니콜로 러렌트 Nicolo Laurent를 만나러 왔다고 알렸다. 브랜든은 공동 창업자 및 공동 대표를 맡고 있었고, 니콜로는 해외사업 총괄이었다. 몇 분 후 훤칠한 인상의 두 청년이 걸어 나와 나를 맞이했다. '대표를 불렀는데 배우가 왜 나와!?' 둘 다 압도적인 비주얼의 소유자라 적지 아니 놀랐다(여담이지만 e스포츠의 살아 있는 전설인 전용준 캐스터가 처음 니콜로를 보고 "톰 크루즈 닮았네요!"라고 말했을 정도). 당시 공동 창업자이자 공동 대표 중 또 다른 한 명인 마크 메릴 Marc Merrill 은 다른 업무로 출장 중이어서 나중에 전화 통화로 인사를 나누었다.

우리는 간단히 인사를 나누고 브랜든의 사무실로 자리를 옮겼다. 브랜든과 니콜로는 한국에 대해 궁금한 게 많았다. 한국 게임 시장의 상황과 전망이 어떤지, 산업적으로 어떤 이슈가 있는지, 최근 트렌드는 어떤 방향으로 흘러가는지 등을 물어왔다. 나는 조금이라도 도움이 되었으면 하는 마음으로 한국에서 지금 어떤 게임들이 잘 나가고, 한국 플레이어 특성은 어떠한지 하나하나 대답해주었다. 브랜든과 니콜로는 내가 말하는 내내 귀를 기울여주었다. 그런 모습이 나와 내 경험을 존중해주는 듯한 느낌이 들어 인상 깊었다.

나에게 어필하려는 자리인 만큼 그들은 라이엇 게임즈가 얼마나 가능성이 있는 회사인지 열심히 이야기했다. 전년도에 출시한 〈리그 오브 레전드〉의 현재 반응이 어떠한지, 북미에 이어 유럽에도 출시했는데 어떤 점이 기대되고 걱정되는지 이야기해주었다. 나는 긴 회의를 좋아하지 않는다. 회사에서도 긴 미팅을 극도로 싫어한다. 놀랍게도 그 둘과의 대화에 너무 푹 빠진 탓인지 이야기를 마치고 자리에서 일어나 시계를 확인하니 30분 일정이 2시간을 훌쩍 지나 있었다.

그 후 브랜든과 니콜로가 사무실을 구경시켜주었다. 브랜든은 여러 사람을 일일이 소개해주었고, 소개받은 각자가 본인이 하는 업무를 알려주었다. 그렇게 소개를 마치고 작별 인사를 나눌 시간이 되었다. 마지막으로 간단한 덕담을 나누며 굿바이 악수를 하던 중에 브랜든이 아껴둔 말을 꺼냈다. "라이엇 게임즈에 당신 같은 사람이 있으면 좋겠어요. 같이 일할 기회가 있으면 좋겠네요." 이렇게 적극적이다니, 다시 마음이 겸허해지며 그들에게 감사했다.

싱가포르로 돌아온 며칠 후 니콜로로부터 통화를 원한다는 이메일을 받았다. 얼마 지나지 않아 그와 스카이프로 화상 통화를 했다. 니콜로는 그 자리에서 공식적으로 한국 대표 자리를 제안했다. 말 그대로 공식적인 제안이었다. 첫 만남 후 어느 정도 예상은 했지만 그래도 놀랍고 기쁘고 좀 쑥스러운 마음이 들었다. 브랜든과 니콜로 같은 젊은 리더에게 나 역시도 깊은 인상을 받았기 때문에 수차례 건넨 제안에 마음이 흔들렸던 것이 사실이다. 하지만 지금은 적절한 시기가 아니라고 생각해 아쉽지만 또한 번 거절해야 했다.

인생을 결정하는 순간

겨울이었다. 니콜로가 다시 통화를 요청했다. 그는 다시 한번 라이엇 게임즈의 한국 대표 자리를 고려해 달라고 강하게 요청했다. 이번에는 느낌이 달랐다. 나 역시도 라이엇 게임즈에 다녀온 후부터 그들과 라이엇 게임즈의 비전이 시시때때로 떠올랐다. 마크, 브랜든, 니콜로에게 깊은 인상을 받았고 진심으로 같이 일을 해보고 싶은 마음이 솟구쳤다.

시간이 지난 지금 생각해보면 참으로 수수께끼다. 왜 그렇게 그들(브랜든, 마크, 니콜로를 비롯한 라이어터들)과 함께 일을 하고 싶었을까? 2010년의 라이엇 게임즈는 〈리그 오브 레전드〉로 이제 조금씩 이름을 알리던 단계였을 뿐 아직 대성공을 거두기 전이었다. 나는 그때까지 누구나 알 만한 이름 있는 회사들을 다니며 내 이력을 한 줄 한 줄 탄탄히 만들어갔다.

그리고 블리자드는 무엇과도 비교할 수 없는 선택지였다. 뒤돌아보면 당시의 나는 더 이상 회사의 브랜드가 아니라 의기투합하여 일할 동료들에 대한 갈증이 더 컸던 것 같다. 그들이 품은 분위기, 사무실 공기 그리고 그들이 만든 게임 〈리그 오브 레전드〉가 좋았다. 무엇보다 마크, 브랜든, 니콜로 모두 믿을 만한 사람이라는 생각이 들었다. 한배에 올라타고 싶었다. 새로운 도전을 향해 뛰어들고 싶었다. 한국에서의 비즈니스는 내 결정에 따라 자유로이 운영할 수 있는 전권을 갖게 될 것이라는 니콜로의 약속 역시 나를 흥분하게 했다. 시장의 전망도 나쁘지 않았다. 틀릴 수도 있는 짐작이었는데, 결과적으로 운이 좋았다.

라이엇 게임즈와 연락을 주고받던 그 무렵 아버지의 암 진단 소식을 들었다. 하루라도 빨리 아버지 곁을 지키고 싶었다. 모든 방향에서 운명이 나를 라이엇 게임즈로 몰고 갔다. 아내는 처음 라이엇 이야기를 들었을 때 망설였다. 나는 당시 세계 최고의 게임 개발사 중 하나에 다니고 있었다. 〈스타크래프트〉는 누구나 다 아는 대중적인 브랜드였다. 그리고 그 무렵 우리는 그토록 기다렸던 첫 아이를 얻는 축복을 받았다. 회사나 가정이나 모든 것이 안정적으로 자리를 잡아가던 시기였다.

이직은 모험이었다. 라이엇 게임즈가 블리자드와 같은 안정적인 직장이 되리라는 보장이 없었다. 한국 시장에 진출했거나 진출을 시도했던 수십 개의 외국계 게임 회사들은 성공 가능성이 희박해지면 미련 없이 사업을 접고 철수했다. 그런 일이 벌어지지 않으리라고 어떻게 장담할 수 있나. 한국은 경쟁이 심한 시장이었고, 그만큼 외국계 게임 회사의 성공은 어려웠다. 아내는 내가 안정적인 회사를 떠나 이직하고 얼마 후 직장을 잃을 수 있다는 가능성을 걱정했다. 그렇지만 늘 그렇듯 결정적인 순간에 내 판단에 힘을 실어 주었다. "당신이 내리는 결정을 지지해요. 어떤 일을 할 때는 절대 후회가 없어야죠!" 아내의 지지 덕분에 마음을 굳힐 수 있었다.

우리 가족은 2011년 5월에 서울로 돌아왔다. 싱가포르로 이사한 지 1년 4개월만의 귀환이였다. 해외 이사는 쉽진 않았다. 돌도 안 된 아기를 데리고 하는 이사라 일이 더 많았다. 그리고 얼마 지나지 않은 2011년 6월 13일, 드디어 라이엇 게임즈에 입사했다. 내 생일 다음날이었다. 의미를 찾자니 그마저도 의미가 깊었다. 나는 '새로 태어난다는 마음으로 이제 라이엇 게임즈에 모든 것을 걸어보자' 결심했다.

중고 가구로 가득 찬 첫 사무실

라이엇 게임즈 한국 지사에는 나보다 먼저 입사한 직원 3명이 일을 하고 있었다. 사무실은 강남 포스코사거리 근처 뒷골목에 있는 작은 건물에 있었다. 건물 외관부터가 낡았다. 큰 빌딩이라면 흔히 갖추고 있는 로비나 보안 키오스크, 안내데스크 같은 편의시설이 아예 없었다. 들어가자마자 경비원이 상주하는 작은 공간이 있고, 바로 옆에 4인승 정도의 좁은 엘리베이터와 비상계단이 있었다. 사무실이 2층이라 나는 계단으로 걸어 올라갔다. 계단의 폭도 좁아 위에서 내려오는 사람이 있다면 서로 지나갈 수 있게 몸을 틀어줘야 했다.

사무실 문을 열고 들어가자마자 오래된 에어컨에서 풍기는 찌든 냄새가 코를 자극했다. 오픈된 공간에 수십 개의 헌 책상과 의자들이 무질서하게 여기저기 흩어져 있었다. 책상마다 스크래치와 볼펜 자국, 커피

얼룩이 남아 있었다. 의자는 중고시장에서 볼 수 있는 싸구려 의자였고, 그것마저 너무 더러워서 일단 뭐라도 깔고 앉아야겠다는 생각이 들었다 (참고로 나는 결벽증과는 거리가 먼 사람이다). 전 직장에서 쓰던 허먼밀러 Herman Miller 의자와 커피 얼룩이 남은 사용감 있는 의자와의 괴리가 꽤 컸다. 여러 사람이 오랫동안 사용하다 어느 날 갑자기 몸만 챙겨 빠져나간 공간 같았다. '사무실에 잘못 들어왔나'라는 생각이 들 정도였다.

외국계 회사가 해외에 진출하면 주로 위워크 같은 말끔한 임대 사무공간에서 시작하기 마련이다. 나는 라이엇 게임즈도 그럴 거라고 생각했다. 나중에 왜 여기를 임대했냐고 물어보니 비용 절감을 위해 삼성동에서 제일 싼 곳을 찾았다고 한다. 이전 회사 사람들이 쓰던 책상과 의자를 두고 간 것이 사무실을 선택하는 데 큰 몫(?)을 했다고 한다. 그 회사는 사업이 잘 돼서 더 좋은 곳으로 이사 갔다고 했다.

사무실의 첫 인상은 놀라웠지만 비용 절감 때문이라니... 진심으로 동감했다. 우리는 스타트업이었고 그런 마인드로 일하는 것이 중요하다고 생각했다. 허세를 부리지 않고 기꺼이 낮은 곳에서 시작하겠다는 마음가짐과 성공해서 점점 더 좋은 곳으로 가고자 하는 의지가 올바르다고 믿었다.

비용을 아끼는 것까지는 좋았는데 채용에는 상당히 불리했다. 처음에는 입사 후보자들을 사무실로 초대해 면접을 봤는데 사무실에 들어서며 놀란 표정을 감추려고 하는 모습이 역력했다. 채용 성공률도 낮았다. 훌륭한 사무공간과 복지를 갖추고 있는 회사를 다니다 중고 가구로 가득 찬 어수선한 사무실에서 일하고 싶지는 않았을 거다.

그런 일을 몇 번 거치고 나서는 방법을 바꿨다. 근처 스타벅스에서 커피와 블루베리 머핀을 앞에 놓고 면접을 보았다. 왠지 미국적인 느낌이 었다. 지원자들은 좀 더 편하게 인터뷰에 응해주었고 적어도 사무실을 보고 첫인상부터 맥이 빠지는 일은 없었던 덕분인지 채용 성공률도 같이 올라갔다.

라이엇 게임즈 코리아는 2012년에 허름한 사무실에서 벗어날 수 있었다. 그 후 5년이 흘러 2017년 2월에는 삼성동에 위치한 번듯한 건물로 사무실을 재차 이전했다. 실리콘밸리에 위치한 일류 기업이 부럽지 않을 정도로 모든 것이 훌륭한 사무실이었다. 당시 나는 본사의 일원으로 일하고 있었다. 이사 소식을 듣자 허름했던 첫 사무실에서 "언젠가 성공해서 더 좋은 곳으로 이사 갈 거야"라고 얘기하던 때가 떠올랐다. 새삼 옛 사무실에서 면접을 보고 오퍼를 받아들인 라이어터들에게 더 감사한 생각이 들었다. 첫 사무실을 회상하며 과거 동료들과 이야기 꽃을 피울 때면 "그런 사무실을 보고도 입사한 걸 보니 대안이 없었구나! 정말 급했던 거지!"라며 서로 얼굴을 마주보며 놀리곤 한다.

지금도 삼성동에 갈 때마다 일부러 라이엇 게임즈 사무실이 있던 빌딩까지 걸어간다. 그때 자주 가던 건너편 설렁탕집에서 혼자 밥을 먹으며 옛 추억을 떠올리곤 한다. 맨땅에 헤딩하던 우리의 모습이 머릿속을 스쳐 지나간다. 기쁘게 떠올릴 수 있어 다행이다. 잃을 것이 없었기에 더 열정적으로 업무에 임했고 겸손한 마음을 가질 수밖에 없던 날들이었다.

02

다이내믹 듀오
마크와 브랜든

라이엇 PC방

대부분 외국인은 PC방을 'PC Cafe' 혹은 'internet game room'으로 부른다. 그런데 수천 명의 라이어터는 어느 나라에 거주하든 'PC bang'으로 부른다. 심지어 라이엇 게임즈 로스앤젤레스 본사 PC 카페 외관에는 한글로

로스앤젤레스 본사 PC방

아주 크게 '라이엇 PC방'이라고 적혀 있다. 일반적인 명칭인 'PC Cafe'라고 쓸 수도 있었는데 왜 그랬을까?

브랜든 벡과 마크 메릴은 어렸을 때부터 게임을 즐겼는데 그중 하나가 〈스타크래프트〉였다. 당시 세계 최강이었던 스타플레이어 임요환, 홍진호의 경기를 챙겨보기도 했다. 학창시절에는 LA 한인타운에 위치한 PC방에 가서 친구들과 밤늦게까지 게임하고 새벽에 얼큰한 순두부를 먹고 집에 가는 나날을 즐겼다. 우리나라에나 있을 법한 PC방 일상이었다. 둘은 자연스레 한국인 친구를 사귀고 한국 문화에 익숙해질 수 있었다. 두 창업자의 머리에 각인된 PC방이라는 단어가 라이엇 게임즈에 뿌리를 내린 것은 어쩌면 너무나 당연한 결과였다.

이처럼 기업은 창업자로부터 크고 작은 영향을 받는다. 단어, 사고방식, 철학, 스타일까지 말이다. 따라서 오늘날 라이엇 게임즈의 성공을 이해하려면 창업자들을 톺아볼 필요가 있다. 이제부터 라이엇 게임즈 창업자 브랜든과 마크를 알아보자.

브랜든 벡과 마크 메릴

브랜든과 마크는 고등학교 때 처음 만났고 서로가 하드코어 게이머라는 것을 알게 된 후 급격히 친해졌다. 한 살 위인 마크는 1998년에 먼저 서던캘리포니아대학University of Southern California에 입학했다. 브랜든은 고등학교 2학년 Junior year 쯤 자퇴를 했다. 고등학교 교육과정이 자신의 삶에 의미가 없다고 생각했다. 그렇다고 배우기 자체를 거부하거나 손을 놓는 사람은 아니었다. 고등학교 수업에 관심은 없었지만 본인이 좋아하는 주제라면 스스로 탐구했다. 대학 수업을 들었으며 웹 호스팅 회사도 운영했다. 그러던 중 고등학교를 졸업하지 않은 학생을 신입생으로 받아주는 프로그램을 알게 되었고 대학에 지원해 합격했다. 그렇게 절친인 마크와 함께 대학을 다니게 되었다.

창업연자 마크(좌), 브랜든(우)

둘은 대학에서뿐 아니라 졸업 후 직장생활을 하면서도 붙어다녔다. 브랜든은 전략 컨설턴트로 일했다. 마크는 마케팅 직장에서 근무했다. 바쁜 직장 생활을 하면서도 둘은 끊임없이 게임을 즐겼고 온라인 게임 커뮤니티에도 깊게 참여했다. 다양한 게임을 즐기며 게임에 대해 많은 이야기도 나누었다. 그들이 보기에 당시의 게임 개발사는 플레이어나 커뮤니티 육성에 별로 관심이 없어보였다. 비즈니스 모델이라는 테이블 위에 플레이어는 제외되고 오직 수익만 올려져 있다는 생각이 들었다. 적당한 수익을 창출할 게임을 출시하고 전성기가 지나면 다음 수익을 올려줄 게임으로 넘어간다고 생각했다. 개발자의 지속적인 지원과 관심이 떨어지면 게임의 발전은 멈추고, 마지막 게임 서버의 전원이 꺼지면 플레이어가 투자한 열정은 영원히 찾을 수 없는 곳에 묻혔다. 비즈니스 모델로 인해 플레이어와 커뮤니티가 버림받는 일이 반복되었다. 즐기던 게임이 개발사로부터 버림받을 때마다 실망은 점점 더 커져갔다. 마크와 브랜든은 게임에 새롭게 접근하고 플레이어와 커뮤니티를 중시하는 회사가 필요하다고 생각했다. 그리하여 플레이어를 중심에 두는 혁신적인 게임 회사를 만들어보자는 꿈을 가지게 된다.

라이엇 게임즈의 시작

2006년 브랜든과 마크는 라이엇 게임즈를 설립하기로 의기투합했다. 그들의 미션은 '세계에서 가장 플레이어 중심인 게임 제작사'가 되는 것이었다. 모든 것의 중심에는 플레이어가 있어야 한다고 굳게 믿었다. 어떤 특정한 장르의 게임 회사, PC 플랫폼 회사 또는 무료 플레이 비즈니스 모델 회사도 아닌 그저 플레이어가 중심이 되고 그들의 기대를 지속적으로 충족시키는 회사가 되겠다고 다짐했다.

첫 작품으로는 멀티 플레이어 온라인 배틀 아레나* 장르의 게임을 개발하기로 했다. 기존 인기 있는 게임과 플레이하는 방식은 비슷하지만 게임을 진화시켜 경험을 개선함으로써 기존 게임의 핵심 문제들을 해결한다는 계획을 수립했다.

무료로 게임을 플레이할 수 있길 원했다. 우리나라는 2001년부터 부분 유료화라는 비즈니스 모델을 사용했지만** 당시 북미와 유럽에서는 흔치 않았다. 대부분은 구매하거나 구독료를 지불해야 했다. 주로 DVD로 구매

---

*   Multi-player Online Battle Arena, MOBA
**   2001년 넥슨이 처음으로 시행했다고 알려져 있다.

하는 방식이었지만, 차차 인터넷으로 다운로드하고 설치하는 배포 방식으로 바뀌어갔다. 무료로 게임을 플레이한다는 개념이 지금은 당연하지만 2006년 당시 북미에서는 도전적인 생각이었다.

페이투윈 비즈니스 모델과 달리 게임 내에서는 치장용 아이템*만 판매하기로 했다. 많은 게임이 돈으로 파워를 구매할 수 있게 허용했지만 마크와 브랜든은 코어 게이머로서 그런 비즈니스 모델을 싫어했다. 페이투윈이 공정성과 공평한 경쟁을 훼손시키기 때문이다. 그들이 개발할 게임에서는 돈을 지불함으로써 챔피언의 기술을 향상시키고 승리할 수 없었다. 마크와 브랜든은 가족과 친구의 도움을 받고 엔젤 투자자로부터 150만 달러 투자를 조달해서 2006년 연말에 회사를 공식적으로 설립하며 〈리그 오브 레전드〉 개발에 들어갔다.

투자를 받고 회사 설립은 했지만 마크와 브랜든이 게임 개발에 대해 아는 것은 학교에서 배운 기초적인 내용뿐이었다. 그래서 게임 개발 경력자를 채용하고 최대한 그들에게 권한과 자유를 주었다. 그런데 경력자들에게는 그들만의 공식이 존재했다. 마크와 브랜든의 생각과는 배치되는 생각 말이다. 플레이어로서 느꼈던 결핍을 메울 아이디어가 게임에 제대로 반영되지 않았다. 마크와 브랜든은 빛나는 DVD 대신 라이브 게임을, 싱글 플레이어 캠페인 대신 멀티 플레이어 경험을 제공하고 싶었다. '게임 업계는 원래 그런거야'라는 관행적 습관을 건설적으로 무너뜨릴 필요가 있었다. 현상에 대한 의문을 제기하고 왜 그래야 하는지를 먼저 납득하는 것이 중요하다고 생각했다. 둘은 직접 코딩을 하진 않았지만 게임을 개발

---

* Cosmetic item. 게임 승패에 지장 없는 외견용 아이템

하고 제작하는 단계에 매우 긴밀하게 참여할 필요가 있다고 생각했다. 실무자들과 더 많은 대화를 나누고 방향성에서 벗어난 아이디어가 게임에 끼어들지 못하도록 적절한 타협과 거리를 두었다.

〈리그 오브 레전드〉 출시

〈리그 오브 레전드〉 개발 과정은 쉽지 않았다. 둘 다 개발자가 아니었기 때문에 개발자 채용이 급선무였다. 운이 좋게 서던캘리포니아대학에서 엔지니어링 인턴을 고용할 수 있었다. 무엇보다 경력이 있는 베테랑이 필요했다. 베테랑을 합류시키기에 150만 달러는 턱없이 작은 돈이었다. 정황상 실패할 가능성이 훨씬 높은 프로젝트였지만 마크와 브랜든은 포기하지 않았다. 함께 하고 싶은 전문가에게 먼저 다가가 라이엇 게임즈의 비전을 보여주고 '풀타임 아니라도 괜찮으니 조언이라도 좀 해달라'며 설득했다. 그렇게 하나둘씩 개발 인력을 수급해나갔다.

일사천리로 일이 진행되면 좋겠지만 개발 결과물은 매번 예상과 다른 모습을 하고 있었다. 몇 번을 뒤집는 과정이 있었고 결국 자금 압박으로 이어졌다. 개발 인력은 부족했다. 그 부족함을 메꾸려면 더 적극적으로 개발자와 기술적으로 깊은 소통을 해야 했다. '이대로는 안 되겠어. 개발에 더 깊게 참여해야겠어.' 마크와 브랜든은 책으로 공부해가며 개발에 참여했고 그 과정에 마일스톤^{milestone}을 챙겼다. 2년이 지나서야 원하는 모양새를 띈 (걸음마 단계) 결과물을 만들 수 있었다. 재정 상황이 형편없을 줄 예상은 했지만 생각했던 것보다 더 바닥이었다. 추가 투자가 필요했다. 벤처캐피털에 투자를 얻기 위한 시연을 진행했다. 떨리는 마음으로 시연 결과를 기다린 지 며칠, 드디어 기다리던 메일이 왔다. 둘은 떨리는 마음으로 메일을 열었다. 내용을 읽어내려가던 순간 두 눈이 번쩍 떠졌다. '귀사에 투자를 하기로 결정했습니다.' 한 번 물꼬가 트이자 투자 제안이 이어졌다. 총 금액이 1,500만 달러에 달했다. 라이엇 게임즈가 생과 사의 갈림길에서 생의 길로 들어서는 순간이었다.

2008년 중반에는 회사 인원이 약 50명 정도로 늘었다. 일 년 남짓 시간이 더 흘러 어느덧 3년이 지났다. 2009년 말 드디어 〈리그 오브 레전드〉를 북미와 유럽에 출시했다. 초창기에는 영어, 스페인어, 독일어, 불어 중 하나를 선택 후 플레이가 가능했다. 출시 당시 챔피언은 40종이었다. 소환사의 협곡이라고 불리는 3차원 지도에서 플레이어 각자가 고른 챔피언으로 5대5 대전을 하는 게임이다. 〈리그 오브 레전드〉는 무료 게임이기 때문에 오랜 시간 게임을 이용해도 플레이어는 돈을 지불하지 않았다. 라이엇 게임즈는 수익성에 상관없이 여전히 그들을 중요한 고객으로 생각했다. 그것이 진정한 플레이어 포커스라고 믿었다.

당시에 다른 온라인 배틀 아레나는 별다른 플레이어 매칭 시스템이 없었다. 반면 〈리그 오브 레전드〉는 대등한 팀이 서로 맞붙을 수 있는 플레이어 매칭 시스템을 제공했다. 친구들과 함께 팀을 구성해서 게임에 참여할 수도 있었다. 라이엇 게임즈에서만 제공하는 독창적인 기능이었다.

〈리그 오브 레전드〉 출시 후 여러 게임상을 수상하면서 찬사를 받았으나 플레이어 수 증가는 계획보다 더뎠다. 브랜든과 마크는 조바심이 났지만 돈을 뿌리는 마케팅은 맞지 않다고 생각했다. '좋은 게임이라면, 멋진 경험을 제공한다면, 플레이어가 외면하지 않을거야.' 개발에 더 몰두하고 플레이어들과 더 깊은 관계를 맺는 데 집중했다. 그러던 중 어느 순간 플레이어 증가 속도가 빨라졌다. '드디어 입소문을 탔나?'라는 생각이 들었다. 가설을 세우고 플레이어에게 설문을 돌렸다. 그 결과 약 80퍼센트가 친구 추천으로 입문했다는 사실을 확인할 수 있었다. 레딧 Reddit 같은 온라인 게임 커뮤니티에서 가장 인기 있는 게임으로 회자되었다. 플레이어 경험에 집중해서 펼친 전략이 효과적으로 적중한 것이다.

인기가 오르자 매출도 올랐다. 그런데도 한동안은 적자의 연속이었다. 현재 얻은 인기로는 수지타산이 맞지 않았고 적자가 누적되는 상황으로 이어질 수 있었다. 또한 게임의 생애주기를 늘리고 더욱 플레이어를 지속적으로 끌어당길 대책이 필요했다. 대책의 대상은 역시 플레이어이자 팬이 중심이 되었다. 가장 열렬했던 팬이 등을 돌리면 가장 무서운 적이 되는 법이다. 팬을 팬으로서 남게 하려면 성원해줄 때 팬들의 열망을 속도감 있게 채워줄 필요가 있었다. 그래서 개발자를 충원하고 업데이트 속도와 퀄리티를 높이며 이벤트를 키우는 데 번 돈을 몽땅 재투자했다.

매출을 확대할 수 있는 기회를 추진하지 않는다고 비판을 받기도 했으나 플레이어 포커스라는 비전을 잃고 싶지는 않았다. 그래서 당장의 성장을 원하는 목소리에 대응해 온몸으로 싸워나갔다. '게임 자체가 진화하고 변화했으면 좋겠어. 라이브 온라인 서비스를 운영했으면 좋겠어. 일회용 제품처럼 취급할 수는 없다고! 게임은 아직 완성되지 않았어. 플레이어가 원하는 최고의 경험은 계속되어야 해! 이제 겨우 출발선에 있을 뿐이야!'

그들은 성공을 넘어 진정한 성취를 갈망했다.

03

플레이어 중심주의

라이엇 게임즈의 미션

라이엇 게임즈가 수립한 미션은 명확했다. '세계에서 가장 플레이어 중심적인 게임 회사가 되는 것 To be the most player-focused game company in the world.' 이 미션은 게임을 사랑하는 모든 라이어터에게 율법이고 등대였다. 모든 소통에서 '플레이어 포커스'가 자연스럽게 튀어나왔다.

OUR MISSION

WE ASPIRE
TO BE THE MOST
PLAYER
FOCUSED
GAME COMPANY IN THE
WORLD

어느 정도 체계를 갖춘 회사라면 미션 하나는 가지고 있다. 마치 초등학교 시절 모든 교실에 급훈이 걸려 있듯이 말이다. 여러분 회사의 미션은 무엇인가? 잘 알지 못한다면 무엇이 원인인가? 어떤 회사는 미션이 길어도 너무 길다. 그래서 전하려는 메시지가 희석되고 '그냥 소처럼 회사에서 일하자'처럼 들린다. 메시지가 그렇게 들리면 하던 일에서 손을 떼고 놀고 싶은 것이 사람이다. 너무 길지 않은 미션이더라도, 조직에서 누구도 신경쓰지 않는 공염불인 경우가 흔하다. 창업자나 최고 경영자가 (지금은 사라진) 훈화 시간에 열심히 미션을 강조한다고 치자. 그렇게 했다고 모든 직원이 체화하느냐는 별개의 일이다. 미션이 성공적이려면 공기처럼 언제나 어디서든 함께 존재해야 한다. 그리고 구성원이 공감할 수 있어야 한다.

결과론적이고 자의적인 해석일 수 있지만, 라이엇 게임즈가 성공한 이유는 다음 두 가지를 만족하기 때문이다. 첫째, 라이엇 게임즈의 구성원들은 '진짜 플레이어 경험'을 최우선으로 두고서 매일매일 논의하고 고민하고 적용하고 실행한다. 둘째, 그럴 수 있었던 것은 최고 경영자가 매일 강조했기 때문이라기보다는 그들이 합당하다고 여기는 잘 뽑은 미션이기 때문이다. 그동안의 먹고 튀는 게임에 질린 사람들이 똑같은 이유로 질린 사람들을 채용했다. 더 나은 비전을 담은 게임 만들기를 갈망하는 사람들 말이다. 그런 사람들에게 '플레이어 포커스'는 개구리 올챙이 시절을 잊지 않았다면 자연스럽게 받아들일 수 있는, 아주 만족스러운 미션이 아닐까?

시행착오도 있었지만, 라이엇 게임즈는 〈리그 오브 레전드〉를 효시로 미션을 등대 삼아 십여 년 업력을 쌓아갔다. 그 기간 개발과 운영 노하우가 쌓였다. 플레이어와 커뮤니티와의 신뢰도 쌓았다. 미션을 실제로 실천해 얻은 결과다.

라이엇 매니페스토 2012

회사 규모가 커지자 미션을 더 체계적으로 정리할 필요가 있었다. 하지만 너무나 급성장해 이를 챙길 여유가 누구도 없었다. 마크와 브랜든은 '플레이어 포커스' 이 한마디로 덩치가 커진 라이엇 게임즈를 운영하는 데 한계가 있다고 느꼈다. 짧지 않은 고민 끝에 2012년 라이엇 게임즈의 문화를 체계화하는 명문화된 가치 '라이엇 매니페스토'*를 선언했다. 라이엇 매니페스토는 '플레이어 경험이 최우선', '관습에 도전', '인재와 팀에 집중', '진지하게 플레이', '늘 배고프게, 늘 겸손하게' 항목으로 구성되어 있다.

• 라이엇 매니페스토(2012) •

- 플레이어 경험이 최우선(Player Experience First)
- 관습에 도전(Challenge Convention)
- 인재와 팀에 집중(Focus on Talent and Team)
- 진지하게 플레이(Take Play Seriously)
- 늘 배고프게, 늘 겸손하게(Stay Hungry, Stay Humble)

---

* The Riot Manifesto. 매니페스토는 약속, 공약 정도의 의미로 해석할 수 있다.

다섯 가치 중 첫 번째는 여전히 '플레이어 경험이 최우선'이다. 이는 평행한 다섯 가치 중 우연히 앞자리에 온 것을 의미하지 않는다. '플레이어 경험이 최우선'은 가장 중요하며 나머지 네 가지에서도 관철되어야 함을 뜻한다. 각 항목에 대한 세부적인 설명도 곁들여 있다.

플레이어 경험이 최우선 : 우리는 플레이어의 경험에서 모든 부분에 집착한다. 첫 게임부터 첫 승리까지, 게임 설치에서 고객 지원까지, 그리고 e스포츠 방송에 이르기까지. 모든 것이 중요하다. 플레이어의 행동과 말에 경청한다. 그리고 분석한다. 그런 다음 플레이어 경험을 개선하기 위해 데이터에 기반한 결정을 내린다.

관습에 도전 : 불가능은 우리가 가장 좋아하는 종류의 가능성이다. 옳은 일을 한다는 것은 종종 규칙을 무시하고 현상을 뒤집을 것을 요구한다.

인재와 팀에 집중 : 우리는 기업가적인 팀을 유치, 개발 및 육성한다. 절차와 관료주의보다 행동으로 보여주는 사람을 선호한다. 우리는 가족이 아니라 스포츠팀이다. 우리는 능력주의 meritocracy로서 결과를 중요하게 생각한다.

진지하게 플레이 : 단순히 게임만이 아니다. 우리는 게임을 많이 하고 게이머라고 자랑스럽게 자칭한다. 직장에서도 매일 플레이를 즐길 시간을 만든다. 우리는 프로다. 그렇다고 우리 자신을 완벽한 프로라고 진지하게 받아들이며 교만하지 않는다.

늘 배고프게, 늘 겸손하게 : 우리는 겸심차다*. 현상 유지는 혁신을 죽이지만 야심은 현상 만족을 죽인다. 우리는 겸손하게 피드백을 구하고 받아들인다. 우리는 팀에게 공을 돌린다. 가족, 팀원, 플레이어들이 모든 것을 가능하게 한다. 그리고 플레이어를 위해 항상 더 많은 것을 할 수 있다고 믿는다.

---

*   humbitous. humble과 ambitious를 합친 재담

'라이엇 매니페스토' 덕분에 지켜야 할 가치, 행동 방식이 더 명확해졌다. 그런데 문제가 생겼다. 하나가 다섯 가지로 늘면서 외워야 하는 것이 그만큼 늘었다. 뭐든 길어지면 머리가 아파오고, 머리가 아파오면 외면하고 싶어진다. 다행인 것은 매니페스토는 이미 그렇게 행동해오던 생활 그대로였다는 점이다.

물론 혼돈과 혼란이 없지는 않았다. 여전히 어려운 순간들이 많았다. 구설수에 오르고 혹평에 시달리는 수난의 시간도 있었다. 하지만 목적지는 명확했다. 순위에 일희일비하지 않고 플레이어를 바라보고 앞으로 나아갔다. 단지 1위만 갈망했다면 달성하지 못했을 플레이어에 대한 지속적인 서포트, e스포츠의 중흥과 발전 그리고 사회 환원으로서 한국 문화유산 보호와 지원 등을 일궈내지 못했을 것이다. 단연코 마케팅 차원이 아니다. 회사의 가치를 지키는 일이었다. 게임을 좋아하는 사람들로 구성된 게임 회사의 일원이 스스로의 가치를 지키는 일에 진심이 아닐 수 있겠는가? 결과적으로 라이엇 매니페스토 역시 라이어터들에게 공기처럼 자연스럽게 정착되었다. 그 과정에서 수많은 혼돈과 수난을 견뎌냈다. 그래서 더 높게 비행할 수 있었다. 세상에서 가장 플레이어를 우선하는 회사라는 명예만큼은 어느 누구에게도 양보할 생각이 없는 회사가 바로 라이엇 게임즈다.

라이엇 핵심 가치 2019

첫 매니페스토가 선포된 후 안팎으로 많은 변화가 있었다. 라이엇 게임즈는 더는 〈리그 오브 레전드〉에만 의존하는 회사가 아니었다. 2019년 한

해에만 〈레전드 오브 룬테라〉, 〈발로란트〉, 〈리그 오브 레전드 : 와일드 리프트〉를 내놓았다. 월드 챔피언십 같은 이벤트나 〈아케인〉* 등 비게임 콘텐츠의 비중도 높아졌다. 또한 세계 각국에 지사가 설립되면서 전체 조직이 합심해서 협력해야 할 필요성도 높아졌다. 이렇듯 새로운 환경과 도전에 맞서기 위해 라이엇 게임즈는 2019년에 새 핵심 가치를 발표했다.

• 라이엇 핵심 가치(2019) •

플레이어 경험이 최우선(Player Experience First) : 플레이어를 최우선으로 하는 라이엇 게임즈의 철학은 보람차고 가장 오래가는 게임 경험을 만들기 위한 초석이라고 믿는다.

- 어떤 일을 하든 플레이어 중심적인 사고를 한다.
- 게임에 대한 애정을 공유하고 오락을 삶의 중요한 부분으로 여기며 우선시 한다.
- 전 세계 플레이어의 목소리에 귀를 기울이며 플레이어와 함께 배우고 소통하 면서 공감 능력과 이해심을 기른다.

꿈은 원대하게(Dare to Dream) : 대담한 아이디어를 추구할 용기만 있다면 아무리 불가능한 꿈이라도 플레이어를 위해 실현할 수 있다고 믿는다.

- 게임 분야 발전을 목표로 대담하고 예리한 도전을 시도한다.
- 독특한 관점을 추구하며 실험을 권장하고 실패를 두려워하지 않는다.

---

* 〈리그 오브 레전드〉 유니버스에 등장하는 두 도시국가 필트오버와 자운을 배경으로 징크스와 바이의 탄생 과 비극을 그린 애니메이션

- 모범 사례를 기반으로 행동하며 전문성을 높이 사고 더 나은 방법이 있을 때는 혁신을 추구한다.

함께 이루는 성공(Thrive Together) : 서로를 존중하고 서로에게 투자할 뿐만 아니라 한 팀으로 성공할 때 더 강해진다고 믿는다.

- 소통할 때는 언제나 공감 능력, 진정성, 존중을 기본으로 한다.
- 각 라이어터의 강점을 증폭할 수 있도록 포용적인 팀을 양성한다.
- 최고 수준의 전문성을 추구하고 게임 제작의 즐거움을 함께 만끽한다.

뛰어날 실행력(Execute with Excellence) : 뛰어난 운영은 장기적으로 더 나은 경험을 선사할 수 있게 해줄 열쇠라고 믿는다.

- 원대한 목표를 세우고 결과를 기반으로 성과를 측정하며 개선을 위해 끊임없이 노력한다.
- 플레이어와 라이어터에게 완전한 경험을 선사하기 위해 팀 단위를 넘어 협력한다.
- 핵심적인 일에 집중하며 효율성을 우선시하고 플레이어의 자원을 허비하지 않는다.

늘 배고프게, 늘 겸손하게(Stay hungry, Stay Humble) : 서로에게서, 플레이어에게서, 세계에서 얻는 배움에는 끝이 없다고 믿는다.

- 어떤 문제든 낙관적인 태도와 포부, 호기심을 가지고 접근한다.
- 성공은 축하하고 실패는 교훈으로 삼으며 진보적인 도전 정신을 발휘한다.
- 피드백은 개선에 필수 불가결한 요소로 소중히 여긴다.
- 팀과 가족, 동종업계 관계자, 플레이어가 없다면 지금의 라이엇도 없으리라는 사실을 인지한다.

2019년의 핵심 가치를 2012년 매니페스토와 비교해보면 변한 것들이 몇 개 있지만 '플레이어 경험이 최우선'은 변하지 않았다. 앞으로 어떤 핵심 가치가 발표되더라도 이는 불변일 것이다.

어느 회사나 미션을 내걸지만, 실제로 지키고 실천에 옮기는 것은 결코 쉽지 않다. 회사가 소규모일 때는 소통이 원활하고 게임을 만드는 것이 재미있고 또 비슷한 사람들끼리 모여서 창업하니까 대체로 미션이 지켜지는 편이다. 하지만 회사가 커질수록 재무적인 부분이 중요해지고, 투자자에게 가치를 되돌려줘야 할 때가 되면 미션보다 돈이 우선이 될 수밖에 없다. 나도 상장회사 최고 경영자로 있어 봤기에 솔직하게 말할 수 있다. "이런 압박은 결코 무시할 수 있는 성질의 것이 아니다." 투자자가 돈 내놓으라고 닦달해서가 아니다. 회사가 성장했을 때 투자한 만큼 돌려주는 것은 최고 경영자로서의 의무다. 이를 저버리고 회사의 미션을 위해 계속 투자해달라고 말하기는 너무나도 어렵다. 다행히 라이엇 게임즈는 비상장이었고, 초창기부터 돈을 벌었기에 돈 문제로부터 상대적으로 자유로울 수 있었다. 만일 재무적으로 어려웠다면 회사가 망했을 수도 있다. 그래도 창업자들의 생각은 확고하기 때문에 아예 망한 후 새로운 회사를 차릴지언정 그들이 지키고자 하는 미션을 포기하지는 않았을 것이다.

블리자드와 라이엇 게임즈의 차이

이런 핵심 가치는 또 다른 세계적인 게임사인 블리자드의 미션과 차이가 있다. 색이 다른 미션과 가치를 가진 회사를 비교하는 것은 적절치 않지만, 내가 양쪽 모두에서 일한 경험이 있다는 이유로 두 회사의 차이에 대해 적지 않은 질문을 받는다. 비슷한 것 같으면서 다른 두 회사의 미션(핵심 가치)을 잠깐 알아보는 시간을 가져보자.

블리자드는 '게임 플레이 최우선 Gameplay First'을 핵심 가치로 든다. 구체적으로 8가지 세부 항목을 갖는다.

· 블리자드 핵심 가치 ·

1. 재미있는 게임이 우선이다.

2. 품질에 최선을 다하라.

3. 고객과 동료에게 서로를 존중하고 공정을 기하라.

4. 마음 깊은 곳의 덕심을 꺼내서 즐겨라.

5. 모든 고객과 동료의 목소리를 경청하라.

6. 글로벌 마인드로 일하라.

7. 책임감을 가지고 프로젝트와 팀과 업계를 리드하라.

8. 배우고 성장하라.

'게임 플레이 최우선'과 '플레이어 경험이 최우선' 두 가지가 언뜻 비슷해 보인다. 두 회사를 모두 다녀본 입장에서 말하건데 둘은 확실히 다르다. 그리고 핵심 가치의 차이가 명확히 다른 문화를 낳았다고 단언할 수 있다. 두 회사 모두 핵심 가치가 조직에 잘 뿌리내렸기에 할 수 있는 말이다.

블리자드는 제품에 중심 가치를 둔다. 얼마나 좋은 게임을 만드느냐를 중시한다는 뜻이다. 2023년에 출시된 〈디아블로 4〉를 보면 여실히 알 수 있는데 〈디아블로〉 시리즈 특유의 몰입감 강한 게임 플레이를 제공하면서도 10여 년 만의 후속작답게 새로운 면모를 추가했다. 30년 가까이 이어지는 브랜드에서 오래된 팬들의 향수를 자극하는 익숙함과 질리지 않는 참신함을 동시에 구현한다는 것은 결코 아무나 할 수 있는 일이 아니다. 그야말로 장인정신의 집대성이라고 할 수 있다. 블리자드는 자신들이 만든 게임에 자부심이 있고, 게임을 전면에 내세운다. 게임 타이틀이 메인 메뉴에 쭈욱 나열된 홈페이지만 봐도 자부심이 느껴질 정도다.

블리자드 홈페이지

역시나 라이엇 게임즈도 자신의 제품에 자부심이 강하다. 항상 더 좋은 게임을 만들고자 주의를 기울이지만 그 제품을 통해 얻는 플레이어 경험에도 강한 관심을 가지고 있다. 음식점으로 비유하자면 블리자드는 최고로 맛있는 요리를 내놓는 데 매진하는 반면 라이엇 게임즈는 맛을 포함해 매장에 들어온 순간부터 느낄 첫인상, 메뉴, 고객 응대, 식사하는 동안의 분위기까지 고객이 느끼는 전반적인 경험을 중시한다는 뜻이다. 단적인 예로 라이엇 게임즈는 e스포츠를 기획할 때 어마어마한 상금*을 내걸었는데, 이는 플레이어에게 내가 즐기는 게임이 다른 스포츠 못지 않게 훌륭한 문화 상품이라는 자부심을 느끼게 하기 위해서였다.

블리자드의 홈페이지를 앞서 살펴봤으니 라이엇 게임즈의 홈페이지도 살펴보자. '라이엇 소개', '라이엇 게임즈에서 일하기', '소식'이 메인 메뉴에 노출되어 있다. 좌상단 라이엇 게임즈 로고를 눌러야 비로소 게임을 비롯한 다양한 카테고리를 만날 수 있다.

라이엇 게임즈 홈페이지

제품보다는 고객 여정의 편의성을 중시한 배치다. 라이엇 게임즈가 영화와 음악을 만드는 것은 지식재산권을 활용해 부차적인 수익을 얻으려는 의도가 아니다. 일상에서 더 〈리그 오브 레전드〉를 만나고 싶어 하는 플레이어에 대한 대답이다. 그래서 라이엇 게임즈의 '플레이어 중심주

---

* 2011년 시즌 1에 10만 달러를 시작으로 꾸준히 증가해 2022년에는 총 상금 225만 달러

의'는 블리자드의 미션보다는 '고객 중심'이라는 아마존의 미션과 더 닮았다.

이쯤되면 '둘 중 무엇이 더 우월한 미션이지?'라는 생각이 들 것이다. 미션에서 우월을 가리는 일은 애초에 불가능하다. 그리고 미션 자체가 기업이나 제품의 성패를 결정짓는 것도 아니다. 미션을 누가 어떻게 충실히, 잘 이행했는지 그래서 어떤 성과를 냈는지 확인하고 나에게는 어떤 미션이 더 어울리는지 면밀히 고찰하는 것이 적절한 수순이다.

라이엇 게임즈는 매니페스토와 핵심 가치를 발표하면서 더 나은 조직으로 이끌어갈 방향을 다듬었다. 그런데 라이엇 게임즈의 진짜 강점은 잘 다듬어진 매니페스토보다 실천하는 문화에 있다. 아무리 좋은 운동 방법이 있더라도 실천하지 않으면 소용이 없는 것처럼 말이다. 말이 나온 김에 다음 장에서 라이엇 게임즈가 어떠한 노력을 기울여 미션을 조직의 문화로 정착시켰는지 살펴보자.

라이엇 컬처를
유지하는 도구

월간 쇼 앤 텔

초창기에는 매달 '쇼 앤 텔 Show and Tell'이라는 전 직원 간담회가 있었다. 이 자리에서 각 부문의 리더들이 차례로 나와 지난 한 달간의 진행 상황과 다음 한 달간의 목표를 전 직원에게 소개한다. 그러고 나서 자유로운 질의응답 시간이 이어지는데 라이어터들은 스스럼없이 궁금한 사항을 질문하고 다른 라이어터들과 공유한다. 초기에 '쇼 앤 텔'은 다양한 현안을 전 직원과 공유하고 풀어보는 효과적인 장치로 작동했다.*

---

* 조직 규모가 쇼 앤 텔을 진행할 수 없을 정도로 커지자 2016년 폐지했다. 현재는 격주로 라이엇 나우(Riot Now)를 진행한다. 포맷은 매번 다르며 리더가 나와 본인이 리딩하고 있는 부서 관련 소식을 전하고 QnA 진행한다. 분기별 한 번 정도는 라이엇 말키(Riot Marquee)를 진행한다. 주로 신제품 출시, 전사 전략 등 큰 주제를 발표한다.

'쇼 앤 텔'의 포문을 마크가 여는 날이면 라이어터들에게 매번 잊지 않고 하는 똑같은 질문이 있다. "라이엇 게임즈 주인은 누구입니까?"라고 목청껏 물어본다. 그러면 "플레이어!"라고 라이어터들이 소리 질러 답한다. "우리들의 상사는 누구입니까?" 하고 또 질문을 던진다. "플레이어!"라고 또 소리 질러 답한다. 약간은 종교 집단 같기도 하고, 래퍼와 관객이 하나되는 순간 같기도 한, 처음 보면 괴이하다 생각이 들 장면이지만 몇 번 참여하게 되면 함께 목청이 터져라 외치게 되는 마법을 경험하게 된다. 괴이한 광경이 재미있기도 하고 짜릿하기도 하면서 약간은 기대되는 순간으로 변모되는 것이다. 마크는 이어서 "우리 회사의 주인은 플레이어고 나도 여러분도 직원이다"라고 얘기하며 언제나처럼 플레이어 포커스를 강조한다. 간담회를 시작하면서 단순히 파이팅을 하려고 하는 것이 아니다. 적어도 마크에게 플레이어 포커스는 회사의 사운을 몽땅 건 진심이었다.

라이엇 매니페스토는 2012년에 처음으로 명문화되었다. 2012년 이전에는 "라이엇 컬처가 궁금합니다. 어떤 식으로 일하나요?" 같은 질문에 명쾌한 답변을 하기가 쉽지 않았다. 그래서 라이어터들은 '우리는 이렇게 일해, 이렇게 믿어, 이런 게 중요해. 그게 라이엇 컬처야'라고 일상을 구구절절이 늘어놓으면서 설명했다. 라이어터들은 '라이엇 컬처'라는 단어를 말버릇처럼 사용했다. 라이엇 컬처는 라이어터들에게 일상다반사인 것이다. 결정과 행동의 이유를 누군가 묻는다면 '플레이어를 위해서'라는 점을 명확히 설명할 수 있어야 한다. 구체적이고 명문화된 행동 지침이 없던 시절에도 여전히 '플레이어 포커스'라는 라이엇 컬처는 분명히 존재했다.

페일 앤 텔

마크와 브랜든은 라이어터가 실패하는 것을 두려워해서는 안 된다고 생각했다. 실패는 선물이자 교훈으로 우리 모두는 실패를 통해 배우고 발전할 수 있다고 늘 얘기했다. 그들은 실수로부터 얻은 교훈을 인정하고 공유하는 것에 대해 라이어터들이 심적으로 안전하게 느끼는 조직을 만들기 원했다. 그냥 말만하는 것이 아니라, 실천으로 보여주고 싶었다. 그래서 매달 하는 쇼 앤 텔에 '페일 앤 텔Fail and Tell'이라는 코너를 만들었다. 이 코너에서는 라이어터가 무대에 올라가 본인의 실패를 투명하게 공개한다. 동료들, 특히 리더들이 그들의 실패를 솔직히 보여준다면 라이어터들도 실수에 대한 두려움 없이 도전적으로 일할 수 있는 컬처를 만들 거라고 믿었다.

내 기억에 남은 '페일 앤 텔'은 당시 〈리그 오브 레전드〉 최고 게임 디자이너 톰 캐드웰의 것이다. 톰 캐드웰은 MIT에서 교육받은 매우 우수하고 프라이드 넘치는 디자이너이다. 한때 내 옆자리라서 여러 얘기와 아재개그도 나누던 동료다. 나는 그가 인성도 좋고 실력도 있는 괴짜 천재라고 생각했다. 톰은 무대에 올라가 마이크를 잡고 도미니언 설계에 실패한 이야기를 했다. 도미니언은 2011년 출시한 〈리그 오브 레전드〉의 게임 모드이다. 메인 게임의 빠른 속도 버전이 될 목적으로 출시되었으며, 챔피언은 레벨 3에서 시작하여 골드와 경험치를 훨씬 빠르게 획득했다. 경기는 일반적으로 15-20분 밖에 걸리지 않아 시간에 쫓기는 사람들에게 매우 좋았다. 많은 비용, 시간, 인력을 투입해 개발한 큰 기대작이었다. 하지만 출시 후 도미니언 인기는 점점 사라졌고 실제로 플레이한 사람들은 전체 활동 플레이어 중 0.5퍼센트에 불과했다. 아쉽게도 출시 4년 반 후인 2016년 2월에 서비스를 종료했다. 톰은 어떤 의도로 도미니언을 개발했는지, 디자이너로서 본인이 무엇을 잘못했는지 설명했다. 그는 누구에게도 손가락질하거나 탓하지 않고 변명도 하지 않았다. "I failed." 톰은 모든 책임을 인정했다.

나에게는 너무 신선한 광경이었다. 여러 회사에서 일해봤지만 이런 장면을 본 적이 없었다. 고위급 지도자가 자신의 실패를 인정하고 회사 전체 앞에서 책임을 지는 모습은 어디에서도 보기 힘들 것이다. 실패를 하면 조직을 떠나야 할 때도 있어 많은 사람이 도전하기를 두려워하고 본인의 실수를 숨기려고 한다. 그러나 라이엇 게임즈는 달랐다. 마크와 브랜든도 공식적인 자리에서 본인의 실수를 인정하고 솔직하게 공유했다. 조직문화는 리더들의 행동이라고도 한다. 라이엇 게임즈는 항상 플레이어들을 위해 새로운 도전을 하고 실패를 두려워하지 않는 조직이 되었다.

그럼 그렇게 큰 실패를 인정한 톰은 어떻게 되었을까? 회사에서 짤렸을까? 아니면 강등되거나 밀렸을까? 톰은 라이엇 게임즈의 Chief Design Officer 및 R&D 총괄 최고 임원으로 승진해 아직까지도 (나 같은) 아재들만 웃어주는 아재개그를 즐기며, 천재적인 인사이트로 개발을 리딩하고 있다.

플레이 라이크 어 플레이어

많은 라이어터가 〈리그 오브 레전드〉를 좋아해 라이엇 게임즈에 지원한다. 회사 차원에서도 라이어터에게 더 나은 근무 환경과 복지 지원책으로 여러 제도를 두었는데 단연 게임에 관한 것이 인기가 있다. 그들이 가장 열광하는 직원 혜택 중 하나가 바로 게임 계정에 무제한 RP Riot Points를 받는 것이다. 라이어터는 RP를 이용해 모든 챔피언을 무료로 구매하고 최신 스킨을 언제든지 사용할 수 있었다. 〈리그 오브 레전드〉를 좋아하는 플레이어라면 분명 꿈 같은 일임에 틀림없다.

　어느 날 게임 내 상점에서 플레이어들이 몇 시간 동안 RP를 구매하지 못하는 문제가 발생한 적 있다. 내부에서는 이 사태를 곧바로 인지하지 못했고 외부 커뮤니티를 통해 뒤늦게 파악했다. 사태 인지 후 문제를 곧바로 해결했다. 게임에서 흔히 일어날 수 있는 현상이라 외부적으로 큰 문제없이 지나갔다. 그런데 내부적으로는 작은 경종이 울렸다. 플레이어를 가장 중심에 두는 문화라고 자부하지만 우리가 정말 그들의 입장에서 대수롭지 않은 것에서도 게임 플레이를 고려하고 있는지 재고해볼 필요가 있었다. 라이어터는 회사로부터 무제한 RP를 받으므로 따로 구매할 필요가 없었기 때문에 이러한 문제가 생겼을 때 플레이어들이 느끼는 답답함을 곧바로 파악하기 어려웠다.

　마크는 "우리도 플레이어와 같은 선상에 있어야 한다"고 주장하며 라이어터에게 제공된 무제한 RP 혜택을 없애자고 제안했다. 당시 마크의 제안은 라이어터들의 거센 저항을 받았다. "게임을 좋아하는 직원을 위한 혜택이라더니 이렇게 갑작스럽게 빼앗아가는 것은 아니지 않나요?"와 같은 반응이 대다수였다. 반발은 어쩌면 당연한 일이다. RP는 감사한 혜택이 아니라 권리가 되어버린 것이다.

　마크는 플레이어 포커스를 생각하면 당장 변화가 필요하다고 강하게 느꼈지만 강요하진 않았다. 라이엇 게임즈는 하향식 top-down 문화가 아니고 토론과 피드백을 중시하는 조직이기 때문이다. 내부적인 개선을 위해 마크는 오랫동안 여러 라이어터와 폭넓은 논의를 진행했고 마침내 'Play Like a Player'라는 프로그램을 설계했다. 무제한 상품을 구매할 수 있는 권한 대신 일부 아이템을 구매할 수 있을 정도의 RP를 제공했다. 추가로 필요한 RP는 라이어터가 상점에서 직접 구매하게 했다. 라이어터도 플레이어와 같은 입장에서 게임을 함으로써 장단점을 같이 느껴보자는 취지였다. 지금은 〈리그 오브 레전드〉뿐만 아니라 〈발로란트〉 등 모든 게임에 적용하여 라이어터와 플레이어가 함께 하는 데 의미를 두는 프로그램이 되었다.

서포트 or 피드

라이어터 대부분은 코어 게이머로서 게임 커뮤니티에 활발히 참여하며, 플레이어가 원하고 필요로 하는 것을 파악한다. 하지만 라이엇 게임즈는 플레이어의 고충을 더 깊이 이해하고자 한 단계 더 나아가기를 원했다. 고심 끝에 '플레이어들이 보낸 티켓에 정성 들여 답하기'를 도입하기로 했다. 이 일은 원래 PS Player Support 팀이 전적으로 맡고 있었다. 이 업무를 하다 보면 플레이어가 어떤 생각을 하는지, 무엇을 원하는지 알 수 있게 된다. 회사의 미션인 플레이어 포커스를 할 정보를 얻을 수 있는 업무인 것이다. 따라서 이 업무는 개발, 마케팅, 재무, 인사, 인프라 등 팀을 떠나 모든 라이어터가 함께 해야 할 의무라는 결론에 이르게 되었다. 그 결과 모든 라이어터가 적어도 일 년에 한 번은 PS 티켓에 답변하는 '서포트 or 피드 Support or Feed' 프로그램이 탄생했다.

프로그램은 오전부터 PS에 대한 교육으로 시작한다. 라이엇 게임즈의 미션이자 가치인 '플레이어 포커스'를 시작으로 우리가 이 프로그램에 왜 참여해야 하는지 그 이유를 설명한다. 트레이너들은 기본적인 PS 진행 방법과 해야 할 일과 하지 말아야 할 일 그리고 모범 답변 예시도 보여준다. 오전 교육이 끝나고 점심식사를 마친 후, 라이어터는 자리에 돌아와 티켓 답변을 시작한다. PS 팀원이 아니라면 한 번도 해본 적 없는 생소한 일이라 접근이 쉽지 않아서 난이도가 높지 않은 티켓부터 배정한다. 자신이 담당하는 업무와 관련된 티켓 주제를 받을 수 있도록 맞춰주기도 한다. 예를 들어 게임 디자인 관련 질문은 게임 디자이너가, 마케터는 최신 프로모션에 대한 질문을 받는다. 티켓 응답에 어려움을 느끼는 라이어터가 언제든지 도움을 요청할 수 있도록 PS팀 팀원들은 응답 기간 내내 주위를 돌아다닌다. 답변에 담당 라이어터의 실명, 팀, 직책까지 적어주면 공을 들여 답을 했다라는 사실에 플레이어들은 좋은 점수를 주었다.

나 역시 한국과 미국에서 '서포트 or 피드'에 참여한 경험이 있다. 첫 프로그램은 신사동 사무실에서 열렸다. 모든 라이어터가 동시에 참여할 수는 없었기 때문에 여러 부문으로 나눠서 진행했다. 보통 일찍 출근했기 때문에 내 업무를 처리한 후 PS팀이 있는 곳으로 이동해 '서포트 or 피드' 프로그램 교육을 들었다. 처음 해보는 업무였다. 티켓에 직접 응대를 하려니 조금은 떨렸다. 나름 내 이름을 걸고 답변을 하는 거라 질문을 정확히 파악해서 더 정확하고 진부하지 않은 답변을 하고 싶었으나 쉽지 않았다. 다행히 PS팀 동료의 도움으로 여러 티켓을 해결하며 답변이 점차 나아지는 듯했으나 다시 어려움에 직면하곤 했다. 중도에 포기하지 않고 내가 담당한 티켓에 책임을 다해 정성껏 답변을 달아 '라이엇 아리 오진호'로 메일을 보냈다.

늦은 오후가 되서야 프로그램이 끝났고 유독 그날 하루는 참 빨리 갔지 싶다. 여러 생각이 드는 하루였다. 첫 번째는 플레이어의 고민이 상당히 날것으로 다가와서 내 스스로도 그 고민에 대해 생각해보는 시간을 가지며 더 깊게 이해하게 됐다. 팀원에게 정제된 내용을 보고받는 것과는 사뭇 달랐다. 플레이어가 보낸 글을 직접 읽으니 상황을 더 생생하게 느낄 수 있었고 안내 가이드의 도움을 받지 않고 답변을 하나하나 정성껏 쓰다 보니 마치 아는 사람과 대화하듯 가까워진 느낌이 들었다. 두 번째는 PS팀 동료들이 실시간으로 얼마나 힘든 일을 하고 있는지 다시금 그 노고를 알게 되었고 감사하지 않을 수 없었다. 그들은 플레이어의 문제를 파악하고 해결하는 그야말로 최전선이고 얼굴이다.

현재 '서포트 or 피드'는 의무적인 프로그램은 아니다. 팀 워크숍의 일부로 진행되거나 여러 라이어터가 자발적으로 경험해보고자 지원한다.

컬처팀

초창기 라이엇 게임즈에는 컬처팀이라는 조직이 있었다. 말 그대로 기업문화를 담당하는 팀인데, 당시 대부분 회사에는 기업문화와 관련한 조직이 없었다. 정확한 팀명은 'Ministry of Culture and Propaganda'로 우리말로 문화홍보조직 정도로 해석할 수 있다. 과장이 섞인 코믹한 이름이지만 그만큼 문화를 중요하게 여긴다는 뜻이다. 4~5명으로 구성된 컬처팀이 하는 일은 라이엇 컬처를 정의하고 가치관, 매니페스토 같은 걸 정리하는 일이었다. 그리고 컬처 교육, 행사, 활동, 메시징이 라이엇 컬처에 맞도록 총괄하는 팀이기도 했다.

사실 따지고 보면 꽤 애매모호한 팀이었다. 모든 팀은 목표를 정하고 핵심성과지표Key Performance Indicator, KPI를 설정하기 마련이다. 예를 들어 개발 팀이라면 버그를 발견한 개수와 몇 개를 고쳤는지가 그 기준이 될 수 있다. 또는 매출이나 타임라인에 맞춰서 마일스톤을 달성하는 것이 될 수도 있다. 그렇다면 컬처팀의 핵심성과지표는 어떻게 정할 수 있을까? 회사 안에 고유의 기업문화를 정착시키는 게 목표라 해도, 그게 얼마나 안정적 으로 자리잡았는지 어떠한 기준으로 평가할 수 있을까?

그럼에도 컬처팀이 생기고 오래 존속될 수 있었던 이유는 그만큼 라이 엇 게임즈가 기업문화를 중요하게 여겼기 때문이다. 라이엇 게임즈는 시 스템으로 관리하지 않고 문화로 관리하는 회사다. 대부분 기업은 시스템 으로 관리한다. 무슨 업무든 체계가 있고 보고 단계가 명확하고 결재할 권한과 책임이 주어지는 게 일반적이다. 하지만 라이엇 게임즈의 창업자 들은 이런 엄격한 시스템을 싫어했고, 대신 사람을 믿고 임파워먼트*하는 문화를 통해 회사를 만들어나가려 했다. 아무리 취지가 좋은 일도 결재권 과 책임이 확실하지 않으면 혼선이 생기기 마련이다. 라이엇 게임즈 역시 예외가 아니었다. 그래서 컬처팀을 만들었다. 우선 창업자들의 생각을 명 확히 하고 정리한 다음 사례 연구도 하고 지역에서 워크숍을 열어 체화시 켰다. 워크숍은 소그룹으로 나누어져 핵심 가치에 대해 토론하고 나중에 는 각 팀이 나와 발표하는 형식으로 진행되었다.

---

*   empowerment. 조직이나 구성원에게 업무를 수행할 권한과 힘을 주는 것

컬처 어워드

컬처팀은 매달 컬처 어워드라는 보상을 한다. 대부분 회사는 뚜렷한 성과가 있어야 상을 준다. 예를 들어 스킨을 잘 만들어서 매출이 몇 퍼센트 올라갔다든지, 마케팅을 잘해서 매출을 올렸다는 구체적인 지표를 보고 상을 준다. 반면 컬처팀은 매출과는 상관없는 상을 준다. 매달 우리의 핵심 가치관 5개를 실제 사례로 잘 보여줄 수 있는 역할을 한 사람 또는 팀에게 주는 상이다. 이 상은 매니페스토의 5개 항목 중 하나의 이름으로 지급된다.

예를 들어 2013년 스테판 림과 토머스 뷰는 '인재와 팀에 집중Focus on Talent and Team'상을 받았다. 2011년도에 입사한 두 사람은 이전에 꽤 유명한 회사에 다녔었고 〈리그 오브 레전드〉 개발팀에서도 중요한 역할을 맡았다. 2012년 이후 〈리그 오브 레전드〉가 큰 성공을 이루면서 사람이 너무나 부족해졌는데, 그렇다고 아무나 뽑을 수는 없는 노릇이었다. 심각한 인재 부족 상황에서 누가 시키지도 않았는데 스테판과 토머스는 적극적으로 나서서 개인 인맥으로 우수한 사람들을 만나고 회유해 함께 일하자고 데려왔다. 어느 날은 텍사스 쪽에 있는 유명한 스튜디오가 문을 닫는다는 소문이 돌았는데, 이 소식을 들은 두 사람은 LA 사무실에서 비행기로 텍사스까지 날아가 그곳의 핵심 개발자들을 설득해 라이엇 게임즈로 합류시켰다. 그 밖에도 시애틀이나 토론토 등 필요한 인재가 있는 곳이면 어디든 찾아가서 설득했고, 이렇게 데려온 사람들이 〈리그 오브 레전드〉는 물론이고 〈발로란트〉와 〈전략적 팀 전투Teamfight Tactics, TFT〉의 핵심 리더가 되었다.

한국에서 수상 사례도 있다. 때는 〈리그 오브 레전드〉 오픈 초창기다. 빠르게 순위권에 진입한 덕분에 뜻하지 않은 기쁨을 느꼈으나, 야속하게도 기쁨은 찰나에 사라지고 말았다. 서버가 불안정해진 것이다. 플레이어 불만은 PS 티켓 수 급증으로 이어졌다. 당시 한국에는 PS 에이전트가 10명밖에 없었다. 10명에서 해결하기에는 티켓 수가 너무 많았다. 응답 속도보다 PS가 쌓이는 속도가 훨씬 빨랐다. 응답 시간이 늦어지면서 플레이어들은 더욱 화가 난다. 화가 난 플레이어가 다시 PS 티켓을 늘렸다. 악순환의 고리에 들어선 것이다. 서버 문제가 오랫동안 지속되었다. PS팀은 주말과 휴일을 포기하고 매일 야근했다. 하루 이틀도 아니고 끝없는 야근이 이어지면서 PS팀이 지쳐갔다. 시급하게 더 많은 PS팀원을 채용해야 했지만 절박하다고 해서 고용 기준을 낮추지 않았다. 기준을 높게 유지하고 있었던 탓에 채용이 더뎠다. 고생하는 동료를 지켜보고 있을 수만은 없었다. "우리라도 도와야지요." 다른 부서 라이어터들이 나섰다. 그렇게 티켓 처리 업무를 다 함께 짊어졌다. 얼마나 그렇게 지났을까? 끝이 보이지 않는 PS 티켓 터널에서 한 줄기 빛이 보였다. 빛이 더 선명해질 때까지 달려나갔다. 이윽고 24시간 이내 응답이라는 목표를 달성했다. 대단한 것은 그 과정에서 답변의 질을 낮추지 않았다는 것이다. 그해 한국 PS팀 전체가 'Player Experience First' 컬처 어워드를 수상했다. 어떻게 그렇게 업무에 헌신할 수 있었는지 지금 생각해봐도 신기하고 대단하다.

이렇게 귀감이 될 만한 행동을 주변인들이 보고 컬처팀에게 알리면 확인 과정을 거쳐 컬처 어워드를 수여한다. 상금도 없는 명예에 불과한 상이지만 효과는 컸다. 스스로 플레이어이기도 한 사람을 모아놨기에, 공개적인 칭찬이 조직 전반에 동기를 부여해 선순환이 이루어지는 효과가 났다.

디뉴비피케이션

디뉴비피케이션은 라이엇 게임즈의 신입사원 교육 프로그램이다. 흔히들 알고 있는 오리엔테이션이다. 그런데 이렇게 남다른 이름을 지은 이유가 있다. 일반적인 회사라면 인사 시스템 사용 방법이나 급여에 대한 안내 같이 새로운 환경에 적응하는 데 필요한 소개 및 정보를 공유하는 용도로 오리엔테이션을 활용한다. 반면 라이엇 게임즈는 용어부터 진행까지 확연한 차이가 있다. '디뉴비피케이션 Denewbification'에서 '뉴비 newbie'는 우리가 잘 아는 초보자를 의미하고, 접두사 '디 de-'는 반대 의미를 가지므로 '디뉴비피케이션'은 초보에서 벗어나게 한다는 의미다.

소속된 지사에 상관없이 신입 라이어터라면 본사에서 일주일 간 디뉴비피케이션을 경험하게 된다. 특이하게 금요일에 시작한다. 커리큘럼을 월요일부터 금요일로 쉬지 않고 진행하면 뭐든 새롭고 처음 경험하는 신입 직원에게는 부담이 될 수도 있을 거라는 차원의 배려다. 금요일은 간단한 오리엔테이션과 재미있는 활동 위주로 시간을 보내고 주말에 쉰 다음 월요일부터 목요일까지 필요한 교육을 진행한다. 이 프로그램은 2주마다 진행되며, 이때 모든 부서의 담당자가 와서 어떤 일을 하는지 발표한다. 그중 꼭 빼놓지 않는 중요한 순서가 있다. 창업자들이 직접 나와 라이엇 컬처에 대해 발표하고 질의응답 시간을 가지는 것이다. 어느 정도 규모가 있는 회사라면 오리엔테이션은 주로 인사팀 실무자가 담당하므로 이 역시 색다른 점으로 볼 수 있다. 통상적으로 조직의 최고 책임자

들은 할 일이 넘쳐나므로, '급한 일이 아니라 중요한 일을 하라'는 것이
필수 덕목이다. 환영 인사 정도나 하면 모를까 커리큘럼을 직접 진행하
다니!

라이엇 게임즈의 최고 경영자나 창업자들이 회사가 추구하는 미션이
자 가치인 '플레이어 포커스'와 라이엇 컬처를 얼마나 중요하게 여기는
지 확인할 수 있는 대목이다. 진행자는 '플레이어 포커스'의 개념과 사례
를 소개하고 나서 질의응답을 진행한다. 큰 조직의 수장과 직접 소통할
수 있는 문화만으로도 신입 라이어터들에게 긍정적인 인식을 심어줄 것
이다.

인사 평가 및 보상

인사가 만사라는 말을 꺼내들지 않아도 그 중요성을 누구나 인정할 것
이다. 평소에 줄곧 '플레이어 포커스'를 강조해놓고, 라이엇 컬처를 잘 지
켜냈다고 상까지 수여해놓고, 연말 평가에 해당 항목이 고려되지 않는다
면 어불성설일 것이다.

라이엇 게임즈 연말 인사 평가에서 라이엇 컬처는 비중이 높은 항목이
다.[*] 라이엇 컬처 항목은 평상시에 라이엇 컬처에 맞게 살아왔는지 360도
평가로 작성된다. 평소에 상을 주고 연봉과 승진과 관련된 인사 평가 항
목에도 들어 있으니 라이엇 컬처를 무시할 수가 없다. 게다가 채용할 때
부터 문화에 맞는 사람을 뽑는다. 아무리 능력이 좋다 해도 '플레이어 포

---

[*] 지금은 문화가 완전 정착되었다 판단해 라이엇 컬처가 인사 항목에서 빠졌다.

커스'라는 미션에 동화되지 않을 사람이면 절대로 뽑지 않는다. 그러니 라이엇 게임즈가 추구하는 문화가 갈수록 더욱 중시되고 업무와 밀착될 수밖에 없다. 물론 그럼에도 라이엇 컬처와 안 맞는 사람을 채용하기도 하는데, 그런 사람들은 머지않아 조직에서 이탈할 가능성이 컸다. 가끔은 대우가 좋으니까 회사에 어떻게든 적응해보려고 눈치껏 따라 하지만 어딘가 티가 나기 마련이다. 그런 사람들의 행동은 개인과 회사 모두에 도움이 되지 않기 때문에 회사 차원에서 상담하고, 잘 조율되지 않으면 내보내기도 한다. 이렇게 라이엇 게임즈의 인사 평가와 보상은 라이엇 컬처와 융합되어 조직을 한 방향으로 몰고 있다.

05

라이엇 스타일 경영

돈보다 플레이어

라이엇 게임즈가 플레이어로부터 신뢰를 받는 이유에는 페이투윈을 철저히 배제한 비즈니스 모델도 한몫한다. 스탯을 올려주는 장비가 있다면 돈 낸 사람만 우대한다는 불만이 쌓일 것이다. 그렇다고 돈 내고 스탯을 올린 소비자는 만족하느냐 하면 '그렇다'라고 확신할 순 없다. 혹시나 밸런스 패치로 다른 캐릭터가 더 강해진다든가, 더 강한 신규 캐릭터가 등장한다든가 하는 순간 속았다는 느낌이 들 수밖에 없다. 하지만 〈리그 오브 레전드〉에서는 대부분이 공짜로 게임을 하니까 내 돈 내놓으라고 화를 내기도 어렵고, 스킨이 마음에 안 들면 환불할 수도 있다. 따라서 화가 난다 해도 어디까지나 게임 플레이에 관한 것일 뿐 돈에 민감할 일은 거의 없다.*

내가 처음 한국 대표가 되었을 때의 일이다. 〈리그 오브 레전드〉 출시 후, 힘들게 이뤄낸 성과를 자랑하고 싶었다. 예쁘게 뽑은 재무제표를 가지고 당시 인터내셔널 부사장 니콜로에게 보고했다. "이만큼의 성과를 냈고 이만큼의 캐시가 쌓이고 있습니다." 그랬더니 "잘했고, 잘했는데 다시 투자해요." 마케팅에도 쓰고 e스포츠에도 쓰고 플레이 행사에도 쓰고 문화상품 머천다이징도 하고 PC방 프로모션도 하라고 했다. 직원 월급과 보너스만 남기고 플레이어에게 다 투자하라는 것이다. 하고 싶은 일이 많았지만 돈이 없어 못했는데, 이제 돈을 벌었으니 적극적으로 실행에 옮기는 게 맞다는 얘기였다. 돈 많이 버는 것을 성과로 생각하던 당시의 나로서는 기분 좋은 충격으로 다가왔다. 그때까지 니콜로처럼 얘기하는 상사는 만난 적이 없었으니까.

당연히 돈은 중요하다. 돈이 없으면 회사는 성립조차 할 수 없다. 하지만 니콜로에게는 돈보다 플레이어가 우선이다. 그렇게 과감하게 재투자를 했으니 출시 10년이 넘은 게임이 아직도 PC방 점유율 40퍼센트로 압도적인 1위를 차지하고 있는 것이 아니겠는가?

---

* 스킨이 마음에 안 들면 플레이어가 직접 환불할 수 있는 기능도 게임 내 상점에서 제공한다. 〈리그 오브 레전드〉에서는 이를 청약철회 자동 시스템이라고 부르는데, '일반 청약철회'와 '예외적 청약철회'가 있다. 일반 청약철회는 구매 7일 이내에 미사용 챔피언/스킨/와드스킨/감정표현 상품을 대상으로 한다. '예외적 청약철회'는 계정당 3개가 주어지는 청약철회 토큰이다. 토큰은 지난 90일간 구매한 상품을 청약철회하는 데 사용할 수 있다. 토큰이 3개 미만이면 매년 1개씩 토큰이 주어진다.

전사적인 플레이어와의 소통

사용자로부터 욕을 먹고 싶은 게임 회사는 없을 것이다. 그러나 구조적인 문제 때문에 피드백이 개발팀에게 제대로 전달되지 않고, 그래서 사용자 의견과 괴리된 패치가 나오는 경우가 많다. (지금은 그렇지 않지만) 초창기에는 전사적인 플레이어와의 소통을 강조했다. 소통은 모든 개발자의 역할이고, 모두가 매일 피드백을 살펴본다. 아침에 출근하면 포럼 글과 댓글을 다 읽고, 이에 대해 팀원들과 토론한다. 개발팀만 그러는 것이 아니라 전사가 다 그런다. 사람에 따라서는 트위터에 게시물을 올리기도 한다. 라이엇 게임즈에도 PS 부서는 있지만, 플레이어들의 피드백을 보고 소통하는 것은 어느 부서의 책임이 아니라 모든 사람의 의무라고 생각한다. 세상에서 가장 플레이어 중심이 되려는 회사라면 당연히 플레이어의 의견을 알아야 한다는 게 라이엇 게임즈의 문화다.

이렇게 소통하다 보면 오해와 실수도 있다. 개발자나 GM*이 말을 잘못해서 사용자들의 분노를 일으켰다는 업계 일화는 헤아릴 수도 없을 정도다. 그러다 보니 대부분 회사는 직원들이 사용자와 직접 소통하는 것을 꺼린다. 아예 개인 레벨에서의 소통을 금지하는 경우도 많다. 하지만 라이엇 게임즈는 반대다. 소통을 당연시하는 문화가 형성되어 있다.

예를 들어 〈전략적 팀 전투〉의 한 시니어 개발 리더가 유튜브 채널을 운영했는데, 지금 하는 작업에 대해 쭉 얘기하고 누가 댓글을 달면 또 거기에 답변을 달았다. 당연히 대외비를 내보내진 않지만, 공유할 수 있는 내

---

* Game Master. 당시 1:1 고객 응대 서비스를 담당하던 업무와 그 담당자를 부르던 말

용은 직접 보여주며 설명한다. '이번에 이런 식으로 메타를 바꿨는데, 이유는 이러이러하고, 바꾸니까 이렇게 됐다'라며 직접 플레이하며 보여주는 것이다.

물론 직접 소통하다 보면 사람인 이상 실수를 하기 마련이다. 때로는 공식 발표와 충돌할 때도 있지만, 그럼에도 이런 방식이 진정한 플레이어들과의 소통이고 플레이어 포커스니까 권장한다. 또 소통 중에 뭔가 문제 여지가 발생할 때는 매니저와 얘기를 해서 풀어나간다. 게임에 몰입하고 항상 플레이어에 대해 얘기하다 보니 라이어터들은 플레이어 입장에서 할 말, 안 할 말을 본능적으로 알게 된다. 개중에는 실수가 두려워서, 또는 그냥 하기 싫어서 능동적인 소통을 안 하는 사람도 많다. 그런 사람들에게는 억지로 시키지 않는다.

직원 개개인뿐만 아니라 회사 자체도 플레이어와의 소통을 적극 활용한다. 예를 들어 '서버에 무슨 문제가 있었고 언제쯤 해결될 거고 미안하지만 앞으로 한두 달은 같은 일이 반복될 수 있다'라고 플레이어에게 솔직하게 밝힌다. 그러면 서버 다운을 겪는 플레이어 입장에서는 기분 나쁘지만 왜 문제가 발생했는지는 알게 되고, 그래도 다른 회사에 비하면 플레이어를 존중해서 설명해줬다고 받아들인다. 그런 일이 반복되어 나름 투명하다고 인정받게 되면 우호적으로 말해주는 사람도 생긴다. 이렇게 솔직한 소통을 우리는 '아밍 더 애드버킷 Arming the Advocates'이라고 한다. 우리 편에게 무기를 준다는 뜻이다. 라이엇을 좋게 보고 옹호해주려는 사람이 있어도, 정작 우리가 설명을 안 해주면 움직일 수가 없다. 이런 사람들에게 무기가 되게 최대한 솔직하게 설명하는 것이다. 한번은 그렇게 사정을 밝혔음에도 서버 문제가 지속되어 불평이 쏟아진 적이 있었는데, 브랜든

백 당시 최고 경영자가 직접 사과하고 나를 포함해 한국 기술 총괄, 본사 최고 기술 경영자 Chief Technology Officer, CTO, 인프라, 〈리그 오브 레전드〉 리드가 라이브 채팅으로 질의응답을 진행했다. 다른 회사에서도 간담회를 하는 경우는 있지만, C 레벨이나 게임 타이틀 총괄이 나서는 경우는 별로 없다. 라이엇 게임즈는 플레이어들이 우리 회사의 주인이니까 알 권리가 있다고 생각하고 진행한 것이다.

진정한 임파워먼트

회사 생활을 하면서 임파워먼트 empowerment라는 말의 뜻을 모를 사람은 별로 없을 것이다. 방향과 비전만 제시하고 알아서 하라는 얘기인데, 그러려면 일하는 사람에게 그만한 책임과 권한이 있어야 한다. 하지만 말만 그렇고 실제로는 권한을 주지 않는 경우도 허다하다. 말 그대로 권한을 주는 것이 임파워먼트인데, 권한은 없고 책임만 부여되면 누가 적극적으로 일할까?

내게 그간 경험한 조직 중에서 임파워먼트가 가장 제대로 이루어진 곳을 꼽으라면 주저 없이 '라이엇 게임즈'라고 말할 것이다. '그거야 지사장이니까 그렇지'라고 반문할 사람도 있을 것이다. 나뿐만이 아니다. 말단 라이어터까지도 자신이 진짜 오너십을 가지고 일하는 것 같다는 얘기를 하는 조직이 라이엇 게임즈다.

라이엇 게임즈는 톱다운 top down식으로 일을 처리하지 않는다. 이해관계자들이 모여 수많은 논의를 통해 북극성 지표 North Star Metric, NSM를 정리하고 타임라인과 예산 budget을 구체적으로 합의한다. 이렇게 목표를 정하다 보니 직원들이 오너십을 가지게 되고 그 방향성 안에서 각자가 할 수 있는 것과 하면 안 되는 것을 스스로 느끼고 판단할 수 있게 된다. 항상 100퍼센트 명확할 수야 없겠지만, 그래도 알아서 할 수 있을 정도는 된다.

예를 들어 신작 게임 마케팅을 한다고 치자. 직접 참여해서 출시는 언제쯤 되고 예산은 어느 정도 되고 우리는 플레이어 포커스니까 이런 방향으로 가야 한다는 얘기를 함께 정하고 나면, 신입사원들도 자기가 알아서 마케팅 플랜을 만들고 스스로 개발팀과 협의해 업무를 진행할 수 있게 된다. 물론 중간중간 상사에게 보고를 하지만, 기본적으로는 자기가 알아서 미팅을 잡고 협업하는 암묵적인 합의가 있어 주체적으로 신나게 일하게 된다.

그러니 신입사원이 들어오면 복사부터 시키는 일은 없다. 아직 할 줄 아는 일이 없으니 복사부터 시작하는 것도 하나의 기업문화일 수 있고 나름대로 장점이 있을 수 있지만, 적어도 임파워먼트와는 거리가 멀다.

물론 임파워먼트가 장점만 있는 것은 아니다. 각자 자율적으로 일하면 전체적인 통일성이 틀어지는 경우가 있다. 예를 들어 라이엇 초창기에는 각 팀장이 알아서 사람을 뽑고 연봉을 책정했다. 팀장마다 기준이 달라서 비슷한 역량에 비슷한 일을 하는 사람들의 연봉 수준이 팀마다 천차만별이었다. 정해진 인사 평가 제도도 없어서 아무나 마음에 들면 승진시킬 수 있어, 일 잘했다고 연봉이 확 올라가고 승진해서 또 올라가고, 이듬해 또 연봉이 올라가는 식으로 중첩되어 하늘 높은 줄 모르고 치솟는 경우도 있었다. 비용도 비용이거니와 형평성 문제가 심각했다.

라이엇 초창기 때는 예산 책정 기준도 없어서 자기가 필요하다고 생각하는 업무에는 한도 없이 쓸 수 있다는 점도 문제였다. 좋게 보면 회사에 도움이 될 이벤트를 실무자의 재량으로 진행할 수 있지만, 한편으로 심사숙고 없이 예산을 낭비하는 경우도 있었다. 이렇게 약점도 존재하므로 무조건 임파워먼트가 좋다고 맹신하지 말고 회사에 적절한 문화와 인재가 갖춰져 있는지, 없다면 어떻게 갖출지를 고민해야 한다.

지금은 엔터프라이즈(법무, 인사, 재무) 조직이 강화되고 인사평가도 팀 예산도 시스템이 생겨서 그런 일이 없지만, 그렇게 개선하는 과정에서 적지 않은 반발과 진통을 겪었다. 아무리 문화를 중시하더라도 필요한 시스템은 갖춰야 한다는 교훈을 얻은 셈이다.

구멍 뚫린 임파워먼트에 대처하는 자세

라이엇 게임즈에 입사한 지 1년이 조금 넘었을 무렵의 일이다. 그 당시 스킨은 〈리그 오브 레전드〉의 주 수입원으로 라이엇 게임즈가 운영될 정도로 매출이 발생했다. 그때나 지금이나 많은 플레이어가 스킨을 좋아한다. 그중에서도 돈으로 살 수 없는 행사용 스페셜 스킨은 특히 인기가 높다. E3*라든지 게임스컴 Gamescom 같은 행사에 참여할 때마다 별도의 스킨을 만들고, 현장에서 스킨 코드를 배포했다. 먼 곳에서 힘들게 찾아온 플레이어들이 우리 라이어터들과 악수를 하고 얘기도 하면서 스킨 코드도 받아간다. 현장에서만 풀리는 희귀한 스킨이니까 당연히 돈 이상의 가치가 있고, 이베이 같은 곳에서도 고가로 거래된다. 행사를 찾아준 플레이어에 대한 답례품이 돈으로 거래되는 모습을 보는 일이 썩 기분 좋지만은

---

*　Electronic Entertainment Expo. 매년 6월마다 미국 LA에서 열리는 세계 최대 게임 쇼

않지만, 오고 싶었는데 못 온 사람도 많을테고 또 돈이 꼭 필요한 사람도 있을테니 뭐라고 개입할 수도 없는 노릇이다.

그런데 좀 뭔가 이상했다. 행사장에 온 플레이어 수가 빤한데, 너무 많은 코드가 돌아다니는 것이다. 뭔가 잘못된 듯 싶어 확인을 해보니 스킨 코드를 만드는 담당자가 개인적으로 돈을 벌려고 거래 사이트에 유포한 사실이 드러났다. 여러 번 강조하지만 라이엇 게임즈는 결코 실수를 적게 하는 조직이 아니다. 실수를 인정하고 극복하는 조직일 뿐이다. 이 역시 그런 실수 중 하나였고, 같은 실수를 반복하지 않기 위해 해당 직원을 해고하고 후속 조치를 했다.

그런데 이 '후속 조치'가 좀 남달랐다. 보통의 게임 회사라면, 아니 그냥 일반적으로는 내부 감사 절차를 강화한다든지 모니터링 시스템을 만든다. 하지만 라이엇 게임즈는 그렇게 하지 않고, 전 직원을 한자리에 모았다. 그때는 아주 큰 회사가 아니긴 했지만, 그래도 몇 백 명 되는 사람을 다 모아서 투명하게 얘기를 했다. "이런저런 일이 있어서 그 친구가 나가게 됐다. 하지만 우리는 플레이어를 위해서 스페셜 스킨을 만드는 거니까 앞으로도 계속 코드를 만들고 행사를 진행할 거다. 그렇다고 승인 단계, 결재 라인을 많이 만들지는 않겠다. 또 이런 일이 있으면 담당자를 당연히 해고하겠지만, 우리는 계속 투명하게 일할 거고 여러분을 믿으니까 앞으로는 그런 일이 없었으면 좋겠다. 따라서 예전처럼 임파워먼트를 계속할 것이며, 이번 일로 담당자 권한을 막는 정책은 하지 않겠다." 이렇게 전 직원을 모아놓고 얘기한 이래로 위와 같은 일은 다시 일어나지 않았다.

규칙을 만들고 감사 프로세스를 도입하기보다는 사람을 믿고 가자는 생각이었다. 함께 갈 수 있는 좋은 사람이라고 믿고 뽑았는데, 이 사람을 안 믿고 감시하자는 것 자체가 라이엇 게임즈와 어울리지 않는 문화라고 생각했던 것이다. 회사의 자산인 한정판 코드로 개인의 수익을 추구하는 행동 자체가 비도덕적이기도 하고, 무엇보다도 시간과 정성을 들여 힘들게 찾아온 분들만 얻는 코드를 돈 받으며 판다는 것은 믿고 찾아온 플레이어를 기만하는 행동이므로 있어서는 안 된다. 재차 같은 일이 벌어지지 않은 이유를 들자면 그런 짓 하다 걸리면 모든 사람 앞에서 이름이 거론되고 해고된다는 두려움도 있겠지만, 그보다는 플레이어 포커스가 만든 라이엇 컬처가 자정 시스템으로 작동하기 때문이다.

임파워먼트의 한계 극복하기

바텀업이라고 무조건 장점만 있는 건 아니다. 모든 시스템이 그렇듯이 바텀업도 단점이 있고, 그중 대표적인 것이 비효율성이다. 니콜로 러렌트가 최고 경영자가 된 뒤에 R&D 현황을 점검해보니 사이드 프로젝트가 수십 개가 넘었다. 바텀업이다 보니 라이어터 모두 주체적으로 자기 생각에 플레이어가 좋아할 듯한 것들을 진행하다 그렇게 된 것이다. 회사 차원에서 보면 비슷비슷한 프로젝트를 여럿 진행할 필요가 없었다. 돈과 리소스에 제한이 있으니 모든 프로젝트를 진행하는 일은 사실상 불가능했다. 무엇보다 라이어터의 귀중한 시간이 낭비되는 게 문제였다. 이 프로젝트들을 정리할 필요가 있었다. 시급하게 진행되어야 할 사안인데도 바텀업 문화가 신속한 대응에 걸림돌로 작동해 방향성을 맞추고 프로젝트를 정리하는 데 적지 않은 시간이 걸렸다.

2018년 말, 라이엇 게임즈에 다시 복귀했을 때의 일이다. 북미 지사와 본사 퍼블리싱 조직과의 사이가 그다지 좋지 않았다. 어떻게 보면 이상하고 또 어떻게 보면 당연하게도 북미 지사는 글로벌 지사 중에 굉장히 늦게 생긴 편이다. 등잔 밑이 어둡다고 아무래도 본사가 미국에 있다 보니 북미 지역 플레이어만 집중해서 살피는 조직이 없었다. 그래서 뒤늦게 북미 지사가 생겼지만, 본사도 미국에 있고 사람도 대부분 미국 사람이다 보니 겹치는 면이 생기게 되었다. 어느 회사나 마찬가지겠지만, 본사는 지사에 관여하고 싶고 지사는 독립적으로 움직이고 싶어 한다. 하지만 해외 지사는 문화적, 언어적 차이 때문에 자의든 타의든 지사의 독립성이 어느 정도 보장된다. 예를 들어 튀르키예 지사라면, 본사 사람들은 튀르키예어도 모르고 그쪽 문화도 모르니 지사의 판단을 대부분 수용하게 된다. 하지만 미국 지사는 얘기가 좀 다르다. 본사 사람도 미국 사람이고 영어를 할 줄 아는 것은 물론 지사 사람 못지않게 코어 게이머이므로, 플레이어 반응도 똑같이 지켜보고 그에 대한 생각도 있다. 그러니 플레이어들에 대해 직접 관여하고 싶어지는 것도 인지상정이다.

단적인 예로 이런 일이 있었다. 어퀴지션 캠페인acquisition campaign이라고 유저 확보 마케팅이 있다. 북미 지사가 이런저런 조사를 하고 캠페인을 진행했는데 마침 본사 퍼블리싱 조직에서도 영어 사용자 대상으로 어퀴지션 캠페인을 만든 것이다. 북미 지사는 왜 자기 지역 일을 본사에서 하느냐고 항의했고, 본사는 영어 사용자가 북미에만 있는 것이 아니고 글로벌하게 퍼져 있으니 이건 본사가 할 일이라고 주장했다. 그런데 바텀업 조직이고 임파워먼트를 강조하다 보니 이런 상황을 중재할 사람이 없었다. 결국 양쪽이 어마어마한 예산을 중복해서 쓴 꼴인데, 심지어 서로 경쟁이 붙어서 돈을 더 쓰기까지 했다. 그런데 홍보 채널마저 중복되다 보니 혼란이 더 가중되었다. SNS 광고 부서나 유튜브 인플루언서는 물론이고 플레이어들까지 '왜 같은 라이엇 게임즈에서 비슷한 캠페인을 동시에 벌일까?'라는 의문을 가질 지경이었다. 결국 내가 나서서 다시 한번 프레임워크를 정립해야 했다. 경우에 따라 지사 일과 본사 일을 상의해 각자 나눠서 하라고 선을 그은 다음에야 이런 일들이 잦아들었다.

바텀업에서 리더십을 발휘하려면 직원들에게 방향성을 주고 가이드하는 프레임워크가 있어야 한다. 자신의 위치에서 보는 개개인의 시선은 모두 다를 수 있으므로 이를 한 방향으로 집중시켜 추진력을 키우는 시선 일치가 중요하다는 뜻이다. 그래야 회사에서 내는 결과도 좋아지고 개인의 노력도 낭비되지 않을 수 있다.

바텀업이 좋다는 말은 많이 듣는데, 막상 도입하면 관리가 안 된다는 이야기도 많다. 이는 직원이 게으르거나 동기부여가 안 되서가 아니다. 열정은 넘치는데 시선 일치가 안 되다 보니 각자 원하는 방향으로 뿔뿔이 흩어지는 문제가 발생하기 때문이다. 따라서 주체성과 임파워먼트를 충분히 주고 다른 한편으로 토론과 설득을 통해 방향을 잘 가이드해야만 좋은 결과가 나온다. 물론 가이드를 한답시고 원하는 대로만 설득하다 보면 결국 톱다운이 된다. 뭐든 밸런스가 중요하다.

아마존에서는 회사가 원하는 것이 명확하게 문서화되어 있고, 무슨 일이 있을 때마다 토론하며 그 결과가 계속 업데이트되어 모든 사람이 볼 수 있도록 데이터베이스화되어 있다. 그렇기에 상장사인데도 고객 중심 회사가 되지 않았나 싶다. 라이엇 게임즈는 아직 그런 면에서는 조금 부족하다는 느낌이다. 하지만 빨강이 파랑보다 우월하지 않은 것처럼, 정형화된 시스템과 자율적 문화는 서로가 다를 뿐이고, 둘 중 무엇이냐보다 어떻게 운영하느냐가 더 중요하다.

이피션시 vs 이펙티브니스 프레임워크

프레임워크란 일하는 원칙을 확실히 정해주는 장치다. '너 오늘 이거 이거 하고 이거는 언제까지 다해서 가져와'라는 지시는 프레임워크가 아니다.

니콜로는 라이엇 게임즈의 프레임워크를 주도적으로 정리한 장본인이다. 초창기 〈리그 오브 레전드〉를 출시하고 급격히 성장할 때의 일이었다. 자고 일어나면 플레이어 수가 우후죽순처럼 늘어날 때라 정신없이 서버를 증설해야 했는데 상황이 이러하니 비용을 절감해야 하는 관리팀, 서버를 구축하는 인프라팀, 하루 빨리 서버를 확충해야 하는 인터내셔널팀이 계속 부딪쳤다. 관리 재무 쪽은 당연히 낭비를 싫어한다. 당시는 클라우드 서비스가 지금처럼 대중적이지 않았다. 모든 서버(하드웨어)를 직접 사야 했는데, 그 비용이 만만치 않았다. 인프라 쪽도 급격히 늘어나는 서버에 일일이 다 프로그램을 설치하고 IDC^{Internet Data Center}에 설치하고 관리해야 했으니 쌓여가는 업무에 불만이 생기지 않을 수가 없었다. 그럼에도 인터내셔널팀은 계속 밀어붙이니 마찰이 일어나게 되었다.

게다가 현지화 수요로 일은 더 복잡해졌다. 세계의 각 지사마다 현지 여건에 맞춰 서비스하고 마케팅도 해야 하는데, 인프라팀이 본사에만 있으니 대응이 쉽지 않았다. 예를 들어 한국에서는 PC방 전용 프로그램을 만들어줘야 하는데, 이 일을 본사에 맡기면 진행 속도가 맞지 않아 연 단위로 늦어질 상황이었다. 이렇게 서포트가 안 되니 본사와 계속 충돌이 있었고, 본사 안에서도 앞서 말한 것처럼 마찰이 심했다.

이때 (당시 인터내셔널 부사장) 니콜로가 제시한 프레임워크가 이피션시 efficiency vs 이펙티브니스 effectiveness, 즉 '효율 중시 대 효과 중시' 개념이다. 빠르게 성장할 때는 효율보다 효과를 중시하고, 어느 정도 성장하고 나면 효율을 중시해야 한다는 생각이다. 이 개념을 라이어터에게 교육시키고 조직이 한 방향을 향하게 시선을 일치시켰다. 사람들이 보기에도 개념이 타당하니까 모두들 이 프레임워크를 따라가게 되었다.

무슨 일이든 부서마다 입장이 다르니 논쟁이 생기기 마련인데, 이걸 일일이 해소하려면 끝이 없다. 또 조직 전체로 봐도 그때그때 판단이 달라질 수 있어서 우왕좌왕하게 된다. 하지만 매달 직원들이 모이는 '쇼 앤 텔'에서 이에 대해 설명을 하고, 각 지사마다 엔지니어링 테크 조직을 만들기로 했다. 본사에서 만드는 걸 기다리면 1~2년이 걸리니까 지사에서 바로바로 대응하기로 한 것이다. 테크 조직과 관리할 서버가 이중으로 늘어나므로 비효율적이지만, 각 지사의 상황에 맞춰 웹사이트를 바꾸거나 UX User Experience/UI User Interface를 바로바로 변경할 수 있어 효과적인 방안이었다. 당연히 비용 때문에 재무팀의 반대가 있었고 본사 IT/인프라 조직도 권한은 분산되는데 다 함께 책임을 져야 하니 반대 입장이었다. 나는 물러서지 않고 '효율 vs 효과' 프레임워크로 놓고 플레이어를 위해 어느 쪽이 더 낫느냐로 설명했다. "예를 들어 브라질에 있는 플레이어들은 서버가 부족해서 1년 반을 기다려야 하는데, 그들의 입장에서 납득이 가겠느냐? 한국을 봐라. 계속되는 접속지연과 수시로 서버가 다운되는 상황을 플레이어들이 어떻게 참고 기다리냐?" 이렇게 프레임워크를 명확히 하고 효율보다 효과를 강조해서 설득한 결과, 각지에 엔지니어링 조직을 만들어 가파르게 성장할 수 있었다.

라이엇 게임즈가 글로벌한 게임 회사가 된 것도 이런 프레임워크 덕분이 아닌가 싶다. 글로벌 게임이 되려면 단순히 게임 자체만 좋아해서는 안 된다. 내로라 하는 게임이더라도 대부분은 특정 지역에서만 인기가 있다. 예컨대 아시아 쪽에서만 잘 나가거나 북미에서만 대중적이거나 하는 식이다. 게임 특성이 어느 한 지역 플레이어에게만 재미있게 느껴져서라기보다, 국제적으로 세계화된 퍼블리싱을 하기 어렵기 때문이다.

앞서 설명했듯이 효율성을 따지자면, 모든 개발과 인프라 관리를 본사가 하고 지사는 플레이어 의견을 전달만 하는 편이 비용이 더 절감된다. 하지만 이러면 플레이어들 입장에서는 본사의 게임은 좋은데 지사의 고객 응대는 엉망이라는 생각을 하기 십상이다. 이렇게 고객과 직접 대면하는 지사가 무능하고 나쁘다는 인식이 생긴다면 플레이어와의 진솔한 소통이 어렵고, 향후 퍼블리싱과 서비스에서 무엇을 하든 색안경을 끼고 바라보게 된다. 하지만 라이엇 게임즈는 플레이어 입장에서 바라보며 비효율을 감수하고 효과를 강조해 움직인 덕분에 플레이어들을 좀 더 만족시킬 수 있는 대응이 가능했다.

바텀업 문화에서 리딩

우리나라 사람들과 대화하다가 라이엇 게임즈가 플랫 flat하고 바텀업 bottom up한 문화라고 말하면 "미국계 회사는 원래 다 그렇지 않나요?"라고 말한다. 대체로 사실이다. 내가 몸담았던 회사들을 떠올려보면 아무래도 미국 쪽이 비교적 덜 수직적인 구조다. 하지만 정도 차이일 뿐, 어느 정도 규모 있는 회사는 다 위아래가 명확하다. 미국에서는 서로 이름 부르고 캐주얼한 느낌이지만, 어느 정도 직위가 있으면 지정석이 있고 개인실도 주고 의견도 톱다운으로 내려올 때가 많다. 게다가 한국과 달리 언제든지 해고가 가능하기 때문에, 겉으로는 캐주얼하게 보여도 오히려 상사 눈에 들려고 한국 회사보다 더 노력할 때도 많다. 매니저가 불러서 해고라고 하면 당일 바로 짐 싸서 나가야 하는 냉정한 사회가 미국이다. 그래서 이런 바텀업 문화는 미국 회사라 그런 것이 아니라 라이엇 게임즈이기 때문에 가능한 것이라고 생각한다. 라이엇 게임즈 창업자들부터가 회사의 주인이 임원이 아니라 플레이어라는 인식을 하고 이런 인식을 모든 직원이 공유할 수 있게 노력한다. 그러다 보니 한번 라이엇을 다니면 다른 회사에 적응하기 힘들다는 얘기도 많이 나온다.

그렇다고 톱다운이 아예 없을 수는 없다. 위에서 끊임없이 방향성을 제시해주지 않으면 아무것도 이루어지지 않기 때문이다. 모든 방향으로 퍼지는 벡터의 합이 '0'인 것처럼, 개별 직원들이 아무리 열심히 해도 방향 없는 노력은 보상받지 못한다. 그래서 위에서 이끄는 역할도 필요하다. 라이엇 게임즈의 톱다운은 상명하복식 명령이 아니라 설명과 설득을 곁들인 리딩이다.

2019년의 10주년 행사가 대표적이다. 당시에는 여러 프로젝트 팀이 〈리그 오브 레전드〉의 차기작을 만들기 위해 바쁘게 뛸 때라, 거창한 행사를 하는 것을 꺼리는 분위기였다. 일반적인 회사처럼 10주년 한정 쿠폰을 뿌려서 간단히 넘어가면 될 일이었다. 그러나 임원진의 생각은 달랐다. 차기작을 발표하고 시연 영상을 보여주면서 행사 전용 빌드를 만드는 방향으로 결정했다. 개발용으로 쓸 수도 없는 행사 전용 빌드를 만들면 완전히 이중 작업을 하는 꼴이니 안 그래도 바쁜 개발팀 입장에서는 비효율도 그런 비효율이 없었다. 하지만 경영진 중에서도 니콜로 최고 경영자와 나는 이게 맞다고 생각하고 밀어붙였다. 톱다운이다.

일반 회사라면 불만은 있어도 시키면 할 것이다. 최고 경영자와 프레지던트가 시켰으니 욕하면서도 밤새도록 하는 게 보통이다. 하지만 라이어터들은 아무리 최고 경영자 지시사항이라도 납득이 안 가면 꿈쩍도 하지 않는다. 그래서 나와 니콜로 최고 경영자, 마크 메릴 창업자가 개발 조직과 마케팅 조직을 만나서 몇 개월 동안 설득했다. 심지어 마크 메릴 창업자는 PM 역할도 자청했다. 결론만 보면 원하는 방향대로 가긴 했지만, 그냥 시켜서 된 게 아니라 몇 달 동안 정말 열심히 설득하고 이끌어온 덕분에 가능했다.

바텀업이냐 톱다운이냐는 단어만으로 구분할 수 없다. 말로는 바텀업이라고 해도 따르지 않았을 때 승진을 못하거나 불이익을 받는다면 제대로 된 바텀업 문화가 아니다. 라이엇 게임즈에서는 그런 두려움이 없기 때문에 내가 납득이 되어야 움직인다. 예를 들어 다음 달까지 스케줄을 만든다고 해보자. 현업 책임자가 "지금 이거 하기 때문에 저건 못 한다" 얘기하면 마크나 니콜로 같은 리더는 "그럼 여기까지는 언제 가능하냐" 이런 식으로 계속 토의하며 합의한다. 그렇게 합의한 내용은 쌍방이 믿고 추진하기 때문에 수백 명을 이끌고 갈 수 있는 것이다.

또 다른 예가 리그 오브 레전드 챔피언으로 만든 가상의 K팝 걸그룹 K/DA다. 2018년 인천에서 열린 리그 오브 레전드 월드 챔피언십에서 처음 선보였고, 뮤직비디오와 AR^{Augmented Reality} 콘텐츠도 제작했다. 문제는 개발팀이었다. 앞서 말했듯 개발팀은 바쁘다. 게다가 당시 라이엇 게임즈에서 서비스하는 게임은 〈리그 오브 레전드〉뿐이다 보니 개발 부서는 막강한 힘을 가지고 있었다. 역시나 안 하겠다고 거절했고 덕분에 e스포츠팀, 뮤직팀, C 레벨 임원들이 이번에도 몇 달 동안 만나서 설득했다.

이런 사례만 들면 리더들이 말 안 듣는 직원을 이끌고 가느라 매번 고생하는 듯 느껴질 수도 있지만, 이는 상당히 예외인 상황이다. 바텀업 문화가 정착된 라이엇 게임즈에서는 상사가 이끌고 갈 일 자체가 많지 않다. 대부분은 각자 알아서 하고 방향성에 문제가 없는 한 위에서는 체크만 하고 끝이다. 강력한 리더십이 필요한 일에는 많은 시간과 노력이 필요한 것이 바텀업의 단점이지만, 반대로 자율성과 임파워먼트가 잘 발휘된다는 것은 장점이다. 장점은 살리되 단점에 발목 잡히지 않기 위해 라이엇 게임즈에서는 굵직한 행사를 1년 반에서 2년 전부터 구상하고 기획해나가지만, 그럼에도 여유롭게 진행된 적은 없다.

지독한 수평적 조직 문화

라이엇 게임즈는 수평적 조직 문화를 지독하게도 지향한다. 예컨대 대부분 기업은 행사장에서 최고 경영자나 이사, 창업자에게 제일 좋은 자리를 배정하기 마련이다. 혹시 좀 늦어지거나 하면 지정석으로 비워뒀다가 도착했을 때 비서나 현장 직원이 챙겨준다. 우리나라뿐만 아니라 외국 회사도 대부분 그렇다.

2015년 라이엇 게임즈는 로스앤젤레스 웨스트우드의 한 극장을 빌려서 '쇼 앤 텔'을 진행했다. 그날 마크 메릴, 니콜로 그리고 나는 함께 다른 미팅에 참석했다가 빠듯하게 현장에 도착했다. 새로운 콘텐츠를 발표하는 꽤 큰 규모의 행사여서 이미 사람들이 자리를 잡고 앉아 있었다.

마크는 창업자니 말할 것도 없고, 니콜로와 나 역시 높은 직급에 있었기에 나는 당연히 누군가가 앞자리를 챙겨줄 거라 은근히 기대를 했다. 그런데 마크와 니콜로가 자연스레 맨 뒤쪽의 남은 자리로 가서 앉는 것이 아닌가? 한국 사람인 나로서는 좀 충격이었다. 먼저 들어선 직원들과 주먹 인사만 하고 남은 자리를 찾아 뿔뿔이 흩어져 앉다니!

그 일이 있기 전까지 나는 스스로를 수평적인 경영자라고 생각했다. 그런데 은근한 기대가 무너지면서 뼛속에 아직 수직적인 경향이 남아 있음을 깨닫게 되었다. 리더는 행동으로 더 큰 말을 한다. 아무리 입으로 "바텀업"을 외쳐도, 직원들의 의전을 기대하는 리더라면 결코 수평적 조직을 만들지 못한다. 위아래가 없음을 리더가 몸소 실천하여 보여주고 문화로 정착되어야 진정한 바텀업이 가능하다. 이런 모습은 행사장만이 아니고 회사 안에서도 마찬가지였다. 창업자들과 CEO 역시 직원과 같은 사무공간에서 일한다. 당연히 구내식당에 임원석은 없다.

나 역시 한국 지사장, 본사 인터내셔널 부사장, 본사 사장으로서 일하면서 한 번도 리그 오브 레전드 월드 챔피언십 행사에서 좋은 자리를 받지 못했다. 이 정도 행사면 직원용으로 좌석을 따로 빼놓기는 하는데, 앞쪽 자리는 당연히 팬들의 것이다. 맨 뒤에 행사를 보기 가장 어려운 자리가 직원용이다. 플레이어를 위한 행사이므로 플레이어에게 좋은 자리를 배정하는 것이다. 딱 한 번 좋은 자리에 앉은 적이 있긴 했다. 베이징국립경기장에서 열린 2017년 결승전이었는데 박스석이 제공되었다. 이 글을 읽는 독자라면 드디어 라이엇 게임즈가 변했나 싶을 것이다. 그렇지 않다. 사실 그때 나는 라이엇을 떠나 가레나*라는 회사의 최고 경영자로 일하고 있었다. 다른 회사 대표라 손님으로 초대되었기에 좋은 자리를 받을 수 있었다. 그날 니콜로 최고 경영자에게 "진작 퇴사할 걸 그랬다. 이런 자리 앉고 싶었는데 직원일 땐 맨 뒷자리만 주다가 나가니까 박스석을 준다"고 농담을 던졌다.

---

*   Garena. 싱가포르의 게임 개발사이자 배급사

06

사람 중심 철학

사람에 투자하라

게임 개발자들이 모이는 다이스(D.I.C.E.)라는 행사가 있다. 개발자들이 자기 제품을 들고 나와 발표하는 대규모 전람회인데, 2015년도 다이스에서 브랜든 벡은 특이하게도 제품이 아니라 정책을 발표했다.

"게임 회사에서 가장 큰 재산은 사람인데 재무제표에 이들을 자산이 아니라 비용으로 잡는 바람에 개발자들의 가치가 제대로 평가받지 못하고 있다. 게임에 투자하는 이상으로 사람에 투자해야 한다."

게임 업계에 들어온 사람들은 누구나 좋은 게임을 만들겠다는 꿈을 가지고 있고, 플레이어를 위한 회사에서 일하고 싶다는 소망을 가질 것이다. 하지만 현실적으로는 쓰다 버리는 소모품 같다는 자괴감이 들 때도 많다. 꼭 그렇지는 않더라도 회사의 방향성이 내가 바라는 것과 달라서 퇴사하거나 직접 창업하는 경우도 있다. 브랜든 벡은 이런 사람들을 위해서, 그들이 플레이하고 싶어 하는 게임을 개발하자고 이야기한 것이다. 그것이야말로 개발자에 대한 그리고 회사에 대한 진정한 투자인 것이다. 왜냐하면 개발자 역시 게이머고, 개발자가 플레이하고 싶은 게임을 만들어야 플레이어들이 즐기고 싶은 게임이 나오기 때문이다.

사람 중심의 회사에서 가장 중요한 것은 사람이고, 사람은 채용으로 들어온다. 특히 라이엇 게임즈는 급성장하는 회사였기 때문에, 많은 인재를 채용해야 했고 동시에 직원들이 같은 문화를 공유하는 것이 중요했다. 이런 면에서 앞서 언급한 브랜든 벡의 다이스 발표는 큰 도움이 되었다. 우리와 뜻을 같이하는 지원자들이 부쩍 늘어난 것이다. 플레이어의 얘기를 듣고 플레이어의 입장에서 생각하며 그들이 원하는 걸 만들고 교류하길 원하며, 자신 또한 존중받고 싶고 임파워먼트를 받고 싶어서 이 회사에 지원한다는 얘기를 면접에서 수없이 들을 수 있었다. 지원자의 학력이나 경력은 쉽게 확인할 수 있지만 마음과 동기는 파악하기 어렵다. 하지만 사람 중심의 회사라는 생각에 공감하는 사람들이 많이 지원하면서 빠른 성장에 도움이 될 필수적인 사람들을 제때 뽑을 수 있었다.

한편으로 라이어터들에게 "라이엇 게임즈는 진짜 그래?"라는 질문도 많이 들어왔다. "응, 우리 회사는 원래 그래"라고 솔직하게 답할 뿐이다. 덕분에 업계에서 라이엇을 보는 시선이 많이 바뀌었고, 라이어터들도 자부심을 느끼는 계기가 되었다.

라이엇 게임즈 창업자의 사람 중심의 철학은 말로만으로 그치지 않았다. 꾸준히 더 좋은 업무 환경을 제공하고자 진심으로 노력했다. 그 결과 2023~2024년 일하기 좋은 회사 인증을 받기도 했다. 앞서 2022년에는 부모를 위한 최고의 직장, 2021년에는 포춘이 뽑은 밀레니얼 세대를 위한 최고의 직장, 2016년에는 포춘이 뽑은 일하기 좋은 100대 기업에 선정되었다.

나는 20년 넘게 직업 특성상 전 세계를 다니며 크게 성공한 경영자, 창업자, 지도자들을 만났다. 교류가 많아지면 개인적으로 친해지게 되는데, 막대한 성공은 이루었으나 존경하고 닮고픈 인성을 가지지 못한 리더도 더러 있었다. 그런 모습을 볼 때면 "Nice guys finish last"라는 격언이 떠올랐다. 우리말로는 "착한 사람은 꼴찌 한다"는 미국 속담이다. 성공을 하고 가장 높은 자리에 오르려면 인성은 부득이하게도 내려놓아야 하나... 좀 혼란스러웠다.

그런데 마크와 브랜든을 만나고서는 좋은 사람들도 꼴찌가 아니라 일등도 할 수 있다는 흐뭇한 희망을 보았다. 그들은 정직하고, 배려심이 많고, 겸손하고, 진실로 사람을 대한다. 어린 나이에 일궈낸 막대한 성공에도 불구하고, 내가 처음 만났던 그저 게임을 사랑하는 캘리포니아 청년들의 모습 그대로다. 직원을 배려하고 진정으로 임파워먼트하는 라이엇 게임즈의 모습은 그들이 있었기에 가능했다고 감히 단언할 수 있다.

셀프 어웨어니스 확인하기

셀프 어웨어니스 self-awareness는 '자기 인식'으로 번역할 수도 있겠지만 '자기 객관화'라는 말이 더 맞을 것 같다. 쉽게 말해 자기 자신의 장단점과 잘하는 것, 못하는 것을 알고 자신에 대한 비판을 객관적으로 받아들이는 것을 말한다.

라이엇 게임즈 한국 지사장으로 입사한 지 얼마 안 되었을 때의 일이다. 2011년 여름 본사로 출장을 가서 당시 최고 경영자였던 창업자 브랜든 벡과 딜런 CFO, 인터내셔널 부사장 니콜로 그리고 나 이렇게 넷이서 브랜든이 좋아하는 식당으로 밥을 먹으러 갔다. 거기서 브랜든에게 라이엇 게임즈에서 성공하는 사람과 실패하는 사람에게 공통되는 키워드가 뭐냐고 물어보았더니 '셀프 어웨어니스'라고 딱 한 마디 하는 것이다. 무슨 뜻이냐고 물어보자 자기 자신을 알고 피드백에 열려 있다는 건데, 성공하는 사람을 보면 이 셀프 어웨어니스가 굉장히 높다는 얘기였다. 반면 실패하는 사람은 셀프 어웨어니스가 매우 낮다는 것이다.

보통 사람들은 본인의 역량을 실제 역량보다 더 높게 평가한다. 일례로 한 모임의 참석자들에게 본인 능력이 직장에서 상위 10퍼센트라고 생각하는 사람은 손 들어보라고 하니까 약 90퍼센트가 손을 들더라는 얘기가 있다. 이렇게 일반적인 사람은 셀프 어웨어니스가 쉽지 않다. 하지만 셀프 어웨어니스가 높은 사람은 자신이 조직에 어떻게 비치고 자기 단점은 무엇인지를 잘 파악하고 있으며, 피드백을 받으면 깊이 생각하고 받아들인다. 이런 사람들은 성공한 반면 이게 잘 안 되는 사람은 오래 버티지 못한다는 것이 브랜든의 생각이다.

지금까지 성공 비결을 물어보면 '조직 생활을 잘해라', '전문성을 가져라', 아니면 '눈치가 빨라야 한다'는 답변을 들어왔다. '셀프 어웨어니스'라니! 내게 그런 말을 한 건 브랜든이 처음이었다. 숙소로 돌아와 곰곰이 생각해보니까 정말 맞는 얘기였다. 그런 시선으로 보니 라이엇 게임즈에서 소위 잘 나가는 사람은 진짜 그런 면이 강했다. 나 자신도 스스로를 다시 되돌아봐야겠다는 마음이 들었다. 그래서 마음 먹고 상사, 동료, 부하를 막론하고 뭐든 나에게 피드백을 해달라고 졸랐다. 물론 모든 피드백이 맞는 것은 아니므로 최대한 객관적인 잣대를 찾아 분별해서 받아들이려고 노력했다. 이후 같이 일할 동료를 채용할 때도 셀프 어웨어니스를 집중적으로 살펴보게 되었다.

나는 면접장에서 셀프 어웨어니스를 확인할 목적으로 면접자에게 단점을 꼭 물어본다. 어떻게 보면 흔히들 하는 형식적인 질문처럼 보일지 몰라도 나는 깊이 파고들었다. 사람들은 대체로 자신의 단점을 잘 모르기 때문에, 그 사람의 숨은 일면을 파악하기 좋았다. 좀 능숙한 사람들은 단점 아닌 단점을 들곤 한다. "저는 남을 지나치게 배려하다 보니 곤란할 때가 많아요." "일을 너무 열심히 해서 자신을 혹사시키곤 해요." 단점이라는 이름으로 포장한 장점이다. 예전에 이런 얘기를 들으면 다음 질문으로 넘어갔는데, 이제는 포장하지 말고 다시 한번 얘기해 달라고 얘기한다. 그러면 반응이 둘로 나뉜다. 당황하며 진짜 단점을 얘기하는 사람이 있는 반면, 다시 한번 포장하는 사람도 있다. 후자로 가면 '단점을 모르는 것 자체가 단점입니다. 라이엇 게임즈에서는 그런 사람은 채용 안 하니까 다시 기회를 드릴게요'라고 얘기해준다. 한편 정말로 단점에 대해 생각 안 해보고 오는 사람도 있다. 그러면 5분 시간을 줄 테니 생각해보라고 한다.

또 최근에 치명적인 실수를 했던 사례를 들어보라는 질문도 한다. 그러면 한 10여 년 전에 작은 실수를 했던 에피소드를 말하며 그 덕분에 많이 배웠다고 말하는 사람도 있다. 이런 것도 포장이다. 10년 전의 사소한 실수가 지금 나에게 영향을 줘봐야 얼마나 줬을까? 그러면 나는 1년 이내에 있었던 일을 이야기해보라고 다시 가이드를 준다. 그래도 별 것 아닌 실수를 얘기하는 사람이 있다. 엑셀 작업을 했는데 숫자가 틀려서 상사에게 혼났다는 식이다. 이렇게 무마하려는 사람은 셀프 어웨어니스가 약하다고 본다.

그렇다고 그런 사람들이 일을 못하는 사람이라는 건 아니다. 셀프 어웨어니스가 부족해도 다른 조직에서 엄청난 성과를 내는 사람을 많이 봤다. 다만 라이엇 게임즈의 조직 문화와 맞지 않을 수도 있고 여기서는 제대로 성공하지 못 할 수도 있다.

채용이 제일이다

이렇게 회사 문화와 맞는지를 깊이 따지다 보면 언제나 채용이 힘들었지만, 그렇다고 문턱을 낮추지는 않았다. 한번은 입사 지원자 중에 미국 아이비리그 대학을 졸업하고 플레이어 포커스에 대한 이해도가 높고, 하드코어 게이머이면서 셀프 어웨어니스까지 높은 그야말로 마음에 쏙 드는 친구가 있었다. 채용해야겠다고 생각하고 입사 제의까지 전달했는데 우연히 직원들이 이 친구의 아이디를 알게 되었고, 게임에서 좀 공격적이라는 얘기가 나왔다. 인사팀에서 그 말이 맞는지 기록을 확인해보니, 과연 공격적 언사로 신고가 들어온 일이 여러 번이었다. 심지어 밴도 몇 번 당했고 경고를 받은 기록까지 있었다. 그래서 입사 제의를 취소해버린 기억이 있다.

아무리 스펙이 좋고 유능하더라도 다른 플레이어들을 공격하는 사람은 라이엇 게임즈에 맞지 않다. 제도화되지 않은 부분을 문화로 메꾸는 회사인데, 그 문화에 공감하고 그에 맞게 행동하지 못하는 사람을 뽑다 보면 문화 자체가 퇴색될 수밖에 없다. 그 후로 채용 후보의 게임 플레이 기록(비매너 스코어)을 확인하고 있다.

라이엇 게임즈에서 근무하면서 나는 수없이 면접을 봤다. 일주일에 몇십 명을 면접 볼 정도였는데, 초창기에는 이를 기록하는 시스템이 없었지만 나중에 그린하우스라는 시스템을 도입해서 누가 누구를 면접 봤고 평가와 결과는 어떤지를 다 기록했다. 그 기록을 보니 내가 면접 횟수 1위였다. 그것도 압도적으로. 면접을 많이 본다고 누가 상 주는 것도 아니지만, 나 역시 부지런한 한국인의 DNA를 가진 탓에 회사에서 하자고 방향을 정하면 열심히 달렸던 것이다.

채용에 관해 이런 문화도 있었다. 나를 포함해서 10명 정도의 C 레벨 그룹이 스폰서팀이 되어 누구를 채용하든 그중 한 명이 승낙해야지만 채용이 가능하도록 했다. 아무리 플레이어 포커스라는 미션을 강조한다 해도 주관적인 개념이므로 조직이 점점 불어나면 그에 대한 해석이 달라질 수 있다. 그래서 말 전달(텔레폰) 게임처럼 문화가 중간에 점점 변질되는 것을 막기 위해 스폰서팀이 직접 면접을 보고 수락해야 채용하기로 한 것이다. 예를 들어 내가 인터내셔널 조직을 맡고 있을 때, 한국 지사에서 채용하는 사람은 내가 직접 면접을 봐야 했다. 스폰서팀에서 한국어를 할 줄 아는 사람이 나밖에 없었기 때문이다.

2018년 라이엇 게임즈에 복귀했을 때의 일이다. 2019년 초까지 새로운 조직을 세팅하고 회사 내부에서 발표하자는 타임라인이 잡혔다. 나는 재입사를 한 상태였지만 한동안 싱가포르에 머물고 있었고, 1월이 되어서야 본사로 복귀할 수 있었다. 타임라인상 조직을 세팅할 시간이 2~3개월

밖에 없는데, 아예 조직 자체가 없는 상황이었다. 기존 팀을 이전해 와야 하는 경우도 있고 없던 팀을 새로 만들어야 하는 부분도 있었는데, 그러려면 당연히 서브 리더가 필요했다. 타임라인이 워낙 급하니까 내외부 가리지 않고 인터뷰하고 채용했다. 레퍼런스 체크를 하긴 했지만 형식적이었다. 특히 내부 직원에는 아무래도 확인이 소홀할 수밖에 없었다. 그중 특히 레퍼런스가 좋은 직원이 있어서 승진까지 시켜서 데려왔는데 그때 미처 생각 못한 것이 있었다. 혼자 자신의 업무를 하던 사람이라서 관리자 경험이 전혀 없었고 리더십이 부족해 조직적으로 문제가 많이 생긴 것이다. 면접을 진행하면서 좀 이상하다는 느낌은 있었지만 당장 뽑아야 하니까 그냥 지나간 것이 결국 사달이 난 것이다.

된통 골머리를 앓고 나서야 한 가지 교훈을 얻었다. '레퍼런스 체크는 친분 관계에 따라 많이 달라진다.' 나와 사이가 좋은 사람이면 아무래도 좋게 얘기할 수밖에 없고, 반대로 트러블이 있었다면 나쁜 얘기가 나온다. 이후로는 면접자와 레퍼런스를 주는 사람 간의 관계를 파악하고 친분에 의한 쏠림을 분석하게 되었다.

라이어터를 위한 배려

포춘 선정 100대 기업에서 20년 이상 경력을 쌓아온 라이엇 게임즈의 고위 인사와 대화를 나눈 기억이 난다. 그는 라이엇 게임즈 복지 제도가 평생 본 것 중 최상급이라고 자신 있게 얘기했다. 일례로 미국에서 엄청나게 비싼 의료 보험 관련 이야기를 들려주었다. 보험료가 비싸서 대부분 회사가 직원들에게 제한된 범위를 제공한다. 그는 라이엇 게임즈가 직원에게 제공하는 의료 보험 제도가 상위 1퍼센트에 드는 수준이라고 말했다.

라이엇 게임즈는 복지도 좋다. 예를 들어 'Wellness Fund'라는 것도 있다. 라이어터와 배우자가 육체적·정신적 건강의 조화로운 삶을 추구하는 웰빙에 사용할 수 있는 기금이다. 예를 들어 마사지를 받거나, 운동 장비를 구입하거나, 요가 수업을 듣거나, 등산화를 사는 등 당사자가 사용처를 선택할 수 있다.

라이어터들이 가장 좋아하는 것 중 하나는 전사 워크숍^{offsite}이다. 워크숍이지만 내 관점에서는 혜택이고 여행이다. 내가 라이엇 게임즈에 입사하기 전에는 모든 라이어터가 멕시코에서 크루즈 여행을 갔다. 한번은 라이어터와 그들의 가족과 함께 도미니카공화국 푼타 카나로 간 적이 있다. 떠나던 날 아침 딸아이가 열이 40도까지 올라 아내는 간호 때문에 함께하지 못했다. 아내는 공항으로 향하던 나의 뒷모습이 그리 부러웠다고 아직도 그때 이야기를 한다. 최근에는 전 직원을 바르셀로나로 데려갔다. 나에게 가장 의미 있는 여행을 꼽자면 2014년에 전사가 한국을 방문한 것이었다. 한국에서 처음으로 리그 오브 레전드 월드 챔피언십을 개최했고 전 직원이 함께 e스포츠를 즐겼다.

대부분 회사는 휴가 일수가 제한되어 있다. 그러나 라이엇 게임즈는 무제한 휴가^{Paid Time Off, PTO}를 사용할 수 있다. 연말에는 2주 동안 사무실 문을 닫는다. PTO 덕분에 많은 라이어터는 2주간의 휴가 외에도 추가로 1, 2주를 더 사용하기도 한다. 한 해의 중간인 7월에 일주일간 회사 전원에 하계 휴가를 준다. 또한 직원들이 고향 방문이나 여행, 사랑하는 사람들과 더 많은 시간을 보낼 수 있게 7월에 원격 근무를 시행한다. 라이엇 게임즈에는 많은 미팅이 있다. 그래서 라이엇 게임즈는 한 달에 한 번 금요일 회의

금지를 시행한다.

나는 본사 캠퍼스에 있을 때 지갑을 열지 않았다. 라이어터에게는 모든 식사, 간식, 음료가 무료로 제공되기 때문이다. 일찍 출근해서 업무를 보다가 아침 8시에 카페가 오픈하면 〈리그 오브 레전드〉에 나오는 빌지워터처럼 생긴 카페로 향한다. 사내 바리스타들과 인사하며 커피를 받아 동료들과 수다를 떨거나 카페테리아나 펜트리에 가서 아침식사를 하기도 했다.

매일 먹는 회사 식당 음식이라 질리겠지 싶겠지만 라이엇 게임즈의 카페테리아는 끊임없이 메뉴를 업데이트하고 맛도 좋았다. 심지어 김치볶음밥을 먹었던 기억도 있다. 오후에는 캠퍼스 곳곳 모든 펜트리에 간식과 다양한 음료가 제공된다.

"라이엇 게임즈만큼 좋은 곳은 어디에도 없어요! 우리가 라이엇 게임즈의 배려를 당연한 것으로 여기지 않기를 바랍니다"라고 나는 항상 라이어터들에게 진심을 담아 강조하고는 했다.

PART 2

롤은 한국에서
어떻게 성공했나?

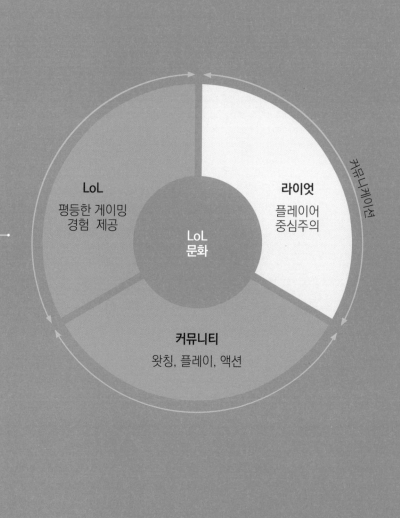

⟨리그 오브 레전드⟩
한국 출시를 준비하며

첫 출근

드디어 첫 출근을 하는 날. 첫 출근의 긴장감은 직급을 막론하고 누구나 느낄 것이다. '잘할 수 있을까'라는 의심과 '잘할 수 있다'라는 자신감 사이에서 마음이 줄타기를 한다.

출근 첫날인 2011년 6월 13일, 현재까지의 업무 진행 상황을 파악하기 위해 모두 모였다. 나보다 먼저 라이엇 게임즈에 합류한 직원 3명이 〈리그 오브 레전드〉 한국 출시 준비를 하고 있었다. 아쉽게도 상황이 좋지 않았다. 2~3개월 후면 출시가 가능할 거라고 했지만, 찬찬히 살펴보니 상황을 심하게 낙관하고 있거나 오해하고 있어 보였다. 이 추세로 간다면 못해도 12개월 이상이 더 걸릴 것 같았다.

11월에 수능이 끝나면 국내 게임 산업의 본격적인 성수기가 시작된다.

새로운 게임을 성공적으로 안착시키려면 남은 5개월 안에 준비를 완료해야 하는데 사실 좀 막막했다. 1초의 시간도 낭비할 수 없었다.

"엔진을 바꾸면서 비행기가 날고 있다." 라이엇 게임즈에서 자주 사용하는 표현이다. 비행기가 날려면 보통 엔진과 동체를 완성하고 비행을 시작하는 게 정석이다. 그런데 시간과 여건이 부족하니 일단은 어떻게든 이륙시키고 나서 엔진과 동체를 더 완성도 있게 만든다는 의미로 사용한다. 그만큼 급한 상황에 맞추어 일을 해야 하는 때가 있기 마련이다. 첫 출근을 하고 나서의 상황이 딱 그러했다.

그나마 다행인 것은 이전 회사인 블리자드에서 게임을 출시해본 경험이 있어 어디에 우선순위를 두고 어떻게 프로세스를 짜야 할지를 머릿속에 그릴 수 있었다는 점이다. 지체할 시간이 없었다. 미팅을 마치고 나는 자리로 돌아와 머릿속 계획을 문서로 남겼다. 하루 단위로 디테일하게 일정을 세우고 나서 매일 오전 진행 상황을 점검했다.

채용을 시작하다

가장 급한 일은 '채용'이었다. 할 일은 많은데 인력이 절대적으로 부족했다. 하루하루가 아까운 시점에 채용에 많은 시간을 할애해야 했다. 재무, 인사, 로컬라이제이션(현지화), QA, 마케팅, 운영, e스포츠, 인프라, 웹, 대외 관리, 기술, PC방 대응, 홍보 등 최소 25명 정도가 필요하다고 판단했다. 내가 입사한 일주일 후 한 명이 더 합류했으니 당시 5명인 상태였다.

먼저 내 인적 네트워크를 활용해야겠다고 생각했다. 퇴근 후 점지해둔

지인들을 만났다. 또한 개인적으로 알고 있는 서치펌에도 연락했다. 내심 능력있는 인재를 확보하는 데 자신 있었다. 내가 제안하면 그들이 망설임 없이 내 손을 잡아줄 것이라 믿어 의심치 않았다. 그러나 예상은 보기 좋게 비켜갔다. 대부분이 라이엇 게임즈에 합류하는 모험을 감수하고 싶어 하지 않았다. 당시 라이엇 게임즈는 게임을 갓 출시한 외국계 신생 게임 회사였을 뿐이다. 하드코어 게이머 정도만 이름을 알고 있는 그런 회사 말이다.

오랫동안 가깝게 지내온 예전 직장 후배와 저녁식사를 했다. 라이엇 게임즈에 합류해달라 제안했다. 그는 매우 기뻐했다. 최대한 빨리 합류하고 싶다고 핑크빛 확답을 주었다. "드디어 해냈다." 내심 기쁨이 솟아났다. 그런데 며칠이 지나도록 후배에게서 연락이 없었다. 기다리다 못해 전화를 했다. "죄송해요. 아내, 양가 부모님들이 뜯어 말려요." 리스크가 크다고 했다. 후배는 머물던 대기업에 남기로 했다. 비단 그만 그런 것은 아니었다. 내가 채용할 수 있을 거라 여겼던 많은 지인이 비슷한 이유를 대며 다들 조심스레 거절 의사를 밝혀왔다. 외국계 게임 회사의 무덤인 우리나라 현실을 통감했다.

시간은 없고 여전히 사람은 부족했다. 점점 초조해지고 걱정이 많아졌다. 상황이 이렇다면 처음보다 기준을 낮추고 급한 대로 필요 인력을 채워야 하나 고민이 들었다. 단지 사람 수가 문제라면 그래도 될 것 같았다. 그러나 기대치와 채용 수준을 양보할 수가 없었다. 개개인이 맡은 업무는 포화 상태였지만 고집스레 채용에 더 많은 시간을 투자했다. 그것만이 장기적으로 우리가 성공하고 살아남을 길이라 믿었다.

인재들이 모인다

자만했던 인적 네트워크를 활용한 채용은 초반에는 큰 진전이 없었다. 상심이 컸지만 낙심하고 있을 수만은 없었던 나는 입에 단내가 나도록 채용 전선에 뛰어들었다. 첫 희망은 SK텔레콤에서 함께 일했던 이우종이 안겨주었다. 매우 열정적으로 일하면서도 따뜻하고 친절해서 모든 사람들과 두루 잘 지내는 평화주의자였다. 당시 이우종은 SK텔레콤 이후 MBA를 마치고 삼성전자로 옮긴 상태였다.

2011년 여름 압구정 어느 프랜차이즈 카페에서 그를 만나 라이엇 게임즈에 합류할 것을 제안했다. 삼성에서 탄탄한 경력을 쌓고 있었기에 그에게도 엄청난 리스크였음이 분명한데도 합류하겠노라 대답해주었다. 나중에야 털어놓은 내용이지만 그 역시 가족의 엄청난 반대에 부딪혔다고 한다. 고맙게도 오진호라는 사람에 대한 믿음으로 입사를 결정했다고 했다. 지금도 그 마음이 고맙다. 이우종은 인사 및 재무에서 시작해 마케팅에 이르기까지 한국 지사를 설립하는 데 핵심 역할을 한 멀티플레이어였다. 이우종이 있었기에 많은 일들이 가능했다. 그는 내가 미국 본사에 가게 된 얼마 후 본사에 합류했다. 본사에서도 인터내셔널 조직의 전략, 인사, 재무 등 모든 일을 하면서 큰 성과를 냈다. 2017년도에는 나와 함께 가레나로 이직을 했고 부사장으로 승진했다. 인성과 능력을 두루 갖춰 매사에 큰 도움을 주었다.

인적 네트워크를 통해 합류한 사람으로 이승현도 있다. 이승현 역시 SK텔레콤에서 만났다. 당시 대리였던 그는 업무 습득력과 자세가 좋아 항상 다시 같이 일해보고 싶었다. 이후 NHN으로 옮긴 이승현은 인사를 총괄했다. 내 제의로 2013년 라이엇 게임즈에 합류했고 여러 조직을 맡았다. 2014년 내가 미국 본사 인터내셔널 총괄로 옮겨갈 때 한국 지사장으로 승진했다. 한국 대표로 많은 성과를 이루었는데 그중 하나는 LCK^{League of Legends Champions Korea}의 전환점을 이끌어낸 것이다. LCK의 자체 프로덕션을 시작했고 롤 파크도 지었다. 이승현은 상당히 다양한 재능을 가졌지만, 그중에도 그는 창의성과 디자인 감각이 탁월하다. 세계 최고의 e스포츠 경기장 중 하나로 인정받는 롤 파크는 이승현에 의해 디자인이되었고 e스포츠의 성지가 되었다.

블리자드에서 함께 일한 권정현도 합류했다. 블리자드 이전에 EA^{Electronic Arts} 같은 글로벌 게임 회사에서 마케팅을 담당했다. 무슨 일을 하든 헌신적으로 겸손하게 임하는 든든한 친구였다. 게임 업계 경력과 지식이 풍부해 라이엇 게임즈 코리아 초장기 때 모든 퍼블리싱을 리딩했다. e스포츠, PC방 사업, 마케팅, 홍보 등 굵직한 일들은 권정현의 손에서 시작했다. 라이엇을 떠나 PUBG의 최고 마케팅 책임자 및 북남미 유럽 총괄을 맡기도 했다.

또 다른 훌륭한 채용 케이스로 조혁진을 들 수 있다. 그를 이승현이 추천해주었다. 당시 조혁진은 NHN 인사팀의 '스타플레이어' 중 한 명이었다. 기대만큼 첫 면접을 아주 잘 보지는 못했다. 솔직히 그 당시 그가 라이엇 게임즈에서 '스타플레이어'가 될 것이라는 확신이 서지 않았다. 그러나 이승현은 강력하게 조혁진을 밀었다. 몇 주간의 논의를 거친 끝에 조혁진의 채용이 확정되었다. 하지만 며칠 후 그가 다시 전화를 걸어와 거절 의사를 밝히는 것이었다. NHN의 핵심 조직원이라 회사 측에서 그를 놓아주고 싶지 않아 했다. 나 역시 그에게 다시 한번 진심으로 제안을 했다. 여러 우여곡절 끝에 합류를 확정 지었다. 조혁진은 이상적인 인사팀을 구축했다. 그는 라이엇 게임즈 내에서 지속적으로 성장해 인사만이 아니라 고객 서비스, 법부, 대외 업무, 홍보 등 더 넓은 책임을 맡게 되었다. 2020년 여름에는 한국 지사장으로 승진했다. "내가 만약 현재 라이엇 게임즈 한국 대표라면 조혁진의 반도 못했을 거다. 현재 한국을 제일 잘 리딩할 수 있는 사람은 조혁진이다"라고 여러 사람에게 자신있게 얘기한다. 그는 추진력이 매우 뛰어나고 어떤 상황에서든 성과를 만들어낸다. 대인관계와 사람 관리 능력, 특히 조직 관리 능력이 특출나다. 조혁진의 리더십을 통해 라이엇 게임즈 코리아는 역대급 성과를 내고 있다.

그렇게 그해 가을에 초기 라이엇 게임즈의 인사 구도 틀이 잡혔다.

본사와 갈등이 시작되다

외국계 회사에서 근무하거나 한국 회사에서 해외 지사 경험을 해본 사람들은 대부분 공감하는 일이 있다. 바로 본사와 지사 간의 충돌이다. 같은 목표를 가지고 움직이는 같은 회사지만 다른 문화, 다른 언어, 다른 목표, 심지어 다른 시간대까지. 차이를 넓히는 요소가 너무 많다. 이렇게 차이가 많으니 당연히 커뮤니케이션에 문제가 생기고 오해와 갈등이 생길 수밖에 없다.

〈리그 오브 레전드〉 출시를 준비하는 과정에서 본사 직원들과 조금씩 마찰이 생기기 시작했다. 본사 직원들은 본인들이 모든 과정을 보고받기를, 자신들의 승인을 거쳐 진행되기를 원했다. 일부 본사 직원들은 지사를 본인들의 지시를 받아 수행하는 하부 조직으로 생각했다. 당시 라이엇 게임즈는 유럽 사업을 미국 본사에서 직접 운영하고 있었다. 그래서 본사 직원들은 당연히 한국도 직접 관리하고 싶어 했다.

지금 생각하면 말도 안 되는 여러 사건이 있었다. 한국과 업무적으로 자주 교류하던 본사의 한 중간 관리자는 한국 임원들이 본인에게 주간 보고를 하고, 본사에 들어가는 모든 정보는 본인을 통해야 한다고 지시했다. 우리가 영어를 못하는 것도 아니고, 본인이 한국말을 할 수 있는 것도 아니고, 그렇다고 조직체계에서 우리 상사도 아니었는데 당사자는 그러고 싶어 했다. 납득할 수 없었다. 내 경험상 정보를 쥐고 싶어 하는 경우는 보통 일을 잘되게 하기 위해서라기보다 본인의 파워 플레이를 위해서다. 회사에서는 정보가 곧 파워이기 때문이다. 한국의 향후 행보를 선점하려는 행위라고 생각했다.

또 본사 웹서비스팀은 본인들이 웹사이트를 구축해서 운영까지 하겠다고 했다. 한국말을 전혀 할 수 없는 미국인들만으로 구성된 팀인데도 그런 욕심을 냈다.

커뮤니티팀도 마찬가지였다. 미국에서 한국 커뮤니티를 관리하겠다는 것이다. 그 얘기인즉 우리는 그냥 통역만 하라는 것이었다. 모두 평생 미국에서 나고 자라며 생활한 사람들이? 한국말은 1도 못하는 사람들이? 한국 문화나 사회에 대해서는 아무것도 모르는 사람들이?

고객운영팀도 한국 유저에 대한 응대를 미국에서 하고 싶어 했다. 본사의 담당 팀장은 본인이 잘 아는 미국 텍사스주에 있는 아웃소싱 업체에게 맡기기를 원했다. 한국말을 하는 교포들이 있으니 충분히 가능하다는 주장이었다. 한국에도 업체들이 많고 한국 플레이어를 너무나 잘 이해하는 한국 직원이 많은데 미국에서 한국 플레이어 응대를? 아무리 설명해도 본인들이 하겠다고 주장했다. 그 팀장과 통화하며 싸우던 그 순간이 아직도 생생하다.

심지어 서버를 굳이 한국에 두어야 하느냐라는 말까지 나왔다. 미국 서부에 두고 관리하는 것이 본인들 입장에서 더 좋다는 것이었다.

미국에서 다 하려면 왜 한국 지사가 필요할까? 정말 답답한 상황이었다. 말이 통하지 않았다. 물론 본사와의 갈등은 당연하다고 할 수 있다. 본사는 컨트롤을 원하고 컨트롤을 못하면 불안해한다. 자기가 파워를 가져가길 원한다. 그것이 인간 본성이자 조직 모순이라고 생각한다. 충분히 이해한다. 그렇지만 답답했다. 두고 넘어갈 수 있는 사안이 아니었다. 해결해야 할 문제였다.

나는 성공하려고 왔다

〈리그 오브 레전드〉의 출시만으로도 1분 1초가 부족한데 말이 통하지 않는 사람들에게 설명하고 설득해야 했다. 이전에도 비슷한 경험이 많았기 때문에 예상은 했지만 그래도 상황이 답답한 건 사실이었다. 어쨌든 지혜롭게 큰 갈등 없이 빠른 시간 내에 중요한 결과를 얻어내는 것이 내 역할이라고 생각하고 열심히 커뮤니케이션에 임했다.

한국 대표로서 내가 본사와의 관계를 어떻게 설정하느냐가 얼마나 중요한지 너무나 잘 알고 있었다. 초반에 내가 어떻게 행동하느냐에 따라서 한국 지사의 위상과 결과가 달라지는 만큼 책임이 무거웠다. 만약 내가 한국 입장만 계속 견지하면 단기적으로 한국에서 필요한 것을 얻을 수는 있지만, 장기적으로 본사와 갈등이 커지고 최악에는 본사 사람들이 한국에 대해 편견을 가지고 비협조적으로 임할 수 있다. 반면에 본사의 뜻대로 맞추어주면 나는 살아남을 수 있을지 몰라도 본사 위주의 정책 때문에 결국 한국 직원과 한국 고객들이 피해를 볼 수 있다. 그러면 결국 한국 사업에 큰 지장이 생길 것이다.

본사 위주의 시스템이 안착되면 어떤 일이 생길까를 계속 고민했다. 게임을 출시하고 플레이어들과 소통하고 성공적으로 운영하는 것보다 본사 직원들에게 보고하고 비위를 맞추는 데 시간과 신경을 쓰게 될 것이었다. 잘못된 방식이다. 처음부터 틀린 구조로 세팅하면 그 방식대로 지속될 것이다. 한국 직원들의 사기는 떨어지고, 열정 가득한 능력 있는 직원들은 회사를 떠날 것이다. 결국은 본사에 비위를 맞추는 직원들만 남게 될 것이다. 궁극적으로 라이엇 게임즈도 기존에 진출했던 수많은 외국계 회사처럼 실패하거나 그저 그런 평범한 회사가 될 것이라고 생각했다.

나는 실패하려고, 남의 비위를 맞추려고 굳이 리스크를 감수하면서 라이엇 게임즈로 이직한 것이 아니었다. 나는 성공하려고 왔다. 그에 대한 나의 철학은 뚜렷했다. 지금은 그들이 우리를 이해하지 못하고 서로가 힘들 수 있지만 성과로 보여주면 된다고 생각했다.

니콜로, 약속을 지키다

나를 비롯해 우리 모두 본사와의 갈등을 피하기 위해 많은 노력을 했다. 본사와의 마찰을 잘 해결할 수 있었던 요인 중 하나로 나의 상사 니콜로의 역할을 들 수 있다. 지금 라이엇 게임즈의 최고 경영자를 맡고 있는 니콜로는 나보다 나이는 어리지만 당시에도 내가 믿고 존경하는 상사였다. 니콜로는 한국에서도 장기간 거주했던 경험이 있어서 한국 게임 산업, 플레이어, PC방 문화 등 한국의 특수한 상황과 특성을 잘 이해했다.

니콜로는 적극적으로 한국을 도와주었다. 한국을 컨트롤하고 싶어 하는 본사 직원들에게 본인이 직접 미팅을 요청해 설명하고 설득하고 싸웠다. 내 상사가 우리의 상황을 진심으로 이해하고 물심양면으로 지원사격을 하니 일은 일사천리로 진행되기 시작했다. 니콜로는 계속 우리의 보호막이 되어주었고 계속 한국에 힘을 실어주었다. 우리의 사기를 꺾지 않았다. 니콜로가 없었으면 한국 사업은 평범해졌을 거다. 니콜로의 활약을 보면서 그야말로 누가 비행기의 조종석에 앉아 있는지가 얼마나 중요한지 다시 한번 깨닫게 되었다.

니콜로는 글로벌 경험을 풍부하게 갖고 있었다. 글로벌한 사업 전개에 있어 일방적인 본사 통제가 좋은 결과로 이어지지 않는다는 것을 경험을 통해 잘 알고 있었다. 라이엇 게임즈로 이직하기 전 니콜로와 이미 그런 이야기를 솔직히 나누었고 니콜로는 내가 요청한 권한과 자율권을 주겠다고 흔쾌히 약속했다. 그리고 약속을 지켰다. 내가 지금까지 함께 일했던 많은 상사는 '함께 일한다'기보다 보고와 승인을 받는 대상이었다. 니콜로는 달랐다. 그는 상사이면서 함께 목표를 향해 달려가는 동료였다. 그는 엔진에 기름을 붓던 내게 날개를 달아주었다. 진정으로 우리 팀의 사기를 충전하고 지원하고 도와주었다. 십 년이 지난 지금도 모든 성공의 공을 그에게 먼저 돌리고 싶다. 그는 그럴 자격이 있는 리더이고 내가 모신 최고의 상사였다고 감히 고백한다.

〈리그 오브 레전드〉
한국 시장 도전의 이유

외국산 게임의 묘지

되돌아보면 성공의 방정식이 빤히 보인다. 〈리그 오브 레전드〉의 성공도 마찬가지다. 출시 12년을 넘긴 게임이 한국 시장 점유율 1위라니! 심지어 게임을 하지 않는 사람도 롤, 롤드컵, 페이커를 들어봤을 정도다. '롤'은 〈리그 오브 레전드〉의 영문 줄임말 LoL의 음차다. '롤드컵'은 '리그 오브 레전드 월드 챔피언십'의 줄임말이다. 인기가 이러하니 성공 요인을 너도나도 꺼내든다. "실시간 대전 게임이라 성공했어!", "무료니까 1등이 되었지!" 개중에는 맞는 이야기도 있지만, 간과하면 안 되는 게 하나 있다. 그런 분석은 어디까지나 사후에 끼워맞춘 것이라는 점이다.

성공은 그래픽이나 세계관, 캐릭터, 게임 내의 어떤 요소를 플레이어들이 사랑해주었기 때문이기도 하지만, 가장 큰 요인은 성공을 일궈내고자 피 땀 눈물을 흘린 라이어터들에 있다. 12년 전에는 〈리그 오브 레전드〉가 지금과 같이 성공할 거라고 믿는 사람이 거의 없었다. 1위는 커녕 순위권 안에만 들어가도 성공이라고 생각했다. 나 역시 PC방 점유율에서 1위를 할 거라고 예상한 적이 없다. 그래서 순위권을 목표로 움직이지 않았다. 그저 다른 라이어터들과 열심히 할 일을 하다 보니 1위가 되어 있었다. 우리의 '열심히'는 '플레이어 포커스'가 등대였다.

지금으로부터 약 12년 전, 2011년 당시의 한국은 외국산 게임이 살아남기 힘든 시장이었다. 블리자드의 게임 외에는 모든 외국산 게임이 실패로 끝났다. 그 당시 외국산 게임 중 10위권에 진입한 게임은 2004년에 출시한 블리자드의 〈월드 오브 워크래프트〉와 1998년에 출시한 〈스타크래프트〉뿐이었다. 그러나 주목받던 블리자드조차 최고 기대작이었던 〈스타크래프트 2〉가 10위권 안으로 진입하지 못하고 최고 15위를 기록했다는 사실에서 알 수 있듯 한국 시장에서 계속해서 성공을 거두었다고 말하기는 애매한 상황이었다. 그 외 대부분의 외국산 게임은 신통치 못했다. 아니 처참했다. 우리나라 게임들은 강했다. 그런 한국 시장에서 도전은 계란으로 바위 치기처럼 무모했다. 잠깐 선보였다 사라진 수많은 외국 게임처럼 우리도 그렇게 휩쓸려 가버릴까 두려웠다.

대체 왜 그들은 제 목소리 한 번 못 내고 퇴장했을까? 한국 시장에 들어온 외국 게임들이 혹시 베스트 멤버들이 아니어서일까? 그렇지 않다. 2011년 무렵 한국 시장에 도전한 외국 게임 목록은 화려하기 이를 데 없다. 〈에버퀘스트 2 Everquest 2〉, 〈던전 앤 드래곤 온라인 Dungeon & Dragons Online〉, 〈반지의 제왕 온라인 Lord of the Rings Online〉, 〈에이지 오브 코난 Age of Conan〉, 〈시티 오브 히어로즈 온라인 City of Heroes Online〉, 〈워해머 온라인 Warhammer Online〉,

〈룬 오브 매직 Runes of Magic〉, 〈MLB 매니저 온라인 MLB Manager Online〉, 〈완미세계完美世界〉 등 하나하나가 화려한 스타플레이어들이었다. 이 게임들은 당시 북미 시장과 유럽 시장을 비롯해 세계 각지에서 성공을 거두었지만 한국에서는 고배를 마셨다.

이들 대작들이 왜 한국에서 실패한 것일까? 몇 가지 요인을 들 수 있다.

우선 한국 게이머의 입맛에 맞는 한국 게임이 많아 굳이 외국산 게임을 선택할 이유가 없었다. 당시 외국산 게임들이 맥을 못추던 상황을 어릴 때 부르던 놀이에 비유하면 "우리집에 왜 왔니 왜 왔니 왜 왔니"가 딱 맞을 것이다. 2011년 시장 순위 1위부터 15위까지의 게임들을 살펴보면 5개 회사가 전체 60퍼센트 이상을 차지하고 있었는데, 이 중 4개가 한국 회사였다. 나머지 하나는 외국 기업인 블리자드다.*

외국산 게임은 한국 맞춤화가 제대로 안 되었다. 분명 나라마다 문화적 맥락이나 산업적 환경 등에 따라 마케팅 포인트나 대응 지점 등이 달라질 수밖에 없을 텐데 많은 외국 게임이 그런 부분을 일부 놓친 것은 사실이다. 예를 들어 PC방에 공급하려면 PC방용 프로그램을 개발해야 한다. 그런데 딱 한국 시장만을 위해 바쁜 본사 개발팀의 인력을 빼서 몇 달 동안 투입시키는 일은 쉽진 않다. 그래서 외국산 게임은 PC방 혜택이 많지 않았다. 그리고 외국산 게임은 본사가 위치한 지역에 대한 이해도가 높고 관심이 더 많았으며 그 시장을 위해 노력했다. 반면 한국 시장과는 몸이 멀리 있어 마음도 멀리 있고, 다른 언어라 커뮤니티 반응을 읽을 수도 없

---

* 15위 점유율 NHN 4.8퍼센트, 넥슨 8.2퍼센트, 네오위즈 Neowiz 8.7퍼센트, 블리자드 19.3퍼센트, NC소프트 19.7퍼센트

다. 북미 개발사는 주로 레딧*을 보지 한국에서 플레이어들이 자주 가는 커뮤니티 사이트는 안 본다.

출시 전 국내 게임 현황

매년 약 100-300개 사이의 신작 타이틀이 출시된다. 10년이면 1,000개에서 3,000개에 이르는 게임들이 쌓이는 것이다. 2011년에는 그중 약 250개의 온라인 게임이 서비스 중이었다. 당시 〈리그 오브 레전드〉가 경쟁해야 할 게임들은 그저 게임이 아니었다. 〈서든어택〉, 〈FIFA 온라인 2〉, 〈워크래프트 3〉, 〈스타크래프트〉, 〈메이플스토리〉, 〈리니지〉, 〈리니지 2〉, 〈월드 오브 워크래프트〉, 〈던전앤파이터〉, 〈스페셜포스〉, 〈아이온〉, 〈테라〉. 2000년대 중후반에 나온 이 명작 게임 중 여럿은 지금도 현역으로 사랑을 받고 있다. 〈리그 오브 레전드〉는 그런 어벤저스와 경쟁해야 했다.

몇 해 동안 게임 순위는 약간의 변화를 거쳤을 뿐이다. 일단 10위 안에 신작으로, 특히 외국산 게임이 진입하는 사례는 거의 없었다. 2011년 당시 10위권에 진입한 신작은 2008년에 출시한 NC소프트의 〈아이온〉뿐이었다. 상위 15위 게임 중 10개는 5년 이상 된 게임이고 나머지 5개는 3~5년 된 게임이었다.

왜 게임을 바꾸지 않는 것일까? 게이머들은 왜 보수적인 선택을 하는 걸까? 우리는 〈리그 오브 레전드〉 출시 이전에 여러 번에 걸쳐 게이머의 경향을 조사했는데, 왜 게임 선택에서 보수적인 입장을 취하는지 원인을

---

*   www.reddit.com

찾을 수 있었다. 이유는 다음과 같았다. '지금 하는 게임에 만족해서가 아니라, 새로운 게임을 배우면 같이 게임하던 친구들을 잃을 수 있다!'

상대는 어벤저스인데 이쪽은 거의 무명의 존재였다. 출시 몇 달 전에 한국 플레이어 대상으로 설문조사를 했다. 〈리그 오브 레전드〉를 아는 플레이어는 약 3퍼센트 정도였고 라이엇 게임즈를 들어본 사람은 1퍼센트 미만이었다. 라이엇 게임즈와 〈리그 오브 레전드〉의 인지도는 인지도라고 부르기 민망할 정도로 낮았다. 물론 게임 산업 동향에 민감한 게임 관련 미디어 종사자들이나 일부 헤비 유저들은 〈리그 오브 레전드〉 존재를 알고 있었다. 심지어 일부 게이머들은 한국에서 서비스를 시작하기 전에 북미 서버에 접속해 계정을 만들어서 게임을 즐기기도 했다. 하지만 대중적이지는 못했다.

출시 전 상황을 정리해본다면 진입장벽이 높았고, 게이머들은 보수적인 선택을 했다. 게다가 라이엇 게임즈와 〈리그 오브 레전드〉의 인지도를 올릴 시간도 부족했다. 어느덧 오픈 베타가 3개월 앞으로 다가왔다.

게임 EPL, 코리아

라이엇 게임즈는 왜 한국에서 굳이 〈리그 오브 레전드〉를 출시해서 진검승부를 벌이려고 했을까? 앞에서 보았듯이 무엇 하나 만만하지 않은 시장인데 말이다. 답은 간단했다. "축구 선수라면 EPL^{English Premier League}에서 뛰고 싶기 마련이다." 게임에서는 우리나라가 EPL이다.

현 라이엇 게임즈 최고 경영자인 니콜로 러렌트는 2010년대 초반 한국 게임 시장을 게임의 메카라고 불렀다. 그의 말처럼 당시 한국은 게임 강국이고 게임 선진국이었다. 미국의 실리콘밸리가 세계 기술을 주도한다면, 그 당시 강남은 세계 온라인 게임을 주도했고 많은 게임 혁신이 한국에서 탄생했다.

먼저 F2P 부문 유료화라는 게임 비즈니스 모델이 한국에서 시작됐다. 그 후 아시아로 전파됐고, 2010년 〈리그 오브 레전드〉를 기점으로 북미 및 전 세계적으로 온라인 게임의 기준이 되었다. 또 임요환, 홍진호, 이제동, 이영호 같은 스타를 배출한 '스타크래프트 프로리그'는 세계 최초로 만들어진 팀 단위 e스포츠 리그다. 우리나라에서 시작된 열풍이 전 세계로 퍼졌다. 아쉽게도 〈스타크래프트〉를 이을 〈스타크래프트 2〉의 인기가 기대에 미치지 못하는 등 여러 악재가 겹쳐 2016년 10월에 리그 운영이 종료되었지만 한때는 경기를 보고자 운집한 관객이 10만여 명*에 달할 정도로 〈스타크래프트〉를 중심으로 한 e스포츠는 인기가 있었다. 이러한 온라인 게임 열풍으로 PC방 혜택 및 비즈니스 모델도 한국에서 시작되었다.

축구 선수가 EPL을 꿈꾸듯, 야구 선수가 메이저 리그를 꿈꾸듯 그 당시 온라인 게임이라면 우리나라 시장에서 성공을 꿈꿨다. 라이엇 게임즈도 예외는 아니었다.

"한국 게임 시장이 마치 미래를 보여주는 수정 구슬과 같아요." 니콜로가 나를 영입하며 건넨 말이다. 미국에서 처음 만났을 때 니콜로와 브랜든과의 만남이 2시간으로 길어진 것도, 한국 시장에 대한 열망 때문이었다. 그렇기에 나를 낙점하고 오랜 기간에 걸쳐 영입에 공을 들인 게 아니겠는가? 꼭 나만이 할 수 있었거나 내가 최고는 아니겠지만 말이다.

---

* 　2004년 광안리 해수욕장에서 열린 '스타크래프트 스카이 프로리그'

09

드디어
〈리그 오브 레전드〉
한국 출시

엔진을 바꾸며 비행하기

〈리그 오브 레전드〉의 한국 출시를 앞둔 상황은 만만하지 않았다. 라이어터들에겐 익숙한 "엔진을 바꾸면서 비행기가 날고 있다!"라는 말은 빈말이 아니었다. 일단 목적지 방향으로 비행기를 띄우고 떨어지지 않도록 그때그때 엔진을 고쳐가며 성능을 높여야 했다.

2011년 12월에 디데이가 있다는 사실 말고는 아무것도 없었다. 백지상태에서 사람부터 충원하고 조직을 체계적으로 만들어 회사 모양새를 갖추어나갔다. 미국 본사와 한국 지사 사이의 관계도 정해진 것이 하나도 없었기에 모든 쟁점을 하나하나 조율하며 각자의 역할을 분명히 했다.

2002년에 AWS가 공식적으로 등장했지만 아직 서울 리전이 없었다. 그런데 꼭 서울 리전이 있고 없고만의 문제가 아니었다. 〈리그 오브 레전드〉게임은 실시간 대전이라서 짧은 레이턴시*가 중요했다. 네트워크뿐 아니라 서버 성능도 중요했다. 지금은 그렇지 않지만 그 당시만 해도 이 정도 성능을 요하는 게임은 AWS를 사용하지 않았다. 직접 하드웨어를 구입해 필요한 소프트웨어를 설치하는 기존 방식대로 IDC에 서버를 구축했다. 델 컴퓨터를 배편으로 받아 IDC로 옮기면 본사 서버 담당자가 비행기를 타고 와서 설치했다.

서버를 준비하며 마케팅 플랜도 마련했다. 대대적인 TV 광고, 지하철역 광고판에 붙이는 광고 등 당시 흔히 볼 수 있는 마케팅은 하고 싶지 않았다. 플레이어들과 소통하고 가까워질 수 있는 활동을 원했다. 머리를 맞대고 라이엇 게임즈의 미션에 충실하면서 플레이어들에게 다가갈 방법을 고심했다. 그 결과 플레이어들과 직접 소통하는 방법을 고안할 수 있게 되었다.

예를 들어 라이어터들이 플레이어들과 〈리그 오브 레전드〉를 플레이하는 이벤트를 열었다. 플레이어들은 실제 라이어터들이 자사의 게임을 즐긴다는 사실에 놀랐다. "게임을 맘놓고 할 수 있다니!" 라이어터 역시 즐거운 시간을 가질 수 있었다. 또한 포럼에서 플레이어들의 질문에 답을 주고받으며 적극적으로 교류를 가졌다. 그 결과 포럼은 라이어터와 플레이어 사이에 우호적인 대화가 빈번히 이루어지는 장소가 되었다. 한국 플레이어의 마음속으로 더 다가갈 방법도 고안했다. 바로 한국 플레이어를 위한 맞춤형 콘텐츠와 경험을 제공할 한국형 챔피언을 만드는 일이다. 이 작업은 출시 전부터 진행되었다. 한국형 챔피언으로 구미호를 낙점하고

---

* latency. 데이터 패킷이 출발지에서 도착지까지 가는 데 걸리는 시간

나서 챔피언 이름을 공모했는데 경합한 끝에 '아리'가 탄생했다.

많은 사람에게 〈리그 오브 레전드〉를 알리는 방법으로 미디어의 영향력을 무시할 수 없었다. 그래서 출시 전 몇 달을 각종 미디어의 기자들을 직접 만나 라이엇 게임즈와 〈리그 오브 레전드〉의 미션 및 전략을 전달하는 데 내 개인업무 시간 대부분을 쏟아부었다. 또한 2011년 9월에 미국에서 온 동료들과 함께·미디어 데이를 가졌다. 많은 사람에게 알렸으니 게임 입문자를 플레이어로 안착시킬 방법도 필요했다. 고민 끝에 '리그 오브 레전드 입문 가이드' 영상을 만들어 유튜브에 게시하고, 숙련된 플레이어들이 새로운 플레이어들을 코칭하는 프로그램도 만들었다. 당시 인기 있던 〈카오스〉를 하는 탑 게이머들을 직접 찾아 만나 〈리그 오브 레전드〉를 소개했다. 플레이하도록 설득하고, 커뮤니티에 참여하도록 유도했다. 마지막 퍼즐 조각으로 PC방 공략 방안이 필요했다.

한국은 PC방의 성지다. 우리나라에서는 개인 PC로 게임하는 사람도 많지만, PC방 이용률도 만만찮기 때문에 관련 마케팅도 온라인 게임 퍼블리싱에서 너무나 중요했다. 게임 순위가 PC방 위주로 집계될 뿐만 아니라, 친구들과 함께 모여서 왁자하게 플레이하기 좋은 장소를 제공하기 때문이다. PC방에서 플레이되지 않는 게임은 입소문을 타기 어렵다. 그래서 PC방 대표님들의 협조를 끌어내야 했다. 로테이션과 상관없이 모든 챔피언을 무료로 사용할 수 있는 등 PC방 전용 혜택을 본사에 강력히 요구했다.

그러나 들어본 적도 없는 외국산 게임의 아직 구현되지도 않은 혜택만으로 설득될 일이 아니었다. 결국 권정현 상무와 PC방 사업 매니저가 같이 차를 몰고 PC방 투어에 나섰다. 2주 동안 전국의 주요 PC방 대표님들과 프랜차이즈 담당자를 만나 〈리그 오브 레전드〉의 장점과 혜택을 설명했다. PC방 사장님들은 영업 담당자가 온 줄 알았다가 상무가 직접 현장을 다닌다는 사실에 놀라곤 했다. 일정이 바쁘다 보니까 제대로 된 숙소를 잡기도 어려워서 찜질방에서 쪽잠을 자고 다시 새벽에 출발하는 강행군의 연속이었다. 그 덕분인지 초기부터 PC방 순위가 나쁘지 않게 나왔다. 지금은 몇 년째 게임트릭스 1위를 유지하고 있으니 고생한 보람은 있다고 생각한다.

PC방 공략에 대해서 할 말이 많다. 이어서 살펴보자.

PC방 상생 작전

〈리그 오브 레전드〉출시를 준비하면서 국내 PC방에 대한 전략을 마련할 목적으로 PC방을 대상으로 설문조사 및 FGI 소비자 심층 조사 등을 시행했다. 그 결과 PC방 영업에서 제일 가치로 '상생의 경제학'을 도출했다. 이어서 '영업망이 아니라 파트너다'라는 실천 원칙도 세웠다. PC방 성과가 〈리그 오브 레전드〉성패를 가를 거라 생각했다. 따라서 플레이어가 집이 아니라 PC방에서 더 재미있게 〈리그 오브 레전드〉를 플레이할 프로모션이 필요했다. 전략이 성공한다면 PC방에 플레이어들이 몰려갈 것이고, PC방 점유율도 올라갈 것이다. 이것이야말로 윈윈, 상생의 경제학이다.

게임 서비스를 오픈하면서 〈리그 오브 레전드〉의 프리미엄 PC방 가맹혜택을 발표했다. 유료 프리미엄 PC방 서비스에 가맹한 PC방에는 모든 챔피언을 사용할 수 있는 파격적인 혜택을 부여했다. 그뿐만 아니라 가맹 PC방에서 게임을 플레이하는 플레이어에게 보너스 IP^Influence Points 20퍼센트를 추가로 제공하기로 했다. 여기서 가장 중요한 것이 '모든 챔피언을 플레이 가능하도록 한다'는 내용이었다.

여기엔 사연이 있다. 출시 직전, 적정 가격 등에 대한 고민을 거듭하던 당시에 PC방 사장님들을 모시고 FGI를 진행했다. 1990년대 후반부터 2000년대 초반의 PC방 붐이 지난 시점이었다. 당시 시점에 사장님이 중요하게 생각하는 건 서비스 가격이 아니었다. "정말 게임 플레이어들이 PC방에 올 만한 의미 있는 혜택을 줬으면 좋겠다"는 것이었다. 당시에는 MMORPG처럼 집에서 혼자 즐기기 좋은 게임이 많은 시기였고, 각 게임 사별로 PC방 프리미엄 혜택을 제공하긴 했지만 집으로 향하는 발길을 바꾸기에는 불충분했다. 정말 임팩트 있는 꾸준한 혜택이 제공된다면 좋겠다는 의미였다. PC방 현장의 목소리를 듣고 심사숙고해 만든 대안이 PC방에서 〈리그 오브 레전드〉를 플레이하는 플레이어에게는 모든 챔피언을 무료로 선택, 사용할 수 있도록 하는 혜택이었다.

이를 위해서는 미국 본사를 설득해야 했다. 사실 〈리그 오브 레전드〉는 무료로 누구나 이용 가능한 게임이고, 당시 게임 내에서 로테이션 방식으로 7종의 챔피언이 무료로 제공되었다. 하지만 '랜덤 7종'에 국한된 것이었다. 한국 서비스 시작 당시 게임 내 챔피언은 아리를 포함해 88종이었다. 이 챔피언들을 PC방만 가면 모두 무료로 즐길 수 있도록 하는 것은 큰 결정이었다. 다른 지역에서는 이것이 매출의 핵심 요소이기 때문이다.

그렇지만 한국 오피스에서는 이 방법이 친구 · 지인과 함께 플레이할 때 더욱 재미있는 〈리그 오브 레전드〉의 특성에 맞는 방법이며, 또 PC방과 함께 상생하고 성장할 수 있는 방향이라 확신했다. 결국 본사 경영진을 설득하는 데 성공했다. 〈리그 오브 레전드〉는 지속적으로 챔피언을 기획하고 추가하면서 게임의 재미를 더하는 구조다. 그랬던 만큼 신규 챔피언이 출시될 때마다 PC방에서 이 챔피언을 플레이해볼 수 있다는 것은 실제 플레이어들에게 매우 매력적인 요인으로 작용했다. 라이엇 게임즈와 PC방 그리고 플레이어 3자가 모두 만족할 수 있는 최고의 상생이었다.

PC방 상생 작전의 일환으로 'PC방 토너먼트'도 기획했다. 2012년 여름 처음 시행한 'PC방 토너먼트'는 e스포츠의 저변 확대를 통해 플레이어 누구나 함께 할 수 있도록 준비한 아마추어 이벤트였다. 〈리그 오브 레전드〉 플레이어라면 누구나 지원할 수 있으며, 토너먼트 행사가 열리는 곳도 별도의 행사장이 아니라 참여 의사를 밝힌 동네 PC방이었다. 말 그대로 바닥에서부터 〈리그 오브 레전드〉의 기세를 확인할 수 있는 풀뿌리 동네 리그로서 소임을 다했다.

PC방 토너먼트 2년째가 되던 2014년 6월에는 참가 경쟁률이 310퍼센트로, 매 대회마다 실제 참가 가능한 인원의 3배 이상이 몰려 성황을 이루었다. 특히 PC방 사장님들의 만족도가 높았다. PC방 토너먼트는 유저들에게는 새로운 재미를, PC방 사장님들에게는 매출 향상의 기회를 제공하면서 PC방과 이를 찾는 고객 모두를 만족시키는 선순환 구조를 만들었다. "매장 홍보와 손님에 대한 서비스 향상에 도움이 됐다", "손님들도 좋아하고 PC방을 알릴 수 있는 기회가 되어 좋다", "비수기에 이러한 대회가 영업에 큰 도움이 되었다." 당시 사장님들의 말이다.

마케팅, 별들에게 물어봐

클로즈 베타 준비가 한창이었다. 한국 서비스 시작을 알리고 기대감을 올려야 하는 시점이었다. 지금은 페이스북, 틱톡, 인스타그램 같은 SNS가 대중적이지만 2011년에는 그렇지 못했다(심지어 틱톡은 그 당시 존재하지도 않았다). 지금과 달리 SNS나 인플루언서 마케팅이 활발하지 않았기에 주로 인터넷, TV, 미디어 광고를 했다. 우리는 판에 박힌 방식보다 좀 더 새롭고 진정성 있는 방식을 원했고 여러 번 아이디어 회의를 가졌다.

"e스포츠의 '별'들에게 게임 후기를 받아보는 게 어때요?" 누군가의 입에서 튀어나왔다. 듣자마자 정말 좋은 아이디어라는 생각이 들었지만 비용이 문제였다. "스타 선수들의 협조를 구하려면 비용이 만만치 않게 들텐데…" 스타트업인 라이엇 게임즈는 예산이 빡빡했다. 지나치게 많은 마케팅 비용을 사용하면 오픈 베타와 정식 출시에 쓸 예산이 부족할 수도 있었다. 하지만 가장 파급력이 큰 방법이라는 생각이 들자 점점 더 간절해졌다. 뭔가 방법이 없을까?

최영우 e스포츠 팀장(현재 아프리카티비 글로벌 사업 상무)이 자진해 손을 들었다. "조심스럽지만 친분이 있는 선수들과 업계 관계자에게 한번 부탁을 해보겠습니다." 최 팀장은 업계에 워낙에 잔뼈가 굵어 아는 사람이 많았다. 하지만 빈손으로 스타들에게 추천 글을 받아낼 수 있을까? 기대가 크면 실망도 큰 법이다. 애초에 안 될 거라 생각하기로 했다. 안 될거라 생각하고, 기대하지 말자고 마음먹었건만 사람 마음이 그렇게 안 된다. 마음이 자꾸만 최 팀장으로 향한다. "어떻게 이야기는 전해봤어?"라고 묻고 싶은 마음을 꾹꾹 눌렀다. 며칠이 지났다. 최 팀장이 방문을 두드렸다. "흔쾌히 해준다고 합니다." "와! 그래!" 나도 모르게 환호성이 튀어나왔다. "수고했어! 근데 누가 해준대?" "이윤열 선수, 장재호 선수, 홍진호 선수, 김정균 선수(당시 선수, 그 후 코치), 김동준 해설가입니다." 나는 깜짝 놀랐다. e스포츠의 살아 있는 레전드, 그 외의 말이 필요할까? 한 명이라도 섭외가 된다면 성공이라고 생각했는데 티비에서만 보던 그 유명한 스타들을 죄다 섭외했다니! 이름을 듣자마자 거짓말처럼 아주 찔끔 눈물이 났다. 잠깐 천장을 바라보았다. '살았다.'

이윤열 · 장재호 · 홍진호 등 유명 e스포츠 선수들, 김정균 코치, 김동준 게임 해설가가 〈리그 오브 레전드〉를 직접 플레이한 소감을 담은 인터뷰 영상을 만들었다. 클로즈 베타 테스트 기간에 맞혀 이 영상을 라이엇 게임즈 한국 공식 홈페이지에 게재했다. 이윤열 선수는 "다양한 챔피언을 통한 끝없는 전략이 가능한 게임"이라고 말했고, 홍진호 선수는 "요즘 주변에서 〈리그 오브 레전드〉만 한다"는 말로 칭찬을 대신했다. 또 장재호 선수는 게임의 작품성에 높은 점수를 주며 팀플레이를 강점으로 꼽았다. 이미 〈리그 오브 레전드〉 게임단에서 활동 중이었던 김정균 선수는 "PC방만 가도 북미 서버로 플레이하는 사람을 많이 볼 수 있다"며 〈리그 오브 레전드〉가 공식적으로 출시되면 이후 참여 플레이어가 대폭 늘어날 것으로 예상했다. 김동준 해설가는 "제2의 국민 게임이 되지 않겠냐"는 예상을 내놓기도 했다.

클로즈 베타 테스트

클로즈 베타 테스트는 공식 출시 전에 플레이어 피드백을 듣고 문제점을 파악하는 절차다. 공식 출시는 아니지만 몇 달 동안 쉬지 않고 열심히 준비했고 처음으로 한국 플레이어에게 선보인다는 기대도 있었지만 걱정도 컸다. 클로즈 베타 테스트는 양날의 검이다. 이 기간 평가가 좋으면 이후에는 순풍, 그렇지 않으면 무풍이다. 우리나라는 워낙 게임 커뮤니티가 활성화되어서 피드백이 실시간으로 공유되기 때문에 입소문이 빠르다. 커뮤니티 평가에 클로즈 베타 테스트만 아니라 정식 출시 후 운명이 크게 좌우될 수 있다. 제발 긍정적이길! 클로즈 베타를 시작하면서 많은 생각이 머리에 맴돌았다. 좀처럼 평정심을 찾기가 어려웠다.

2011년 11월 15일, 드디어 주사위는 던져졌다. 클로즈 베타 서비스가 시작된 날이다. 오후 4시, 〈리그 오브 레전드〉 한국 서비스를 개시했다. 플레이어들의 접속이 이어졌다. 게임 커뮤니티에는 기존에 북미 서버에서 플레이하던 플레이어들과 새로 유입된 국내 게이머들이 한데 어우러져 클로즈 베타 테스트에 대한 의견과 플레이 팁을 나누는 게시글로 성황을 이루었다. 〈리그 오브 레전드〉 공식 홈페이지에도 클로즈 베타 테스트에 대한 피드백이 접수되었다. 하나하나 놓칠 수 없었다. 서버를 모니터링하면서 게시물을 하나하나 읽어나갔다. 가능한 모든 채널을 열어둠으로써 직접 경험한 구체적인 의견을 최대한 많이 듣고자 했다.

"북미 서버에서는 영어 때문에 적응하기 어려웠는데 한글화된 버전으로 플레이할 수 있어 편하다", "한국 서버에서 게임하니까 훨씬 환경이 좋다", "테스트 기간 동안 제공되는 10만 RP로 다양한 아이템을 체험해볼 수 있어서 좋다" 등 클로즈 베타 테스트에 대해서 흡족해 하는 플레이어의 의견이 속속 이어졌다.

그런데 피드백과 행동이 달랐다. 테스트 키를 배포한 만큼 플레이어 참여가 이어지지 않았다. 시간이 지나면서 플레이어 수까지 줄었다. 하루 이틀 플레이하고 다음날 발길을 끊는 것이다. '게임에 문제가 있는 것인가?' '재미없나?' '우리가 모르는 문제가 있나?' 갖가지 추측이 들었다. 〈리그 오브 레전드〉는 5대5 실시간 대전 게임이기 때문에 플레이어 수가 부족하면 매치메이킹을 기다리다가 지쳐서 게임을 떠나게 된다. 그러면 플레이어 수가 거듭 줄어드는 늪에 빠질 수도 있다. 발 빠르게 추가 베타 키를 배포했다. 유명 커뮤니티마다 글을 남겨 추가키 배포 소식을 알렸다. 새로운 플레이어들이 유입되었지만 그들 역시 오래 머물지 않았다.

3주 가량 열린 클로즈 베타 기간*이 끝났다. 다행히 서버는 잘 버텨주었다. 클로즈 베타가 버그나 서버의 안정성만 확인하는 절차는 아니다. 무엇보다 흥행면에서 기대 이하의 성적을 얻어 성공적이었다 얘기할 순 없었다. '과연 이 게임이 한국에서 먹힐까?' '어떻게 이탈 문제를 해결하지?' 클로즈 베타 테스트를 거치고 나면 좀 나아질까 싶었는데 머릿속이 더 복잡해졌다.

손 놓고 있을 수는 없었다. 플레이어 피드백과 데이터를 분석해 오픈 베타 때까지 미진한 부분을 보완해나갔다. 마케팅, PC방 혜택, 커뮤니티 모니터링, 서버 준비 등 시간은 없는데 할 일은 넘쳐났다.

---

*   2011년 11월 15일 ~ 12월 4일

운명의 시간 : 오픈 베타 서비스

클로즈 베타 테스트에 이어 2011년 12월 12일부터는 2주간 오픈 베타 서비스를 시작했다. 참여를 원하는 플레이어는 사전에 〈리그 오브 레전드〉 한국 공식 홈페이지에서 회원가입과 클라이언트 다운로드를 한 후에 한국 서버 오픈에 맞춰서 게임을 즐길 수 있었다. 오픈 베타 서비스는 사실상 정식 출시와 같은 단계였다. 실제로 PC방 게임 순위를 게재하는 게임트릭스 등에서 〈리그 오브 레전드〉의 한국 서비스 공개일과 게임 등록일을 12월 12일로 삼았다. 이날을 기점으로 게임 순위 경쟁에 돌입한 것이다.

오픈 베타 서비스 기간 동안 이전에 만든 북미 서버 계정에 한해 소환사를 제외한 플레이어 계정 정보(XP 수치 포함 레벨, 게임 레이팅, 전적, 훈장 RP, IP, 룬, 룬페이지 정보, 챔피언, 스킨, 부스트 등 구매해 소진되지 않은 상품 모두)를 한국 서버로 무료로 이전할 수 있게 했다. 원래 9월 27일까지 생성된 계정에 한해 무료 계정 이전 혜택을 주려고 했으나, 이전 정책 발표 이후 북미 서버에 새롭게 가입한 유저들이 급증하면서 12월 11일까지 생성된 계정으로 대상 폭을 넓혔다. 그만큼 〈리그 오브 레전드〉를 기다리는 사람이 많다는 신호였다.

그래서 더 적극적으로 서비스를 제공하기로 했다. 오픈 베타 서비스 개시일로부터 2주 내에 북미 계정의 국내 〈리그 오브 레전드〉 사용자가 한국 서버로의 이전 신청을 마치면 14일간 사용할 수 있는 IP* 부스트, 챔피

---

* Influence Points. 우리말로 '영향력 점수' 정도로 번역할 수 있음. 게임 내 사용하는 지표

언 케일과 은빛 케일 스킨 등 다양한 혜택을 추가로 제공했다. 원래대로 기준을 적용하고 이후에 플레이어들이 비용을 내는 방식이 제일 상상하기 쉬운 방식이었지만 우리는 당장의 매출이나 실적보다 더 많은 사람이 혜택을 받고 더 많은 사람이 기꺼이 〈리그 오브 레전드〉를 즐기기를 바랐다.

2011년 12월 12일 오전에 서버를 오픈했다. 클로즈 베타가 끝나고 오픈 베타를 준비하면서 제대로 잠을 자본 적이 없었다. 지사 설립, 채용, 본사와 협업 업무를 하며 6개월을 보냈다. 가히 살인적인 스케줄이 주마등처럼 스쳐지나갔다. 오픈 베타 전날에도 한숨도 못 자고 출근했다.

운명의 시간이 되었다. 조금씩 플레이어들의 접속이 늘었다. 잘 버텨주던 서버는 저녁이 되면서 더 많은 플레이어들이 접속하자 불안정해졌다. 래그가 생긴다는 글이 일제히 커뮤니티에 올라왔다. 첫인상이 중요한데 문제가 지속되었다. 아무리 게임이 좋아도 서버에 문제가 생기고 게임하기 어려운 환경이면 플레이어들이 발길을 돌릴 수 있다. 플레이어 입장에서는 굳이 서버 접속도 안 되는 게임을 기다릴 필요가 없다. 몇 백 개의 게임이 서비스 중이었다. 잠시 발길 돌린 플레이어를 많은 어벤저급 경쟁 게임들이 서버를 팽팽 돌리며 기다리고 있었다.

'아, 이러다 허무하게 무너지겠어.' 식은땀이 흘렀다. 서버는 본사 직원들이 몇 달 동안 한국에 체류하면서 설치했다. 계획대로라면 출시 후에 바로 본국으로 출국해야 했다. 오랫동안 집과 가족을 떠나 타지에서 밤낮없이 일해온 탓에 그들도 지칠 대로 지쳤다. 뒷일을 맡을 로컬팀이 있었지만 아직은 본사팀에 비해 경험을 비롯해 대응 능력이 부족할 수밖에 없었다. 이대로는 승산이 없어 보였다. 나는 안정화 작업을 마무리해달라고 간절히 부탁했다. 다행히 그 며칠 사이 서버는 눈에 띄게 안정화되었다. 이 정도면 당장의 서비스 운영에 큰 차질은 없어보였지만 근본 문제를 해결한 것은 아니었다.

꿈이야 생시야?

서버 문제가 차츰 개선되면서 더 많은 사람이 〈리그 오브 레전드〉를 찾았다. 오픈 베타 첫 주인 2011년 12월 12일~19일 주간 PC방 점유율 1.9퍼센트로 차트에 진입했다. 그리고 얼마 후에 10위권에 진입했다. 우리가 꿈꿔왔던 날이고 믿을 수 없는 순간이었다. 한국 라이어터들은 하이파이브하며 환호했다. 본사에 게임트릭스를 캡처해서 실시간 공유했다. 그들도 너무 기뻐하며 축하 메시지를 일제히 보내왔다. 게임의 EPL, e스포츠의 종주국에서 10위권에 집입하다니. 조금 더 욕심이 나기 시작했다.

10위권 근처에 있는 게임 간의 점유율 격차는 워낙에 작아서 한 주 한 주 요동을 친다. 다시 10위 밖으로 밀려날 수 있으니 안전하게 8~9위까지라도 올려놓고 싶은 마음이 간절했다. 그런데 날이 갈수록 우리 예상 밖의 일들이 벌어졌다. 2012년 1월 마지막 주 PC방 게임 랭킹 순위에서 전주보다 2계단 올라 4위를 차지했다. PC방 점유율 6.61퍼센트를 기록하면서 〈스타크래프트〉(6.33퍼센트)를 제치고 종합 4위에 올라섰다. 출시 2달도 지나지 않은 신생 게임이 '국민 게임' 〈스타크래프트〉를 앞질렀다. 앞서 김동준 해설가가 이야기했던 "제2의 국민 게임이 되지 않겠냐"는 말이 피부로 와닿기 시작했다.

당시 〈리그 오브 레전드〉 위로는 〈피파온라인 2〉가 3위, 〈서든어택〉이

2위 그리고 〈아이온〉이 1위였다. 모두 게임사에 큰 자취를 남긴 쟁쟁한 게임들이다. 그런 게임들을 차례대로 제치고 2012년 3월, 출시 3개월 만에 점유율 17퍼센트로 1위를 차지했다. 폭발적인 인기였다. 꿈이야 생시야? 지인에게서 처음으로 "라이엇 게임즈를 아십니까"라는 질문을 듣기까지 내게 라이엇 게임즈는 이름조차 생소했던 회사다. 그러니 입사를 하고 한국 지사장으로 일하면서도 이런 순간은 상상할 수조차 없었다. '10위 안에는 들어가보자! 망하지는 말아보자!'라는 생각으로 달려왔다. 그런데 1위라니, 역시나 게임은 출시 후에나 운명을 알 수 있는 것이다.

1위에 올랐지만 천하제패를 한 것은 아니었다. 한동안은 엎치락뒤치락 혼전이었다. 5월 중순에 '악마의 부활'이라는 캠페인과 함께 〈디아블로 3〉가 뜨거운 기대를 모으며 출시되었고 6월에는 〈블레이드 앤 소울〉이 출시되었다. 〈리그 오브 레전드〉는 3위로 내려왔다. 1위라는 영광의 시간은 짧았다. 우리는 또 다시 추격전에 돌입했다.

〈디아블로 3〉와 〈블레이드 앤 소울〉 등에 밀려 순위가 내려앉자 고민이 많았다. 한 번 1위를 맛보고 나니 3위는 성에 차지 않았다. 뭐라도 해야 하는 게 아니냐는 의견이 힘을 얻었다. 일리 있는 생각이었다. 어떤 순위든 가장 윗자리에 있다는 건 대단한 메리트다. 뭘 해야 하는지, 뭘 사야 하는지 모를 때도 해당 품목이나 서비스가 속한 영역의 1위 상품을 구매하는 사람들이 많다. 게임보다 주관적이고 자유롭고 적극적인 선택이 이루어질 것 같은 책이나 영화 같은 문화적 성격을 띠는 상품도 마찬가지다. 그래서 무리하게 1위에 오르기 위해 '사재기'를 하거나 댓글 조작을 해서 사회적 물의를 일으키는 일이 종종 벌어지는 것이다. 그만큼 1위 자리는 여러모로 중요하다.

PC방에서 순위를 올리기 위한 'PC방 이벤트' 등을 해보는 게 어떻겠느냐는 제안이 있었다. 마케팅적으로 충분히 고민할 수 있는 제안이었지만, 나는 과감하게 제안을 반려했다. "한 주 한 주 순위에 연연해서 충격 요법처럼 무엇을 할까 고민하는 것이 아니라, 우리가 평소 해야 할 일을 하자"고 직원들에게 말했다. 우리는 우리 할 일을 한다. 흔들리지 않고 각자 자기 일에 집중할 수 있도록 팀원들을 잘 다독일 것을 팀 리더에게 특별히 강조했다. 여름을 지나면서 순위는 안정되기 시작했고, 9월이 지나면서 상황이 달라졌다. 〈리그 오브 레전드〉가 거침없이 1위를 내달렸다. 레전드 시대가 열렸다.

일반적인 회사라면 시장에서의 성공을 목적지로 설정할 것이다. 게임 업계라면 각자 자기가 출시한 게임이 1위 자리에서 오래, 큰 성공을 거두기를 원할 것이다. 많이 판매하는 것도 중요하고 오래 판매하는 것도 중요하다. 좋은 평가까지 거둔다면 더할 나위가 없을 것이다. 결국 성공은 순위표의 어느 자리에 있느냐로 판단될 것이기 때문이다.

그런데 라이엇 게임즈는 달랐다. 창업자 브랜든과 마크, 글로벌 담당인 니콜로 등 회사의 중추인 사람들의 비전은 남달랐다. 이들은 1위를 목표로 하지 않았다. 순위는 우리가 하고자 하는 일의 결과일 뿐이었다. 라이엇 게임즈의 목표, 목적지는 '세계에서 가장 플레이어를 우선으로 하는 회사'였다. 말뿐인 마케팅 구호가 아니라 그것을 구현하기 위해 진심을 다했다. 그런데 지사장인 내 입장은 성적에 자꾸 마음이 갔다. 그때까지 어쩌면 '세계에서 가장 플레이어를 우선으로 하는 회사'라는 미션을 완전히 체화하지 못했던 게 아닌가 훗날 생각이 들었다.

라이엇 게임즈 코리아, 존재의 이유

라이엇 게임즈에서 지사장으로 일하기

많은 기업의 궁극적 목표가 그렇듯 라이엇 게임즈 역시 〈리그 오브 레전드〉를 출시하기 전부터 글로벌 시장 진출을 계획했다.

라이엇 게임즈는 로스앤젤레스에 본사를 두고 있지만 플레이어들은 세계 여기저기 모든 곳에 있다. 그들이 사는 지역의 문화와 니즈가 다르고 독특하므로 라이엇 게임즈는 각 지역에 적합한 방식으로 플레이어에게 접근하고 만족을 선사하려고 노력했다. 다행히 대흥행을 이루며 성공적으로 세계 시장에 이름을 각인시켰다.

처음에는 지역별 게임 퍼블리셔들과 제휴할 계획이었다. 하지만 제휴를 맺은 퍼블리셔들이 플레이어에게 최고의 경험을 제공하기가 어려울 것이라고 판단했다. 그래서 일부 지역을 제외하고는 라이엇 게임즈가 직접 퍼블리싱을 하기로 결정했다.

타 지역에서 퍼블리싱을 성공적으로 이끌어내는 것은 무척 힘들고 성공 사례가 많지 않다. 제일 큰 이슈는 운영적인 측면이다. 시간이 흐를수록 본사와 지사 간의 혼란 및 갈등이 심해지기 십상이다. 본사 직원들은 직접 글로벌 차원에서 결정하고 리드하기를 원하고 지사 직원들은 본인들이 지역 전문가로서 권한을 갖길 원한다. 게임 자체가 워낙 훌륭해 플레이어에게 외면받을 수 없을 만큼 재미있다면 단기적으로 시장에서 성공할 수 있겠지만 중장기적으로는 내부 이슈가 대외적인 타격으로 이어질 수도 있다. 따라서 본사가 오너십를 갖고 있는 분야와 지사가 오너십을 가진 분야를 명확히 하는 것이 매우 중요하다. 라이엇 게임즈는 처음부터 본사와 지사 간의 '역할과 책임'을 명확하게 하기 위해 노력했다.

지금은 사용하지 않지만 초기에는 센트럴 central과 로컬 local이라는 프레임워크를 사용했다. 센트럴은 글로벌 일을 하는 로스엔젤레스 본사에 있는 팀을 의미하고 로컬은 각 지사를 의미했다(로컬에는 북미 퍼블리싱팀도 포함된다). 센트럴은 글로벌하게 일관성을 유지하는 부분을 책임졌고 로컬은 지역별로 달라야 하는 부분을 책임졌다.

예를 들어 캐릭터, 스킨, 맵, 게임 플레이는 어디서나 동일해야 한다. 이처럼 글로벌하게 일관성이 있어야 하는 '게임 내의 콘텐츠 in-game content'는 본사 개발팀이 담당한다. 그리고 각 캐릭터의 포지셔닝 및 에셋 asset도 세계적으로 동일해야 했다. 이 영역은 본사에 위치한 글로벌 마케팅팀이 책임졌다. 지구 반대편에 있는 플레이어들도 여전히 같은 게임을 한다고 느끼길 원했다. 그리고 현실적인 이유도 있었다. e스포츠 대회를 진행하려면 세계 모든 플레이어들이 같은 게임을 해야 했다. 만약 지역별로 게임,

캐릭터, 맵 등이 다르면 글로벌 대회에서 고려할 사항이 훨씬 많아진다.

지사는 현지화해야 할 것 그리고 각 지역별로 달라야 할 것을 책임졌다. 예를 들어 지사는 본사에서 만든 마케팅 가이드와 에셋을 활용해서 각 지역에 맞는 마케팅을 진행할 수 있다. 가령 서울 오피스는 한국 인플루언서와 함께 새 캐릭터에 대한 유튜브 영상을 제작할 수 있고, 멕시코 시티 오피스는 스킨 세일 이벤트를 할 수 있고, 파리 사무실은 플레이어 토너먼트를 개최할 수 있을 것이다.

플레이어들은 다른 언어를 사용할 뿐만 아니라 문화도 다르고 게임에서 무엇을 어떻게 경험하고 싶은지에 대한 선호도도 다르다.

현지 팀들은 누구보다 자신들의 시장을 잘 알고 있다. 그들에게 어느 정도 실행 자율권을 주어야 해당 지역에서 장기적인 성공을 가져올 수 있다. 그래서 라이엇 게임즈는 지사가 소유한 범위 내에서 확실한 권한을 주었다. 라이엇 컬처에서 임파워먼트는 본사만이 아니라 세계 모든 지사에도 존재한다. 지사까지 수평적 문화를 유지하는 일은 쉽지 않다. 라이엇 게임즈의 각 지사는 본사에 승인 과정을 거치지 않고도 결정을 내림으로써 시장에 대한 명확하고 간결한 이해를 바탕으로 각 시장의 플레이어에게 다가갈 수 있었다.

보고 라인도 단순화하고 명확하게 했다. 지사 내 직원들의 보고 라인은 모두 지사 내에 있었으며 최종 결정과 책임자는 지사장이다. 본사에 보고하는 사람은 지사장뿐이다. 내가 한국 지사장을 맡았을 때는 한국의 모든 권한을 내가 가지고 있었고 서울 오피스에 있는 임원들은 모두 나에게 보고했다. 본사와 복잡하게 얽힌 매트릭스 관계는 없었다. 그리고 나는 당시 인터내셔널 총괄이었던 니콜로에게만 보고했다. 이렇게 간단한 구조

덕분에 촉박한 시간 안에 서비스를 론칭하고, 시시각각 변화하는 시장에서 시간 낭비 없이 플레이어의 니즈에 재빨리 대응할 수 있었다. 그뿐만이 아니다. 안으로는 능력 있고 의욕을 가진 현지 직원들의 이탈을 막을 수 있었다. 책임과 권한이 적절히 주어지면 스스로 동기부여가 되기 마련이다.

그 결과 외부적으로는 세계 구석구석에서 많은 팬층을 확보하는 동시에 내부로는 모든 지역에서 하이퍼 로컬 모델을 통해 현지 인재를 채용하고 유지할 수 있었다.

아리, 한국 플레이어를 위하여

한국 플레이어의 목소리에 귀를 기울이며 그들의 모든 경험에 집중했다. 다른 외국계 게임사들과 차별화된 한국 플레이어만을 위한 것이 필요하다고 생각했다. 그것이 바로 한국화된 콘텐츠였다. 외국계 회사의 지사는 주로 퍼블리싱 업무를 수행하기 때문에 게임 내 요소들을 현지화하기 힘들다. 개발은 본사의 영역이기 때문이다. 그렇지 않아도 바쁜 본사 개발팀이 특정 지역용 콘텐츠를 개발해준다는 것은 불가능에 가까웠다.

그럼에도 우리는 한국 플레이어에게 감동을 선사하고 싶었다. 우리에게 한국 플레이어들은 그냥 플레이어가 아니었다. 세계에서 게임 지식과 스킬 수준이 가장 높고 미래의 흐름을 예측하게 해주는 길라잡이 같은 존재였다. 본사 개발팀도 이점에 완벽히 동의했고 적극 협조를 해줬다. 그렇게 탄생한 것이 챔피언 아리다.

어릴 때 여름이면 TV와 극장에 내걸리는 납량 콘텐츠 단골 소재들이 있었으니 그중 하나가 구미호다. 꼬리가 아홉 개 달렸다는 여우, 구미호. 〈리그 오브 레전드〉 챔피언 '아리'는 바로 이 구미호 이야기에서 시작되었다.

라이엇 게임즈 서울 오피스와 미국 본사 챔피언 개발팀이 함께 고민하고 의견을 나누면서 공들여 캐릭터를 탄생시켰다. 당시 프로듀서로 챔피언 개발팀을 이끌었던 폴 벨레자는 개발 과정에서 한국 오피스와 밀접하게 일하면서 한국의 전설 속 캐릭터 중 어떤 캐릭터가 근사한 챔피언이 될 수 있을지 고민했다. "한국 오피스에서 많은 전설 속 캐릭터를 제안했는데 그중 구미호 전설이 무척 매력적으로 다가왔어요. 우리 디자이너 역시 구미호에게서 많은 아이디어를 얻을 수 있었고요. 스타일은 살리면서 우아함과 민첩함을 가지며 동시에 강력한 힘을 뿜어내는 유혹자로서의 구미호 본연의 캐릭터에 충실하고 싶었어요. 또한 힘의 원천이 여우구슬과 아홉 개의 꼬리라는 게 눈에 확연히 드러나도록 하는 것도 중요했고요." 폴이 훗날 한 인터뷰에서 밝힌 내용이다.

구미호 챔피언 개발에는 매우 특별한 공을 들였다. 미국 개발팀은 구미호에 대해 아는 바가 전혀 없었다. 한국에서 방대한 자료를 모아 영어로 번역하고 그림, 사진, 한국 드라마 등을 미국에 전달했다. 그리고 수시로 화상 미팅을 했고 여러 차례 본사로 출장가서 개발팀과 미팅을 가지며 틀을 잡아갔다. 시간이 지나면서 본사 개발팀도 구미호에 매력을 느끼고 캐릭터에 대한 이해도가 높아지는 듯했다. "이 정도면 좋은 결과물이 나올 거야" 하고 모두 한껏 기대에 부풀어 있었다.

몇 달이 지나고 드디어 기다리던 아트 초본이 메일로 왔다. 우리는 두근두근하는 심장을 부여잡고 메일에 첨부된 파일을 열어봤다. 한동안 서로 화면을 응시하며 어색한 정적이 흘렀다. "아... 이게 아닌데..." 예술적으로 만들긴 했는데 한국 사람 눈에는 예쁜 서양 여성이 한복을 입은 것 같았다. 우리의 DNA가 기억하는 그 묘하고도 간담이 서늘해지는 구미호가 아니었다. 만약 이렇게 구미호 챔피언이 출시되면 한국 플레이어들이 크게 실망할 것이 뻔해보여 난감했다. 어디서부터 다시 피드백을 줘야 하나... 더 집요하게 본사와 조율하는 수밖에 별 다른 방법이 없었다. 머리는 댕기 머리, 신발은 꽃신, 백지장 같이 창백한 피부, 한복 등 아주 디테일하게 이미지를 보냈다. 그렇게 수정을 반복하며 우리가 상상하던 아리가 모습을 갖추어 나갔다.

한국 팬들의 투표를 거쳐 최종적으로 '아리'라는 이름을 얻었다. 아리, 단비, 초롱, 루리, 나비, 다솜 이렇게 여섯 이름이 후보였는데 아리가 37퍼센트, 단비가 32퍼센트였고 나머지는 상대가 되지 않았다. '아리'는 '아리땁다'라는 형용사에서 온 말이다. 마음이나 몸가짐이 맵시 있고 곱다는 뜻이다. 팬 중에는 '아리 아리 아리랑'에서 온 말 같다며 우리말의 느낌이 잘 살아 있는 이름이라고 좋게 평가해주었다.

2023년 7월 현재 〈리그 오브 레전드〉 홈페이지에서 판매하는 아리의 스킨은 총 17개다.* 그중 한복 아리는 이름 그대로 한복을 입은 아리 모습이다. 한복 저고리와 치마를 입고 댕기 머리를 한 모습이다. 손에 든 여우구슬과 아홉 개 꼬리까지, 누가 봐도 구미호다.

---

* 한복, 어둠여우, 불여우, 팝스타, 도전자, 고교 여신, 아케이드, 별 수호자, K/DA, 프레스티지 K/DA, 나무 정령, 영혼의 꽃, K/DA ALL OUT, 악의 여단, 프레스티지 K/DA(2022), 아르카나, 서리단

챔피언 아리에 한복 스킨을 적용한 게임 플레이 영상*

한국 라이엇 게임즈의 존재 이유

한복을 입은 전통적 이미지를 강조한 캐릭터가 아니더라도 아리 캐릭터는 한국적인 기호로 받아들여진다. 바로 팝스타 아리와 K/DA 시리즈가 그것들이다. 팝스타 아리의 개발 스토리는 라이엇 게임즈가 팬과 플레이어의 상호 커뮤니케이션을 얼마나 소중히 여기는지 여실히 보여준다.

2012년 한국 게임 팬아트 커뮤니티에서 유명한 2인조 작가 유닛인 파샤&굼랏은 〈리그 오브 레전드〉 출시 1주년을 맞아 '제너레이션 아리'라

---

* 　출처 : https://youtu.be/70ecZhGHDmY

는 이름의 아리 캐릭터 스킨을 창작해 큰 인기를 끌었다. '제너레이션 아리'에서 '제너레이션'은 당시 최고의 걸그룹 '소녀시대Girls' Generation'의 이름에서 따온 것이고, 아리가 입고 있던 스킨은 소녀시대의 뮤직비디오 〈소원을 말해봐〉의 해군 제복 패션을 바탕으로 한 것이다. 비록 비공식이기는 하지만 소녀시대와 〈리그 오브 레전드〉의 만남이 실현된 '제너레이션 아리'는 국내 플레이어만이 아니라 외국 플레이어 사이에서도 인기가 높았다. "당시 〈리그 오브 레전드〉에 존재하는 모든 스킨보다 예쁘게 그려보고 싶었다"는 파샤&굼랏의 제작 의도가 너무나 적중했달까?

한국 오피스에서는 '제너레이션 아리'의 작품과 그에 대한 팬들의 호응을 보고 감동했다. 우리가 어떻게 이에 응답하면 좋을까? 그것은 '제너레이션 아리'를 그대로 살리는 것이 아니라 그것이 표현하고 싶었던 본래의 의도, 본래의 마음을 잘 이어받아야겠다는 생각이 들었다. 한국 아이돌/걸그룹의 캐릭터를 반영해 또 하나의 스타를 만들어내는 것. 바로 스타 탄생! 그렇게 해서 탄생한 것이 2013년 본사 개발팀과 협의해 만들어낸 글로벌 스킨 '팝스타 아리'다. 이렇게 해서 구미호 아리는 팬아트 작품을 경유해 팝스타 아리로 거듭나면서 더욱 입체적인 캐릭터가 되었다.

팝스타 아리는 K팝, 걸그룹 등의 이미지와 결합되면서 세계적으로 인기를 끌었고, 수많은 2차 팬아트 창작물의 원천으로 등극했다. 한국 최고의 코스튬플레이팀이 팝스타 아리나 제너레이션 아리의 모습으로 연기하고, 팬들은 무대 공연을 동영상으로 만들어 올렸다. 아리는 게임 캐릭터 이상의 대중문화 아이콘이 되었다. 우리나라 전설 속 캐릭터 → 게임 캐릭터 → 팬 아트 스킨 → 공식 글로벌 스킨 → 다시 팬 아트 캐릭터로 이어지며 더 많은 상징과 더 많은 스토리를 파생시켰다.

It's K/DA uh!

K/DA

　몇 년 후 이 '팝스타 아리'가 걸그룹을 조직한 것이 바로 걸크러쉬의 상징인 'K/DA'임을 생각하면 캐릭터의 발전과 진화가 얼마나 흥미진진한지를 다시 한번 확인할 수 있다.

　여기서 개인적인 고백을 하자면 회사 내에서 사용하던 GM명이 '라이엇 아리'였고, 〈리그 오브 레전드〉 게임을 할 때 주로 플레이한 챔피언도 아리였다. 한국 라이엇 게임즈가 없었어도 아리라는 캐릭터가 지금과 같은 위치를 얻을 수 있었을까? 그건 알 수 없는 일이다. 한국에 오피스가 없었더라도 한국 시장을 생각해 뭔가 한국적인 캐릭터를 고민했겠지만 우리만큼 더 많이, 더 깊이, 더 오래 생각하지는 않았을지도 모른다. 아리는 한국 라이엇 게임즈의 상징이자 존재 증명과도 같았다.

덩기덩기 신나라 신바람 탈 샤~코~

　아리처럼 처음부터 한국 전통문화에서 출발한 챔피언은 아니지만 또 하나의 '현지화' 경험으로 '신바람 탈 샤코' 스킨이 있다. '신바람 탈 샤코' 는 〈리그 오브 레전드〉 한국 서비스 1주년을 기념해 만든 한국형 스킨이다. 본래 샤코는 서양의 가면극을 모티브로 만든 챔피언으로, 마스크를 쓴 독특한 외형의 광대에서 착안한 캐릭터였다.

'신바람 탈 샤코' 개발 배경에는 '샤코'와 한국 플레이어와의 남다른 인연에 있다. 샤코는 암살자형 챔피언으로 난이도가 높아서 누가 플레이하느냐 따라 게임 내 활약상이 크게 달라진다. 〈리그 오브 레전드〉가 한국 시장에 정식으로 서비스하기 이전, 한국 플레이어는 주로 북미 서버에서 게임을 이용했다. 그때 Reaperd, H0R0, locodoco 등 최상급 한국 플레이어들이 샤코를 너무 잘 활용해서 샤코에 'Korean Secret Weapon'이라는 별명까지 붙었다. 한국산 비밀 병기라니. 샤코에 없던 국적이 생길 정도였으니, 당시 미국 플레이어 포럼에서 한국인들이 자주 접속하는 시간대에는 샤코를 금지하라는 얘기가 오갔다는 속설이 믿어질 정도다.

당시 우리는 〈리그 오브 레전드〉 한국 서비스 1주년을 기념해 한국의 문화 코드를 담은 특별한 콘텐츠를 만들고자 했다. 라이엇 게임즈에는 특별한 기념일을 겨냥해 특별한 스킨을 제작하는 전통이 있었기 때문에 그 기회를 활용했다. 챔피언 아리 개발 때와 마찬가지로 수많은 아이디어와 제안이 오갔다. 메일로, 유선으로, 때로는 직접 얼굴을 맞댄 가운데 치열하게 토론이 벌어졌다.

당시 제작 책임을 맡았던 저스틴 셜 Justin Shull 프로듀서는 기념일과 어울리는 챔피언을 고르는 것 그리고 해당 지역의 문화 코드를 담으면서도 전 세계 유저의 공감대를 끌어낼 수 있는 디자인을 찾아내는 것이 관건이라고 회의 때마다 강조했다. 이렇게 목표와 방향성에 주의하며 한국과 미국의 스탭들은 함께 한국 전통문화를 살펴보던 도중 '탈춤'의 역동적인 움직임과 흥겨운 분위기에 눈과 귀를 사로 잡혔다.

처음에 물망에 오른 것은 한국형 챔피언 아리다. 검토해본 결과 아리의 기본 디자인과 움직임이 탈춤을 표현하기에는 적합하지 않았다. 그때 눈에 들어온 것이 샤코였다. 기본적으로 가면극에 컨셉을 둔 캐릭터였던지라 서양식 마스크 대신 하회탈을 씌워도 전혀 위화감이 없었다. 위화감이 없는 정도가 아니라 하회탈을 쓰고 '신바람' 난 모습이 본래의 모습보다 더 잘 어울릴 정도였다. 게다가 샤코는 앞서 언급했듯이 아직 한국 서비스가 시작되기 전부터 북미 등 타 지역 서버에서 '한국의 비밀병기'라는 별명이 붙을 정도로 한국 플레이어의 선호도가 높은 챔피언이지 않은가? 이러한 배경 아래 청사초롱이 내걸린 무대 안에서 신바람 나서 춤을 추는 '신바람 탈 샤코'가 탄생했다.

아리 때와 마찬가지로 신바람 탈 샤코도 6개월간 국내에서 판매된 스킨 수익금을 사회 공헌 활동에 쓰기로 발표했다. 반신반의하는 사람들도 있을지 모르지만 두 경우 모두 그렇게 모인 수억 원을 각각 '우리 문화유산 보호'에 기부해 문화재 환수 등의 사업에 쓰였다.

결과적으로 아리도, 신바람 탈 샤코도 플레이어들의 극찬을 받았다. 한국 전통문화로부터 영감을 받아 만든 콘텐츠가 새롭게 해석되어 글로벌 팬들에게 전해지고, 또 사회 공헌 사업의 일부가 되어 한국 문화 지킴이 역할까지 한다니 플레이어들이 환호할 수밖에 없는 일이었다.

많은 외국계 기업들이 '현지화', 한국에서라면 '한국화'를 고민할 것이다. 이 부분을 무시하고 오래 성공을 유지할 수는 없다. 해당 나라의 국민들과 좋은 관계를 맺고 긍정적인 평판을 끝까지 유지하려면 그 나라 사람들의 '마음'을 알고 그 '마음'을 존중하며 다가가야 한다. 우리는 그 방법으로 전통문화를 택했다. 마음이 어디에서 오는지 오래 묻고 선택한 대답이었다.

11

위기의 순간

거듭되는 서버 장애

사업을 추진할 때 항상 좋은 일만 생기지는 않는다. 누구나 좋은 성과, 좋은 결과, 좋은 상황이 계속되길 원할 테지만 경험적으로는 그러지 못하다는 걸 다들 안다. '구름은 항상 햇빛을 따라온다 Clouds always follow the sunshine.'

2011년 12월 12일, 한국에서 〈리그 오브 레전드〉 공식 서비스를 시작하고 나서부터 소소한 어려움은 있었지만 그래도 큰 무리 없이 순항했다. 그러다가 구름이 따라온 정도가 아니라 하늘을 완전히 뒤덮고 떠나지를 않았다. 그러다가 비와 태풍에 휩쓸려 없어질 것만 같았다.

〈리그 오브 레전드〉의 첫 번째 위기는 2012년 여름부터 간헐적으로 시작돼 그해 가을, 겨울 그리고 2013년 상반기까지 계속된 '접속 장애'다. 아이러니하게도 '접속 장애'는 〈리그 오브 레전드〉의 레전드 등극, 그 승승장구 기세의 이면이었다. 〈리그 오브 레전드〉가 PC방 점유율 1위를 계속 지켰다는 의미는 더 많은 유저가 더 오랜 시간 〈리그 오브 레전드〉 게임을 즐겼다는 의미다. 제한된 용량에 계속 많은 사람이 몰리면서 속도가 느려지거나 접속이 어려워지는 일이 생긴 것이다. 이를 해결하기 위해 서버를 점검하고, 용량을 늘렸지만 하드웨어를 증설하는 속도보다 신규 유저 유입이 더 빨랐다.

첫 대규모 접속 장애는 2012년 6월에 일어났다. 원래 오전 7시부터 오후 1시까지 6시간에 걸쳐 서버 안정화 및 홈페이지 점검을 알리는 공지를 사전에 게시해놓았다. 그런데 점검이 늦어져 4시까지 점검한다는 추가 공지를 올렸다. 그마저 지키지 못해 다시 오후 6시까지 한 차례 연장했다. 유저들의 불만이 속출했다. 통계상 접속률이 제일 낮은 목요일 오전 시간대를 선택했지만 접속률이 낮다는 건 수치로만 그렇게 보이는 것일 뿐 실제로 해당 시간대에 접속하려는 의지나 마음까지 낮은 건 아니었다. 서비스 재개가 지연되면서 유저들의 불만이 폭발하고 항의가 빗발쳤다. 언론에서도 이 소식을 앞다투어 다뤘다. "리그 오브 레전드, 장시간 서버 점검으로 게이머 멘붕", "리그 오브 레전드 서버 점검 연장으로 이용자들 불만 속출."

이후로 장애가 속출할 때마다 더 매운맛 보도가 이어졌다. "리그 오브 레전드, 주말 접속 장애로 유저들 생고생", "롤 점검에 이용자들 불만 폭주... 리그 오브 레전드 접속 안 되는데 공지도 없어", "금요일의 저주, 리그 오브 레전드 또 마비", "롤 또 서버 접속 장애, 소환사는 달리고 싶다."

장기간 이어진 당시 장애의 원인은 새로 도입한 신규 장비의 안정화 작업 도중 발생했다. 더 쾌적한 게임 환경을 제공할 목적으로 대규모 인프라를 구축하던 중이었다. 대단위 서버 장비, 데이터 관리 장비, 보안 솔루션 등이 추가적으로 도입되었는데 신규 장비와 기존 인프라 간 최적화 및 안정화 작업을 진행하는 과정에서 게임 서버에 영향을 끼쳐 장애가 발생한 것이다. 접속 장애 상황이 발생할 때마다 서울 오피스뿐만 아니라 브랜든 벡 최고 경영자를 비롯해 본사 경영진들까지 적극적으로 문제 해결을 위해 나섰다. 본사와 한국 개발팀 및 서버 관리 인력이 총동원되어 빠르게 해결하려고자 노력했다. 당분간 한국 게임 서비스 안정화를 라이엇 게임즈의 최우선 과제로 삼겠다고 약속할 정도였다.

2012년과 2013년에 라이엇 게임즈 코리아의 홈페이지는 접속 장애를 인정하는 공지와 사과 공지로 도배되다시피 했다. 접속 장애는 유저들에게 즉시 체감되는 문제였기에 사고가 발생할 때마다 곧바로 문제를 인정하며 사과 공지를 올렸고, 게임 실행 및 콘텐츠 이용에 차질이 생긴 것에 대해 순차적 보상과 추가적인 배상 등 보상 시스템을 작동시켰다.

보상의 구체적인 내용은 시기별로 상황마다 조금씩 달랐지만 게임에 접속한 모든 플레이어에게 IP 부스트를 지급했다. 일부 PC방의 잘못 책정된 소진 시간 문제도 있었다. 또한 게임 진행 불가 장애 시 소진된 프리미엄 시간도 고려해야 했다. 해당 시간의 3배를 일괄 보상하는 방식으로 대응했다.

서버 문제는 몇 달 동안 계속되었다. 우리는 쳇바퀴 돌 듯 같은 순서를 반복하고 있었다. 서버 문제 발생, 사과, 서버 문제 발생, 사과. 플레이어들은 더 이상 우리 말을 믿지 않았다. 양치기 소년이 되었다. 본사 인프라팀의 손에 운명이 달려 있었기 때문에 서버 문제가 언제 해결될지 사실 나도 몰랐다. 플레이어의 분노는 걷잡을 수 없이 커져 결국 폭발했다. 포럼에는 입에 담을 수도 없는 욕들이 끊이지 않았고, 화가 난 플레이어들은 사무실에 들이닥쳐 고함을 지르며 위협까지 했다.

상황이 좋지 않았다. 문제가 반복되다 보니 향후 한국에서의 〈리그 오브 레전드〉 미래가 불투명해 보였다. "수많은 외국 게임처럼 우리 게임도 먼지처럼 사라지게 되나?" 라이어터들의 안전도 염려스러웠다. 공공장소에서 불미스런 일이라도 생길까봐 서울 사무실에 있는 직원들에게 당분간 회사 로고나 캐릭터가 새겨진 옷을 입지 말라고 이메일을 보냈다.

비상 경영 체제로 들어갔다. 매일 오전에 진행하는 리더십 미팅에서 몇몇 라이어터가 한정판 스킨으로 보상을 지급하자는 의견을 냈다. 열띤 토론을 벌였다. "이거라도 하지 않으면 상황을 걷잡을 수 없습니다. 사과했고, 투명하게 설명하고, IP 부스트 많이 주고, 할 것 다했잖아요. 더 이상 할 게 없어요", "서버 문제가 언제 해결될지 모르잖아요. 우리는 플레이어 중심의 게임 회사입니다. 플레이어들이 극도로 화가 나 있어요. 이게 우리가 할 수 있는 최소한의 것입니다."

"근데 한정판 스킨은 다르죠. 이런 선례를 만들 수는 없어요. 서버 문제는 항상 있을 겁니다. 그럴 때마다 큰 보상을 배포하면서 달랠 건가요? 플레이어들이 매번 한정판 아이템을 달라고 하면 그때마다 줄 겁니까?" 난상공론이 며칠째 이어졌다. 모두 맞는 의견이었다. 갈수록 상황은 악화일로를 달렸다. 결정은 한국 대표인 나에게 달려 있었다. 극단적인 시기에 결정적인 조치가 필요했다. 고심 끝에 챔피언 '고요한 밤 소나' 한정판 스킨을 배포하기로 했다.

'고요한 밤 소나'는 2010년 북미 서버 크리스마스 이벤트 때 풀린 한정판 스킨으로, 화려한 비주얼과 전용 캐럴 음악으로 인해 인기가 높았지만 북미 서버에서 계정을 이전한 극소수 플레이어만이 사용할 수 있어 '꿈의 스킨'이라 불렸다. '어떤 보상을 하면 한국 플레이어들이 가장 좋아할까'라는 고민하던 차에 당시 한국 유저들이 가장 원하던 스킨을 과감하게 내놓기로 결정했다. 다행히 효과가 있었는지 유저들의 반응이 진정 국면으로 접어들었다. 물론 스킨 하나로 상황이 뒤집어진 것은 아니었고, 접속 안정화를 위한 서버팀의 피나는 대응이 뒷받침됐기에 가능했다.

그러나 이 '플레이어 중심'의 대처는 예기치 못한 문제를 야기했다. 임파워먼트를 중시하는 라이엇 게임즈에서 이런 판단과 실행이 월권이라고 할 정도는 아니다. 한정판 스킨의 가치가 아무리 높더라도 플레이어들을 위해서라면 아까울 것이 없었다. 하지만 당시 접속 장애는 글로벌한 문제였고, 한국이 제일 심하긴 했지만 유럽도 만만치 않을 정도로 장애가 빈번했다. 다른 지역에서도 장애 대응에 골머리를 앓았다. 그런데 유독 한국에서만 보상으로 인기 높은 한정판 스킨을 지급하자 이 스킨을 구할 수 없는 다른 나라 플레이어들이 반발했다.

세계적으로 서비스를 하는 게임에서 자국 사용자만 생각하고 전체 사용자를 배려하지 못한 행동은 분명히 '플레이어 경험이 최우선'이라는 미션에서 어긋난 것이다. 내 실수가 맞았다. 다른 지역 책임자들과 협의해서 글로벌하게 대처했더라면 더 좋은 결과를 얻었을 수도 있었다. 여기서 얻은 것이 있다면, 내가 먼저 시원하게 실수해준 덕분에 이에 대한 가이드라인이 구체화되었다는 점 정도다. 이렇게 실수를 통해 배우는 라이엇 컬처에 나도 조금 기여(?)를 하게 되었다.

2014 롤드컵 분산 개최 논란

〈리그 오브 레전드〉의 두 번째 위기는 2014년에 벌어진 월드 챔피언십 분산 개최 이슈다. 리그 오브 레전드 월드 챔피언십, 속칭 롤드컵을 한국에서 개최하는 것은 라이엇 게임즈의 숙원 과제였다. 한국에서 1위 자리를 계속 유지하게끔 성원을 보내준 팬들에게 서비스 차원에서, 또 e스포츠로서 매력을 세계로 발산하며 시장과 산업을 창출하는 차원에서 롤드컵 한국 개최는 큰 전환점이 될 만한 이벤트였다. 글로벌 차원의 협의 과정에서 한국만의 단독 개최보다 아시아 지역 일부와 분산 개최를 하면서 세계적으로 더 화제를 모아, 아시아 시장 확대를 꾀하기로 의견을 모았다.

2014년 6월 말, 2014 롤드컵 진행 일정을 공개했다. 한국 축구의 성지인 서울 월드컵 경기장에서 결승전이 열린다는 것이 핵심 포인트였지만, 팬들의 관심은 다른 곳으로 쏠렸다. 16강 그룹 스테이지가 대만 및 싱가포르에서 진행된다는 소식 앞에 일제히 '분산 개최' 반대 목소리가 터져 나왔다. 2013년 말에 '2014 롤드컵' 한국 개최 이야기가 나왔을 때부터 한국 유저들은 당연히 모든 경기를 한국에서 진행하는 것으로 알고 있었다. 이런 오해는 초반에 정보 공유가 부족했던 라이엇 게임즈의 실수에서 비롯되었다. '2014 롤드컵' 확정안에 따르면 16강 예선 경기는 대만의 타이베이 NTU 스포츠센터와 싱가포르 엑스포 컨벤션 센터에서, 8강 경기는 한국의 부산 벡스코 BEXCO에서, 4강 경기는 서울 올림픽 체조 경기장에서, 그리고 대망의 결승전은 서울 월드컵 경기장에서 열리는 것이었다.

8강과 4강, 결승전까지 중요한 경기들은 모두 한국에서 열리지만 유저들의 생각은 달랐다. 유저들 입장에서 '이변'과 '다이내믹한 승부'가 펼쳐지는 것은 16강이었다. 그리고 8강전부터 한국에서 열린다면 혹시나 볼 수 있을 거라 기대했던 나머지 8개 팀의 모습을 직접 볼 기회가 사라지는 것이다.

분산 개최의 이유로 여러 지역 개최에 대한 열망과 역량 부족, 지역 간 균형, e스포츠 열기 함께 나누기 등이 거론되었지만 한국 유저들을 설득하기에는 역부족이었다. 한편 "분산 개최가 아니라 확대 개최", "대회의 콘셉트는 로드 투 코리아"라며 홍보를 한 것은 오히려 더 역효과를 냈다. 당시 유저들은 분산 개최를 비판하며 다음과 같이 이야기했다. "취지를 이해한다고 해도 한 나라의 여러 지역도 아니고 한국 · 대만 · 싱가포르 개최는 거리상으로도 너무 멀다", "열기 나누기를 위한 분산 개최라고는 하지만 효율성은 효율성대로 떨어지고 효과는 효과대로 못 볼 것 같다", "이동 거리, 비자 발급 등 선수의 불편 최소화를 중요하게 생각했다면 분산 개최를 하지 않아야 한다" 등 불만이 쏟아져 나왔다.

결국 브랜든 벡 최고 경영자가 라이엇 게임즈 홈페이지에 직접 '한국 플레이어 여러분께 사과드립니다'라는 제목으로 글을 올렸다. 브랜든은 "조별 예선이 여러 나라에서 열린 다음에 결선이 한국에서 이뤄진다는 내용을 미리 알려드렸다면 이런 혼동이나 실망은 피할 수 있었을 것"이라며 실수를 인정했다. 아울러 "조별 예선을 대만과 싱가포르에서 개최하는 것은 이 대회가 국제적인 행사라는 점을 고려한 결정"이라고 양해를 구했다.

각 단위를 책임지는 대표의 사과문과 그간의 자세한 경위 등을 공유하면서 분산 개최에 대한 플레이어들의 보이콧이나 〈리그 오브 레전드〉 불매 등을 요구하는 강경한 목소리는 약해져갔다. 이후 2014 롤드컵 홍보 다큐멘터리 〈로드 투 월드 Road to Worlds〉 3부작과 공식 테마송으로 이매진 드래곤스의 〈워리어 Warriors〉가 발표되면서 롤드컵 분위기가 타오르기 시작했다. 서울 상암 월드컵 경기장에서 한국의 삼성화이트와 중국의 로얄 클럽이 맞붙어 삼성화이트가 우승한 결승전은 역대 최고 기록을 갱신하며 〈리그 오브 레전드〉의 세계적 인기에 한몫을 했다.

결과적으로는 잘 마무리 된 대회였지만 분산 개최가 논란이 된 과정에서 〈리그 오브 레전드〉의 한국 유저 중 일부가 받은 마음의 상처는 오래 갔을 것이다. 본보기가 된 에피소드로 이후 국가를 대표하는 규모의 사업을 할 때 무엇을 고려해야 하고, 무엇을 우선적으로 공유해야 하는지 중요한 깨달음을 준 기회이기도 했다.

롤 헬퍼, 방관 사태

〈리그 오브 레전드〉에 찾아온 또 한번의 위기는 부정행위 프로그램, 일명 '롤 헬퍼'로 인한 일련의 사건들에 의해서였다. 2016년 3월, 유명한 〈리그 오브 레전드〉 상위권 유저이자 〈리그 오브 레전드〉로 개인 방송을 송출하기도 한 유저가 '롤 헬퍼'를 사용한다는 의혹이 제기됐다. 이 폭로를 계기로 롤 헬퍼 문제가 사회적으로 언급될 만큼 화제가 되긴 했지만, 사실 헬퍼 문제는 〈리그 오브 레전드〉 초창기부터 꾸준히 제기되었다. 한동안 '라이엇 게임즈가 헬퍼를 방관한다'는 여론이 퍼지며 라이엇 게임즈 코리아가 계속 구설수에 올랐다. 앞서 언급한 유명 유저의 의혹 사건에서 "비인가 프로그램 사용을 발견하지 못했다"고 입장을 표명해 역시나 많은 플레이어에게 실망감을 안겼다.

롤 헬퍼는 프로그램을 조작해 사용자의 컨트롤을 자동으로 대신하는 핵 프로그램을 말한다. 헬퍼를 사용하면 버튼 하나만으로 상대방의 스킬을 피할 수 있고, 컴퓨터의 반응속도로 공격하는 것이 가능하다. 이런 롤 헬퍼를 쓰면 초보 이용자도 프로게이머처럼 플레이가 가능하게 된다. 즉, 헬퍼는 각자의 실력에 기초한 공정하고 자유로운 경쟁이라는 〈리그 오브 레전드〉 및 게임 문화의 기본 전제를 뒤흔드는 악성 프로그램이다.

라이엇 게임즈는 4월, "공정한 게임 환경을 제공하는 것은 〈리그 오브 레전드〉의 핵심 가치이기에, 이를 저해하는 행위를 모든 수단과 방법을 강구해 해결해나가겠습니다"라며 롤 헬퍼 문제에 대해 강경한 대응 방침을 밝혔다. 먼저 라이엇 게임즈의 수사 의뢰에 따라 롤 헬퍼 프로그램을 유통하던 일당이 경찰에 붙잡혔다. 이어서 비인가 프로그램(롤 헬퍼)을 사용한 계정들을 영구적으로 이용 및 가입 제한 조치하였고, 4만 1,791개 계정 공개를 시작으로 계정 영구 이용 및 가입 제한 조치 대상자 명단을 매주 공지함으로써 정직한 플레이어들의 피해 가능성을 줄이려 노력했다.

롤 헬퍼 사태에 대한 근본적인 해결책으로 보안 솔루션인 데마시아를 도입했다. 데마시아는 게임 클라이언트 내에 삽입되는 솔루션이다. 부정 행위 프로그램 자체를 사전에 차단할 목적으로 보안 소프트웨어 회사와 공동 개발했다. 데마시아는 녹서스와 더불어 〈리그 오브 레전드〉에 등장하는 두 중심이 되는 국가 중 하나로 게임 내 세계관에서 질서와 정의를 대표한다. 엄격한 법을 통해 악에 대해서 무관용적인 정책으로 질서를 지켜온 이미지 때문에 롤 헬퍼 문제에 마침내 빼든 칼의 이름으로 적당하다는 유저들의 평가를 받았다.

12

한국인 마음에 뿌리내리기

100년만의 귀향

"오늘 조선시대 불화를 미국에서 우리나라로 환수해온 날이기에 너무
나 기쁩니다. 이 작품의 화풍을 통해 추정해보았을 때 18세기의 것으
로 보입니다. 보통은 불화 뒤에 위치하는 부처님의 제자 아난과 가섭이
화면 앞으로 나온 특이한 구도를 보이고 있으며, 예술성 또한 뛰어난
것으로 보입니다. 이번 조선불화를 국내로 다시 들여온 데는 라이엇 게
임즈의 공헌이 지대했습니다. 수억 원을 지원해 문화재를 반환할 수 있
도록 도와준 라이엇 게임즈에 진심으로 감사하다고 말하고 싶습니다."

2014년 1월 7일 오전, 서울 용산의 국립중앙박물관 서고에서 국외소재
문화재재단 안휘준 이사장은 정중하면서도 흥분 가득한 발언으로 라이엇

게임즈에 거듭 감사의 말을 전했다.

외국계 게임 회사와 해외에 반출된 불교 문화재가 동시에 거론되다니, 도대체 무슨 일이 있던 것일까? 그날 자리를 빽빽하게 채운 수많은 기자와 관계자들 앞에 공개된 것은 조선시대 후기에 그려진 것으로 추정되는 불화 〈석가삼존도釋迦三尊圖〉였다. 이 〈석가삼존도〉는 일제강점기 당시 경상도 지역의 어느 절에서 도난된 것으로 추정된다. 이런 류의 불화에는 언제 누가 무슨 목적으로 그렸는지를 밝힌 화기畵記가 있기 마련인데 그 부분이 뜯겨진 것이 그것을 방증한다. 1910년대 일제강점기 때 일본의 야마나카 상회를 통해 일본으로 반출된 후 1930년대에 미국으로 건너갔다. 1942년 일본과 미국이 전쟁을 벌이면서 미국 정부가 야마나카 상회의 고미술품들을 압류했으며, 1943년 뉴욕 경매 시장에 풀렸다. 〈석가삼존도〉가 경매에서 주인을 만난 것은 1944년. 당시 허미티지 박물관 측이 경매에서 450달러에 낙찰받았다. 그 후 1954년 지역의 노포크 박물관(현 크라이슬러 박물관)에 임대되었다가 1973년 허미티지 박물관으로 반환되었다. 임대에서 돌아온 후로는 오래도록 방치되었다. 허미티지 박물관 측은 가로세로 3미터가 넘는 이 작품을 전시할 곳도 마땅치 않고 보관하기도 힘들어서 둘둘 말은 채로 천장에 매달아 놓았다.

버지니아주 박물관 협회가 2011년에 만든 '위험에 처한 10대 문화재' 동영상에 〈석가삼존도〉가 포함되면서 100여 년의 시간 동안 기구한 운명을 겪었던 이 작품이 마침내 한국으로 돌아올 수 있었다. 해외의 수많은 문화재 소식 중에서 한국 유물을 찾아내는, 모래사장에서 바늘 찾기 같은 일을 하는 국외소재문화재재단의 한 직원이 이 유튜브 영상을 우연히 보게 되면서, 미국 버지니아의 작은 박물관에 조선불화가 있다는 사실을 알게 된 것이다.

영화 한 편의 소재로도 충분한 이런 과정을 거쳐 20세기 내내 기구한
운명이었던 조선불화가 100여 년 만에 다시 한국으로 돌아왔다. 이 귀한
귀향의 여정에 라이엇 게임즈가 함께 했다는 사실은 나 스스로에게도 참
감사한 일이다.

석가삼존도

매출 0원 회사의 사회 공헌

2011년 9월 삼성동에 위치한 그랜드 인터콘티넨털 호텔에서 라이엇 게임즈의 〈리그 오브 레전드〉 출시를 발표하는 기자 간담회를 가졌다. 약 50명의 기자들이 참석했고 라이엇 게임즈 본사에서 최고 경영자 브랜든 벡, 인터내셔널 총괄 니콜로 러렌트, 게임 디자이너 톰 케드웰, 프로듀서 폴 벨레자가 방한했다. 라이엇 게임즈 소개, 한국 진출 배경, 〈리그 오브 레전드〉 출시 계획 등을 돌아가면서 발표를 했다.

내 차례가 왔을 때 나는 한국형 챔피언 구미호(가칭) 개발 및 론칭에 대해 설명했다. "한국형 챔피언의 초반 6개월간 판매금을 한국 사회에 환원하겠습니다"라고 아무도 예상하지 않았던 사회 환원을 약속했다. 신규 챔피언은 초반 6개월 동안 가장 큰 주목을 받고 판매도 많이 이루어진다. 수익도 아닌 판매금을 기부한다고 하니 그 자리에 있던 사람들이 의아하게 생각할 정도였다. 매출 0원의 스타트업이 사회공헌까지 장담하니 뭔 배짱인가 싶었을 거다.

그해 가을 한국 플레이어들과 기자들 앞에서 약속을 하려면 본사의 사전 승인이 필요했다. 대부분 사회 공헌은 본사에서 시작한다. 지사는 본사가 하는 프로그램을 따르는 구조인데 우리는 역으로 먼저 하겠으니 승인해달라고 요청하는 모양새가 되었다.

밤새워 파워포인트를 작성해 니콜로에게 보고했다. 처음에는 니콜로 반응이 미지근했다. 사회 공헌의 중요성을 공감하지만 그 당시 스타트업인 본사는 사회 공헌을 생각해본 적이 없었다. '출시가 코앞이고 할 일이 산더미인데 사회 공헌을 굳이 이 시점에 해야 하나'라고 생각했을 수도 있다. 나는 물고 늘어졌다. 니콜로는 브랜든과 한번 논의하겠다고 대답했다. 며칠 후 진행해도 좋다는 승인이 떨어졌다. 추측건대 당장해야 한다는 필요성보다 '지사장이 이토록 강하게 밀어붙이니 우리가 모르는 이유가 있겠거니, 그냥 믿고 해보자'라고 생각한 것 같다.

2011년 9월 미디어 발표회에서 사회적 기여 포부를 밝혔고 약속을 지킬 시한을 잠정적으로 2012년 6월로 정해놓았다. 2012년 2월 월요일 오전, 사회 공헌을 책임질 구기향 당시 팀장(현재 총괄)이 첫 출근을 했다. 구 팀장은 라이어터들과 밝은 얼굴로 인사를 하고 자리에 앉자마자 미팅을 잡았다. 새 환경에 적응할 시간도 없이 구 팀장은 회의실로 들어왔다. "면접 때 내가 얘기했던 사회 공헌 활동 말입니다, 빨리 시작했으면 좋겠습니다."

나는 다른 기업이 하는 사회 공헌 활동을 벤치마킹하고 연구를 해왔다. 그리고 실현 가능한 사회 공헌 활동을 엑셀 시트로 정리해뒀다. 종이 한 장으로 요약해본 프레임워크는 다음과 같다.

1. 라이엇 게임즈의 매출과 영업에 직접적으로 연결되지 않을 것. 우리가 추구하는 것은 사회 공헌이지 사업 극대화가 아니다. 진정성이 중요하다.
2. 너무 쉽고 뻔한 것은 하지 말자. 예를 들어 '라이엇 게임즈 장학금' 같은 것. 창의적이고 우리의 지속적인 노력이 필요한 것이 더 의미 있다.
3. 일시적으로 하는 것이 아니라 라이엇 게임즈라는 회사가 한국에 있는 동안에는 지속적으로 끊임없이 할 수 있는 것. 그래야 우리 노력을 통해 사회적인 변화와 임팩트가 있을 것이고 진심을 담을 수 있다.
4. 돈만 주는 것이 아니라 라이어터들이 직접 참여했으면 좋겠음. 원한다면 누구나

돈을 줄 수는 있다. 그러나 바쁜 업무 중에서도 시간을 내고 때로는 땀도 흘리며 같이 하는 것이 더 의미가 있고 진정한 사회 공헌이다.

5. 외부 전문가들과 파트너십을 형성하면 좋을 것 같음. 파트너십을 통해서 효과를 더 극대화시키고 시너지를 가져올 수 있을 것 같다.

6. 우리 플레이어들도 참석할 수 있는 프로그램 개발 필요. 젊은 세대가 게임만 아니라 사회 공헌에 대한 관심을 갖게 되는 기회가 됐으면 좋겠다.

"제가 생각해본 리스트입니다." 구 팀장에게 엑셀을 보여주었다. "고민은 많이 했는데 썩 마음에 드는 것은 아직 없으니 같이 브레인스토밍하며 연구해봅시다." 그 후 우리는 여러 사회 공헌 사례에 대해 머리를 맞대고 얘기하는 아이디어 미팅을 수시로 가졌다.

몇 주가 지난 어느 날 구 팀장은 밝은 얼굴로 내 사무실에 들어왔다. "대표님, 잠깐 시간 있으세요? 집에서 사회 환원 사업에 대해 남편하고 얘기하다가 괜찮은 아이디어를 찾았어요. 관련해서 말씀드리려고요"라고 했다. "한국 문화유산을 보호하고 발전시키는 것인데요, 대표님께서 말씀한 프레임워크에도 맞고 우리나라에 기여할 수 있을 것 같아요." 더 자세한 설명을 이어갔다. "키워드를 '한국 문화유산'으로 잡고 접근하면 어떨까요?"

앉으나 서나 고민을 거듭하던 구 팀장은 남편과 이야기를 나누던 중에 "전통문화나 문화유산 같은 부분에서 할 수 있는 일은 없을까? 그러면 전 국민이 혜택 대상자잖아"라는 남편의 말에서 한 줄기 빛을 봤다고 한다. 정말 무릎을 탁 칠만한 아이디어였고 다른 라이터들도 흥분했다. 구기향 팀장 남편께 명예 직원 직함과 보너스를 주고 싶을 만큼 고마운 순간이었다.

나는 오래전부터 기업의 사회적인 역할이 매우 당연하고 중요하다고 생각해왔다. 그것은 기업이 어디에서 왔는지, 어떻게 생존하고 발전할 수 있는지를 잊지 않는 과정이고 사회로부터 얻은 부를 사회로 다시 돌려주는 과정이기도 하다. 주주들이나 회사를 위해 수익을 극대화하는 일과 마찬가지로 사회에 환원하는 것 역시 기업의 책임이다. 사회 공헌은 전반적으로 사회, 경제, 기업의 성장에 긍정적인 영향을 미친다고 믿는다.

다국적 기업이 한국 고객을 대상으로 사업을 한다면 한국 사회를 위해 환원하는 일이 더욱 더 중요하다고 생각한다. 우리는 라이엇 게임즈가 오랫동안 함께 할 마음으로 한국에 진출했다는 점을 한국 플레이어에게 알리고 그들 스스로 충분히 그렇게 느끼도록 해야 한다는 데 중점을 두었다. 단지 일확천금을 노리고 한국에 왔다는, 요즘 표현으로 '한국에 빨대 꽂으러 왔다는' 인상이 남는 일은 없도록 하겠다고 다짐하며 〈리그 오브 레전드〉 출시를 준비했다. 또한 서울 사무실에서 일을 하는 우리 역시 한국 국민이기 때문에 우리가 속한 사회에 환원하고 싶다는 마음이 강했다. 이는 사명인 동시에 특권이었다.

지금은 기업의 사회적 책임 Corporate Social Responsibility, CSR이 규모를 갖춘 대부분 기업에 상식이자 실천 지침이 되었다. 그만큼 당연해졌기 때문에 사회적 책임 프로그램을 해야겠다는 생각 자체는 독창적이지 않다. 그런 점에서 차별을 꾀해 라이엇 게임즈의 상품과 연관성이 없는 사회적 책임 활동에 집중하기로 한 것이었다. 〈리그 오브 레전드〉가 일체 드러나지 않는 방식이 필요했다. CSR 활동도 크게 봐서 홍보의 일환으로 인식되는 분위기에서 벗어나는 선택이었다.

무엇보다 '라이엇 게임즈다운 사회 환원 활동', '오래 걸리고 예산이 많이 들더라도 정말 의미 있는 활동', 더 나아가 '라이어터는 물론 게임 플레이어들도 함께 할 수 있는 사회 환원 활동'을 찾았으면 좋겠다고 강조했다. 진심과 진정성, 기업의 철학이 반영된 사회 환원 활동을 희망한다니 아마도 담당자는 죽을 맛이었을 것이다.

사실 해답은 이미 우리 가까이에 있었다. 〈리그 오브 레전드〉의 인기 캐릭터이자 한국 라이어터들의 자존심인 챔피언 아리를 만드는 과정에서 한국적인 미를 제대로 담기 위해 라이어터들 스스로 많은 자료와 문헌을 찾아 읽고 연구한 뒤 미국의 챔피언 개발진에 이를 공유하곤 했다. 그만큼 이미 공부가 되어 있었던 주제였다. 단지 한국의 문화유산과 기업의 사회적 책임을 연결지어 생각하지 못했을 뿐이다.

우리 문화유산이 갖는 가치와 중요도에 비해 〈리그 오브 레전드〉의 주 플레이어 계층인 젊은 층은 문화유산에 별 관심이 없었다. 그것이 또 하나의 도전 과제로 작용했다.

담당자가 오랜 고민을 거쳐 정리한 보고 내용을 접하고 우리 모두 같은 것을 깨달았다. '이것이야말로 라이엇 게임즈다운 사회 환원 사업의 방향이 될 수 있겠구나.' 게임을 문화로 만들려는 게임 회사가 문화의 뿌리인 문화유산을 보호한다니 정말 근사한 목표였다. 젊은 층에 우리 문화와 역사에 대한 관심을 환기하고 대중의 이목을 키우는 역할이야말로 라이엇 게임즈니까 가능하겠구나라는 생각이 들었다.

라이언? 삼성과 관련 있는 회사인가요?

문화유산을 보호하고 지원한다는 큰 방침을 세웠지만 민간기업으로서 방법이나 목표를 찾는 일은 쉽지 않았다. 문외한으로서 섣부른 시도나 접근이 오히려 득보다 화가 될 수도 있다 보니 전문가와 파트너들이 필요하다고 생각했다.

구기향 팀장은 유네스코 한국위원회부터 서울시, 문화재청에 이르기까지 다양한 전문 기관에 전화와 메일로 설명을 거듭했다. 당시 한국 서비스 100여 일 만에 이미 〈리그 오브 레전드〉는 시장 점유율 1위를 기록할 정도로 인기몰이를 하고 있었지만 라이엇 게임즈라는 회사보다는 제품인 〈리그 오브 레전드〉에 대한 홍보와 브랜딩에 무게를 두었기에 게이머들조차 라이엇 게임즈를 모르는 경우가 많았다. 당연히 게임과 전혀 상관없는 문화기관의 담당자들은 라이엇 게임즈에 대해 배경지식이 거의 전무했다.

유선상으로 발음조차 쉽지 않은 라이엇 게임즈라는 이름, 게다가 낯설고 길고 이상한 게임명, 회사에 대한 설명을 들어도 쉽게 이해되지 않고 오히려 미국에 본사를 둔 글로벌 게임 회사라는 설명이 대부분의 전문가들에게 물음표와 의구심을 키우는 상황이었다. "리오트? 라이온? 삼성과 관련이 있는 회사인가요?" "미국에 있는 게임 회사가 왜 한국 문화재를 지원하고 보호하는 일을 한다는 거죠?" 돌이켜 생각하면 당연한 소통 장애와 오해가 아니었나 싶다.

진심은 통한다고 했던가? 문은 뜻하지 않은 기회에 열렸다. 당시 문화재청에서 민관이 함께 문화재를 보호하고 가꾸는 사업을 담당하는 부처에 자주 연락을 취했다. 구기향 팀장의 계속되는 연락과 제안에도 구체적인 협업 포인트를 생각해내기 어려워 답을 주지 못하던 문화재청의 장영기 전문위원이 신사동의 우리 사무실을 방문했다. '직접 만나서 이야기해보고도 접점을 찾기 어려우면, 정중히 양해의 말씀을 드려야지'라고 반거절의 뜻을 표현하러 오신 분을 붙잡고 '라이엇 게임즈는 이런 회사다'부터 시작해 외국계 게임 회사가 왜 문화유산을 보호하겠다는 것인지를 설명하고, 한편으로 젊은 세대에게는 파워풀한 커뮤니케이션 채널이라는 점 등을 강력하게 어필했다.

접점을 찾으려는 마지막 시도로 대전에서 서울까지 올라왔던 장영기 전문위원은 우리 이야기에 마음을 움직였다. 그렇게 시작한 인연으로 10년의 시간이 지났다. 지금은 둘도 없는 중요한 파트너 관계로 라이엇 게임즈의 사회 환원 사업은 물론이고 플레이어 중심 철학 등에 대해 마치 라이엇 홍보대사처럼 적극적으로 칭찬을 아끼지 않는다. 유의미한 성과를 거두었고, 오래 기억에 남을 만한 여러 일이 회사와 각자의 역사 속에 등장했다 사라졌다. 사라져도 아주 사라진 것은 아니어서 우리의 자랑스런 역사로 남았다. 끝없이 고민하고 직접 발로 뛴 구기향 팀장이 없었다면 이런 일들을 할 수 없었을 것이다.

구조와 시스템으로 지속 가능성 구축하기

라이엇 게임즈의 사회 환원 활동이 10년에 거쳐 안정적으로, 또 유의미한 성과를 기록하며 이어질 수 있었던 중요한 이유 중 하나는 프로젝트 구조의 기획과 진행을 처음부터 끝까지 지속적으로 관철해왔기 때문이다.

라이엇 게임즈는 단발성으로, 또는 몇 년에 걸쳐 단순히 기부금을 전달하는 방식을 택하지 않았다. 실제로 파트너 기관들과 함께 고민하고 논의해 올해는 라이엇 게임즈가 어떤 부분, 어떤 프로젝트에 대해 어느 정도의 예산을 지원할 것인가를 정리하고 지정 기탁하는 형태로 매년 기부를 이어왔다. 크게 '매년 지속할 프로젝트'와 '해당 년도에 무게를 두어 새롭게 편성할 프로젝트'의 영역을 나눠 기획했다.

가령 청소년 및 게임 플레이어를 대상으로 하는 교육은 대표적인 '매년 지속할 프로젝트'다. 한국에는 게임을 플레이하는 청소년이 많다. 이는 〈리그 오브 레전드〉와 라이엇 게임즈에는 여러모로 긍정적인 일이다. 미래세대가 우리에게 관심과 호의를 가지고 있다는 것은 우리의 노력 여하에 따라 그들과 오랜 관계를 가질 수 있는 것이기 때문이다. 우리는 청소년들과 단지 게임을 통해서만 만나는 것이 아니라, 다른 것들도 함께 공유하고 싶었다. 무엇보다 우리 역사에 대한 열정을 심어주고 싶었다. 그리고 우리 역사와 문화유산에 대해 청소년의 관심을 고취하는 역할을 우리가 잘할 수 있다는 사실을 깨닫게 되었다. 그래서 문화재청과 협력해 젊은 플레이어들에게 자신이 물려받은 풍부한 유산에 대해 알려주는 여러 교육 프로그램을 주최했다.

2012년 이래 고궁 탐방부터 분야별 전문가와의 만남까지 온갖 다양한 내용을 다루는 역사 강연을 100차례 넘게 주최하면서 2022년 기준으로 총 5,683명의 학생을 만났다. 이 프로그램은 올해도 계속 이어지고 있다. 코로나로 주춤하기 이전에는 1박 2일 캠프 체험도 진행했다. 한국 오피스 내에서 라이어터를 위한 전통문화 체험 강연을 열기도 했다.

'국외 문화재 환수' 역시 매년 지속할 프로젝트다. 이를 위해 선행적으로 수억 원의 예산을 마련해두고, 기회가 올 때마다 빠른 판단을 내리고 지원함으로써 문화재 환수 성공 사례를 늘려왔다. 국외 문화재뿐 아니라 국내의 긴급 유물과 관련해서도 구매 및 전시 등을 꾸준히 지원하고 있다. 한편 4대 고궁에 대한 보존 관리를 비롯해, 서울문묘와 성균관에 대한 안내판 개선 사업, 3D 정밀 측량 사업 등 시의적 지원이 필요한 부분은 후원 약정에 앞서 수개월간 검토와 협상을 반복해 정해왔다. 예를 들어 우리나라를 대표하는 서원들의 세계 문화유산 등재에 앞서 라이엇 게임즈는 해당 문화유적지에 대한 3D 정밀 측량 사업을 진행했다. 세계 문화유산 등재를 위한 심사와 준비에 있어 꼭 필요한 부분이었기에 망설임 없이 그해의 프로젝트 중 하나로 선택하고 지원했던 경우다.

우리는 문화재청을 비롯한 다양한 파트너 기관*들과 논의해 프로젝트 단위로 설정하고, 매해 기부금을 책정하고 그해와 이듬해 실행하는 구조를 만들었다. 또 투명한 예산 사용 및 촘촘한 관리를 위해 기부금을 문화재청으로 바로 전달하지 않고, 문화유산 국민신탁에 지정 기탁하는 형태를 취했다. 이런 구조는 단지 몇 년 해보고 빠지는 게 아니라, 장기적인 사회 환원 활동을 계획하기에 가능했다. 매년 파트너 기관들과 머리를 맞대고 올해의 우선 과제를 고민하고, 그 해법을 찾아가는 과정 속에서 라이엇 게임즈는 진심으로 '한국 문화유산 보호 및 지원' 방법을 찾아갔다. 이것이 파트너 기관들의 마음속에 라이엇 게임즈의 진정성에 대한 신의를 심어주었다 생각한다.

---

*   문화재청, 국립고궁박물관, 국립중앙박물관, 국외소재문화재재단

국외 문화재 환수 지원

국외 문화재 환수 지원 사업은 우리나라 플레이어들이 가장 큰 박수를 보내는 프로그램이다. 라이엇 게임즈는 지금까지 총 6차례에 거쳐 국외 문화재 환수에 함께 했다. 첫 사례가 앞에서 이야기한 2014년의 〈석가삼존도〉다.

이후 인연이 된 것이 2018년 프랑스 경매에 나온 개인 소장품인 〈효명세자빈 책봉 죽책〉*이다. 이는 헌종의 어머니인 신정왕후가 효명세자의 세자빈으로 책봉된 1819년(순조 19년) 당시 수여된 것으로, 당시 왕실의 죽책 양식을 엿볼 수 있는 유물이자 공예품으로서도 뛰어난 예술성을 지닌 왕실 의례 상징물이다. 이는 외규장각에서 소실된 우리 문화재 중 유일하게 한국의 품에 돌아온 문화재라는 측면에서 큰 의미가 있는 문화재 환수 사례다.

2019년에는 좋은 일이 꼬리에 꼬리를 물고 이어졌다. 2월에 환수한 〈척암선생문집 책판拓菴先生文集 冊板〉은 독일 경매에 출품된 유물이었다. 국외소재문화재재단이 이를 발견하고 우리에게 연락했다. 우리가 미리 후원해 마련해둔 '국외소재문화재 환수기금'을 재빠르게 활용해 경매에서 낙찰받아 환수에 성공했다.

이어 3월에는 미국 뉴욕 경매에 출품된 〈백자이동궁명사각호白磁履洞宮銘四角壺〉와 〈중화궁인重華宮印〉 환수에 잇달아 성공했다. 역사적 가치가 큰 두 유물은 조선 왕실유물 전문 기관인 국립고궁박물관에서 소장·보존하며 연

---

*   2023년 6월 국가문화재 보물로 지정됐다. 이 과정에서 〈문조비 신정왕후 왕세자빈책봉 죽책〉으로 명칭이 새로워졌다.

구 및 전시 등을 통해 소개하고 활용할 예정이다. 마지막 6번째 환수는 2022년 7월 공개된 조선왕실 유물 '보록'이다. 2023년 8월 현재 지금껏 라이엇 게임즈가 기부한 지원금은 68억 7,000만 원으로 이는 문화재청과의 민관협력 사례 중 최고 금액에 해당한다.

이 각각의 사례는 '우리 문화재의 고국 환수' 사건으로 수많은 언론에 거론됐다. 아쉽게도 지속적으로 국외 문화재의 환수를 돕는 기업은 라이엇 게임즈뿐이다. 라이엇 게임즈는 국외문화재 전문 기관인 국외소재문화재재단이 설립된 2012년 이후, 국외 문화재 환수를 돕는 유일한 기업으로 기록되고 있다.

다른 기업들은 왜 이렇게 의미 있는 행보를 함께 하지 않는 것일까? 사실 국외 문화재 환수 기회를 언제 맞닥뜨리게 될지 알 수 없다. 해외 경매에서 발견하게 되면 며칠 안에 판단하고 예산도 투입해야 한다. 국고를 활용해 진행하기엔 진행 속도에 무리가 따르기 때문에 그야말로 민간 지원이 필요한 부분이다. 경매에 앞서 사전 예고가 나오면 그 안에 실견조사를 수행할 전문가 집단을 파견해 문화재 가치를 확인하고 실시간으로 경매에 참여해야 한다. 라이엇 게임즈는 이 과정을 함께 고민하며 뒤를 맡고 있다. 아직까지 라이엇 게임즈는 수억 원의 국외 문화재 환수기금을 마련해두고 애타게 인연의 기회를 우리 문화재의 고국 환수 지원 기회를 찾고 있다.

조선왕실 유물 '보록'

뒷골목 사무실을 넘어
세계로

삼성동에서 신사동으로

쾌적한 환경에서 일하고 싶은 것이 사람 욕심이다. 처음 시작한 포스코 사거리 사무실이 워낙에 좋지 못해 더 그런 마음이 간절했다. 다행히 〈리그 오브 레전드〉 성적이 좋아 구성원이 늘었고 업무 공간이 부족해졌다. 인사 및 총무팀 조혁진 팀장이 백방으로 발품과 손품을 팔아 신사동에 위치한 신축 건물을 찾아냈다.* 기존 입주자가 없어서 잘 협상한 덕분에 꽤 저렴한 가격에 들어가게 되었다. 당연히 모든 직원이 신이 났다. 나도 신이 났다. 너무 열악한 환경이라 직원들에게 늘 미안했는데 이제 그런 마음을 털 수 있을 거라는 기대에 저절로 미소가 지어졌다. 화려하지는 않

---

* 조혁진 팀장은 두 번의 이사 및 인테리어를 주도했다. 그 과정이 쉽지 않았다. 그 공로를 인정받아 컬처 어워드, 'Focus on Talent and Team'을 수상했다.

지만 인테리어를 바꿔 쾌적한 환경을 조성하고 가구도 새 걸로 사니 뿌듯하기까지 했다. 맨 위층 펜트하우스는 원래 카페가 들어설 공간이었는데 공실이라 우리만의 공유 공간으로 만들었다. 에스프레소 머신을 갖다 놓고 레고 테이블도 마련하고, 발코니에는 코스트코에서 구매한 긴 의자와 텐트를 갖춰 놓았다. 설레는 마음으로 하루하루 손꼽아 기다리던 새 사무실로의 첫 출근날은 거의 축제 분위기였다. 서로 하이파이브하며 수고했다고 축하해주었다. 마치 처음으로 내 집을 마련한 느낌이랄까?

그 주 금요일이었다. 갑자기 이상한 냄새가 났다. 냄새에 둔감한 나까지 느꼈으니 좀 이상하다 싶었는데 누군가 "불이야!" 하고 외치는 소리가 들렸다. 처음엔 장난인 줄 알았다. 화재가 날 일이 없는 사무실이고 게다가 신축 건물이니 말이다. 그런데 정말 연기가 나기 시작하고 매캐한 냄새가 확 올라왔다. 나중에 알고 보니 건물 안쪽이 아닌 옆의 전기선 쪽에서 불이 나서 냄새와 연기가 들어온 것이다. 소방서에서 빨리 귀중품만 챙기고 대피하라고 하니, 불안한 마음에 뭘 챙겨야 하나 떠오르지 않았다. 결국 지갑, 핸드폰, 랩탑만 챙기고 데스크탑 같은 건 다 두고 일단 근처 카페로 갔다. 언제 돌아갈지 모른 채 몇 십 명이 앉아서 대기하는데, 한두 시간이 지났는데도 아직 들어갈 수 없으니 계속 기다려보라는 것이다. 일이 제대로 손에 잡힐 리가 없었다. 게임이 좋아서 모인 사람들이 갈 곳은 정해져 있었다.

30~40명이 대낮부터 우르르 PC방에 몰려가서 불난 것도 잊고 즐겁게 〈리그 오브 레전드〉에 몰입했다. 그런데 퇴근 시간이 다 되도록 아직 들어갈 수가 없다는 것이다. 냄새가 진동하고 유독 물질도 남아 있는 것 같았다.

도저히 안 되겠다 싶어서 총무팀이 다시 이삿짐 센터를 불러 주말에 원래 있던 삼성동 사무실로 짐을 옮겼다. 다행히 계약 기간이 좀 남아 있었고 아직 새로 들어올 세입자도 정해지지 않았기에 문제는 없었지만, 입주한 지 일주일만에 부랴부랴 다시 짐을 싸서 나오려니 실망이 이만저만이 아니었다. 얼마나 기대했는데…

　빨리 다시 들어가고 싶었지만, 냄새가 계속 나고 유독가스가 의심되어 쉽게 들어갈 수가 없었다. 시청에서도 나와 안전을 점검하고 확인 절차를 밟느라 시간이 속절없이 흘러갔다. 드디어 이상이 없으니 들어오라고 하는데, 잠깐 있을 것도 아니고 매일을 거기서 보내야 하는데 직원들 건강이 걱정되지 않을 수 없었다. 그래서 '냄새가 다 빠져야만 갈 수 있다. 기계로 측정해서 문제없으면 들어가겠다'고 버텼다. 우리도 빨리 들어가고 싶지만, 불안한 상태에서는 도저히 갈 수가 없었다.

　드디어 건물주 쪽에서 측정한 후 이상 없다고 얘기했지만, 아무래도 믿기 어려워 직접 확인해보라고 직원을 보냈다. 이 직원이 돌아와서 하는 말이, 안 나는 것 같긴 한데 자기도 확실히 모르겠다는 것이다. 그래서 제일 냄새 잘 맡는 PS 팀장과 냄새는 못 맡지만 인내심이 바닥이 난 나까지 함께 가서 여기저기 냄새를 맡아봤는데, 아직까지 냄새가 다 빠지질 않았다. 결국 계속 환기하고 냄새 제거제를 뿌리고 나서도 몇 주가 지나서 다시 신사동에 입성했다. 모처럼 새 사무실로 이사갔다가 다시 환경 안 좋은 옛날 사무실로 돌아와 몇 주나 보내려니 짜증도 나고 김이 팍 새버렸다.

　불이 난 이야기를 집에 가서 했더니 당시 와 계셨던 장모님께서 불이 나면 대박이 난다는 속설이 있는데 좋은 소식이 있으려나보다 하셨다.

그 얘기를 라이어터끼리 농담으로 나누면서 정말 그랬으면 좋겠다고 했는데, 정말로 대박이 났다. 그런 속설을 믿는 것은 아니지만 아직도 우리끼리는 '불대박'이라고 부른다.

우여곡절 끝에 옮긴 이 '불대박' 사무실에서 나는 2013년 11월까지 일했다.

미션 임파서블 작전

2014년 1월 첫 주였다. 니콜로와 나는 로스엔젤레스 톰 브래들리 국제공항 터미널에서 만나 일정을 다시 확인했다. 큰 백팩을 둘러메고 출장길에 오르는 우리의 각오는 낙하산을 매고 전투기를 타러 가는 특수 요원들의 마음과 다를 바가 없었다. 4대륙, 8개 국가를 21일 동안 거치는 그야말로 지구 한 바퀴를 도는 미션 임파서블의 시작이었다. 기대 반, 걱정 반이었다. 전 세계에 위치한 지사들을 직접 보고 경험할 수 있다는 부푼 마음이면에는 이렇게 빡센 일정을 과연 내가 소화할 수 있을까라는 우려도 있었다. 그래 아프지만 말자.

나는 니콜로의 후임으로 라이엇 게임즈의 글로벌 사업을 총괄하는 인터내셔널 부사장으로 승진했다. 2013년 11월 아내와 곧 만 세 살 생일을 앞둔 딸아이와 함께 태평양을 건너 로스앤젤레스로 왔다. 니콜로는 2014년 2월에 중국 사업을 맡으러 홍콩으로 떠날 예정이었다. 우리 둘은 인수인계라는 주된 임무를 실행하기 위해 주요 시장과 지사를 함께 방문하는 일정을 세웠다.

야간 비행편을 타고 새벽에 목적지에 도착해 호텔에서 간단한 샤워를 한 후 바로 지사 사무실로 직행했다. 하루 종일 회의, 발표가 이어지고 저녁 늦게까지 팔로업 미팅 및 식사를 마치면 일과가 끝났다. 피곤해서 기절하듯 쓰러져 자긴 하지만 시차 때문에 두세 시간 눈을 부치고 나면 자동으로 눈이 떠졌다. 다음 날의 빡빡한 스케줄을 이미 알고 있기에 맘이 급해져 얼른 다시 눈을 붙여봤지만 이미 잠은 저 멀리 달아난 뒤였다. 뒤척이다 해가 떠서 하는 수 없이 자리에서 일어났다.

매일매일 시차에 시달리고 쪽잠을 자느라 몸은 물 먹은 솜처럼 무거웠으나 마음은 감사함과 기대로 가득 찼다. 삼성동 작은 사무실에서 시작했던 라이엇 한국 지사를 거쳐 이제는 세계적 기업의 글로벌 사업 수장이 되었다. 좋은 게임, 좋은 회사라는 믿음 하나로 모든 것을 던지고 합류한 무모했던 시절, 대중은 화답해주었고 회사는 나를 인정해주었다.

북미에서 시작해 아시아, 호주, 유럽, 남미를 거쳐 다시 북미로 돌아왔다. 미션 임파서블을 무사히 마치고 돌아온 니콜로와 나는 출국장으로 걸어나와 더 없이 뿌듯한 마음으로 주먹 인사를 했다. 우리는 지금도 그 힘든 출장에 대해 얘기하면 웃는다. 다시 하라면 그 강행군을 할 수 있을까 싶은 기억이다. 일하면서 지치고 힘들 때 가끔 꺼내보는 애틋한 추억이 되었다.

사실 내 편의에 맞춰 몇 군데만 갈 수도 있었고 혹은 지사 직원들을 본사로 부를 수도 있었는데 우리는 현장에서 뛰는 걸 택했다. 모든 지역에 가서 플레이어를 만났고 PC방에서 게임을 해보고 아이템 결제도 해보았다. 라이엇 게임즈의 플레이어 포커스라는 것은 그런 것이다. 직접 발로 뛰는 것이지 멀리 해외서 지시를 내리는 것이 아니다. 그 후로도 나는 틈만 나면 세계를 돌아다니며 플레이어들을 지속적으로 만났고, 시장을 개척하고 지사에 발생한 문제를 해결하고 채용과 해고를 했다.

지구를 몇 바퀴씩 도는 날들이 이어지던 어느 날 사무실로 뜻밖의 택배가 왔다. "축하합니다. 밀리언 마일러가 되셨습니다." 대한항공에서 카드와 감사패를 보내주었다. 이렇게 묵직한 상패를 항공사에서 받다니 내가 정말 많이도 돌아다녔나 보다. 살면서 딱히 거한 상장이나 트로피를 받아본 기억이 없어 멋쩍은 마음에 슬그머니 서랍장에 집어넣었다.

퇴사, 그리고 다시 입사

2017년에 나는 퇴사를 했다. 라이엇 게임즈는 정말 훌륭한 문화를 기반으로 튼실히 성장해 있었다. 라이엇 게임즈와 〈리그 오브 레전드〉를 좋아했다. 얼마나 좋아했으면 아침에 눈을 뜨면 회사 갈 생각에 행복하다고 가족들에게 고백을 했을까. 그러나 그런 감정과는 별개로 더 늦기 전에 해보고 싶은 꿈이 있었다.

여기에는 앞서 말한 이우종이라는 친구가 큰 역할을 했다. SKT 때부터 친하게 지내던 선후배 사이인데, 라이엇 게임즈 코리아 초창기 멤버로 큰 힘이 되어주었고 내가 미국 본사로 갈 때 같이 갈 정도로 막역한 사이다. 이 친구와 꿈에 관해 얘기하다가 게임 스타트업을 발굴해서 투자를 유치해보고 싶다는 얘기가 나왔다. 일종의 벤처캐피털에 가깝지만, 수익성보다는 좋은 회사를 찾아서 힘을 실어주자는 생각이었다. 그런 회사를 못 찾으면 직접 만들어서 키워보고 싶다는 생각도 했다. 한국에도 플레이어를 중심으로 하는 회사가 있었으면 하는, 그리고 그런 회사가 커 가는데 기여를 했으면 하는 마음이었다.

일하면서 창업을 준비하는 게 어려웠지만 조금이라도 젊었을 때 새로운 도전을 해보자는 생각에 공동 창업자에게도 얘기하고 한두 달 쉬면서 구체적인 계획을 세워보기로 했다. 퇴사가 정해지자 자연스레 소문이 나고 내가 하려는 일에 투자하겠다는 고마운 제의도 받는 한편, 영입 제안도 들어왔다. 라이엇 게임즈가 마음에 안 들어서 퇴사하는 것이 아니므로 입사 제안은 고사했다. 그럼에도 고민케 하는 조건을 제시한 회사 한 곳이 있었다. 동남아에서 〈리그 오브 레전드〉를 퍼블리싱하는 가레나라는 싱가포르 회사였다.

어렸을 때 싱가포르에 살면서 행복한 시간을 보낸 적이 있었고, 큰 아이도 거기서 태어났기에 싱가포르에는 특별한 추억이 있다. 가레나 역시 〈리그 오브 레전드〉 협업 관계로 친분이 있었고, 최고 경영자 자리를 제시해 마음이 흔들렸다. 월급쟁이로서 한 번쯤 CEO를 꿈꾸지 않은 사람은 없을 것이다. 게다가 열심히 일해서 회사를 키우면 그만큼의 몫을 가져갈 수도 있는 제안이었기에 직접 창업하는 것과 크게 다를 바 없다는 생각도 들었다. 결국 제안을 받아들였다.

당시 가레나는 게임 개발사라기보다 퍼블리셔 회사였고, 대략 30개 정도의 개발사와 협업했다. 대표적으로 텐센트의 〈아레나 오브 밸러〉*가 있었고 우리나라 NC의 〈블레이드&소울〉, EA의 〈FIFA 온라인〉도 서비스했다. 그 밖에 중국계 및 일본계 회사들과도 협업했다. 또 상하이 스튜디오에서 직접 개발한 〈프리파이어〉는 2021년 최다 다운로드를 기록하기도 했다. 라이엇 게임즈는 직접 퍼블리싱도 했지만 아무래도 개발사 쪽에 가

---

* 중국에서 2015년 발표된 모바일 온라인 배틀 아레나 게임 〈왕자영요王者荣耀〉의 글로벌 버전. 한국에서는 넷마블이 〈펜타스톰〉이라는 이름으로 현지화해서 서비스 중이다.

까웠는데, 가레나는 정확히 그 반대 포지션이다 보니 퍼블리셔의 입장을 이해하는 경험을 쌓을 수 있었다.

가레나에 가자마자 상장Initial Public Offering, IPO을 진행한 것도 값진 경험이었다. 싱가포르에서 시작해 홍콩, 뉴욕을 거쳐 투자 로드쇼를 진행하며 골드만삭스, 모건 스탠리 같은 투자 은행과 연이어 미팅을 하고 하루도 빠짐없이 종일 발표와 QnA를 진행했다. 뉴욕증권거래소에서 오프닝 벨을 울리는 이벤트도 진행했다. 최고 경영자가 하는 일을 이해하는 데 큰 의미가 있었던 경험이었다.

그렇게 창업에서 시작한 눈덩이가 엉뚱하게 가레나로 굴러갔지만, 같이 하는 일이 있다 보니 라이어터들과의 교분은 계속되었다. 다행히 다들 속사정을 알고 이해해주었으니 망정이지 제3자가 보면 좀 웃기는 상황이긴 할 것이다. 라이엇 게임즈에 있을 때 내 상사였던 니콜로가 CEO가 되면서 다시 함께 일하자고 강력하게 권유해 약 1년 반 후 나는 라이엇 게임즈에 재입사를 하게 되었다. 이것을 금의환향이라고 해야 할까 탕자의 귀환이라고 해야 할까?

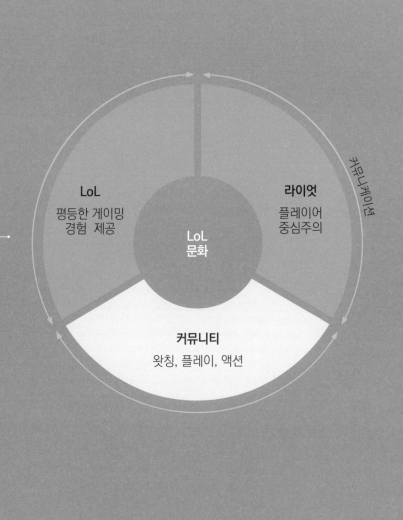

다시 불붙는
e스포츠

페이커, 레전드 오브 LoL

'리그 오브 레전드 월드 챔피언십'은 라이엇 게임즈가 개최하는 〈리그 오브 레전드〉 e스포츠 최대 규모의 대회이자 한 시즌의 마지막을 알리는 세계 대회다. 동시 접속 시청자 수와 시청 시간 부분에서 e스포츠 역사상 최고 기록을 보유하고 있으며, 매해 신기록을 경신 중이다. 명실상부한 최고의 e스포츠 대회로서 전 세계 모든 〈리그 오브 레전드〉 프로게이머들의 꿈의 무대다. 라이엇 게임즈 및 대부분의 플레이어는 월드 챔피언십을 약칭으로 월즈 Worlds라고 부른다. 그러나 한국에서는 '롤드컵'이라고 부른다. 축구 월드컵처럼 세계 1위 팀을 뽑는 대회 '월드컵'과 〈리그 오브 레전드〉의 약칭 LoL을 합친 애칭이다.

출전 팀은 9개 지역 총 22팀으로 메이저 지역 시드와 마이너 지역 대표들이 출전한다. 결승 토너먼트는 8강전부터 결승전까지 치르고 5전 3선승제로 이루어진다. 2023년 롤드컵 개최 도시는 서울과 부산이다. 한국에서는 2014년, 2018년 롤드컵을 두 차례 개최한 바 있다. 초창기 롤드컵 챔피언은 시즌마다 달라질 정도로 혼전이었다. 그런 혼전의 시대에 마침표를 찍은 프로게이머가 나타났다. 롤드컵 3회 우승, 미드 시즌 인비테이셔널 Mid Season Invitational, MSI 2회 우승, LCK 10회 우승의 기록을 가지고 있으며 〈리그 오브 레전드〉 e스포츠 프로게이머 누적 상금 전 세계 1위. 바로 페이커다.

롤을 한 번이라도 해본 사람 치고 페이커를 모르는 사람은 없다. 한국 뿐만 아니라 전 세계 사람이 마찬가지다. 전 세계에서 롤을 플레이하는 2억에 가까운 사람들이 페이커를 세계 1위로 알고 있다. 이 정도면 월드클래스라고 말할 자격이 충분할 것이다.

〈스타크래프트〉 때부터 e스포츠를 즐기고 지켜본 사람들은 페이커를 임요한이나 홍진호 같은 선수의 글로벌 버전으로 생각하는 분도 있는데, 내가 보기에는 위상 면에서 약간의 차이가 있다. 〈스타크래프트〉는 1대1 경기인 반면 롤은 5대5라는 점에서다. 이를테면 권투와 농구의 차이다. NBA의 마이클 조던이 팀의 일원이지만 혼자 압도적인 인기를 얻은 것처럼, 페이커도 그렇다. 〈리그 오브 레전드〉를 모르는 사람도 페이커라는 이름 정도는 알지만, 상당한 팬이 아닌 이상 T1팀의 멤버를 꿰고 있지는 못하다.

어찌 생각하면 마이클 조던보다 더 대단하다고도 할 수 있다. LoL과 마찬가지로 5대5로 진행하는 농구를 보면, 스타를 탄생시키기 위해 NBA 사무국에서 의도적으로 노력하는 면이 있다. 마이클 조던이 사라진 다음에는 누구를 띄워야 할지 고민하는 식이다. 그런데 페이커는 그런 요소 전혀 없이, 워낙 잘해서 자연스럽게 명성을 얻었다.

신인이던 페이커가 처음으로 해외까지 이름을 날린 경기는 잠실 올림픽 보조 경기장에서 있었던 '리그 오브 레전드 챔피언스 서머 2013' 결승전이다. 당시 KT와 2:2로 막상막하가 된 상황에서 5세트에 블라인드 픽이 되었다. 관객 대부분은 당시 OP over power인 제드가 나올 거라고 생각했고, 역시나 양 팀의 최고 선수가 제드 대 제드로 붙으면서 화려한 볼거리를 선사했다. 여기서 페이커가 불리한 상황을 극복하며 상대 제드를 킬하는 영상이 전 세계로 퍼지면서 유명세를 타게 되었다. 그 여세를 몰아 월드 챔피언십에서도 우승한 페이커는 그 뒤로 10년 동안 승승장구하면서 '프로게이머 중 최고의 프로게이머'라는 명성을 누리게 되었다.

해외에서 페이커의 위상을 잘 보여주는 예로 뉴욕에서 있었던 월드 챔피언십 예선전을 들 수 있다. 관중이 잔뜩 몰려든 가운데 경기가 시작되었는데, 뉴욕 경찰 몇 명이 경기장에 들어왔다. 미국 경찰은 문제가 생기면 물리적으로 단호하게 제압하고 필요하다 판단하면 얼마든지 경기를 중단시킬 수도 있었기에 라이어터 모두 겁이 났다. 결국 현장 책임자가 쭈뼛쭈뼛 나서서 "무슨 문제가 있나요"하며 조심스럽게 물어봤다. 그러자 경찰이 '페이커 보러 왔어요 I'm here to see Faker'라고 신이 나서 대답했다. 뉴욕에서 월드 챔피언십이 벌어졌으니 이 기회를 놓칠 수 없어 근무복을 입은 채 들렀던 것이다.

또 2014년 파리 올스타전에서도 진귀한 장면이 벌어졌다. 그날이 마침 페이커의 생일이었는데, 누군가가 "Happy birthday to Faker" 노래를 부르기 시작하자 모든 관중이 따라 부르며 페이커의 생일을 축하하는 노래가 온 경기장을 메웠다.

실력도 실력이지만 팬 서비스 면에서도 월드클래스 자격이 있다. 미국에서 경기가 있을 때의 일이다. 새벽에 숙소에서 갑자기 화재 경보가 울렸다. 놀란 사람들이 거의 속옷 바람으로 뛰쳐나왔고, 스태프들이 선수를 체크해보니 페이커만 빠진 것이다. 전화를 해도 안 받아서 걱정을 태산같이 하고 있는데 태연하게 유니폼까지 갖춰 입고 걸어나왔다. 그래서 "왜 이렇게 늑장부렸냐, 유니폼 입을 정신이 어디 있냐" 했더니 "밖에 팬들이 있으니 이렇게 입고 나와야 할 것 같다"고 대답한 것이다. 또 그 소동으로 현장에 온 팬들이 페이커한테 몰려서 사인을 요청했는데, 그 새벽에 몇 시간 동안 싫은 내색 하나 없이 사인을 해주었다.

대한민국 e스포츠에는 페이커 말고도 또 한 명의 월클이 있다. 바로 전용준 캐스터다. 〈스타크래프트〉와 〈리그 오브 레전드〉를 비롯해 여러 게임의 캐스팅을 이끌어온 e스포츠의 레전드라고 불리는 국민 캐스터이다. 한번은 본사 라이어터들이 한국을 방문했다. (당연히) e스포츠 경기를 관람하러 갔다. 경기가 끝나고 한국어도 모르는 라이어터들이 전 캐스터의 카리스마와 존재감에 감탄을 금치 못했다. 마치 한국어가 이해되는 것처럼 느꼈다고 했다. 그야말로 각각의 장면을 묘사하는 방식이 언어와 문화의 경계를 뛰어넘은 것이다.

〈리그 오브 레전드〉 e스포츠 초창기에는 (우리나라 외) 다른 지역 캐스터들은 차분하고 분석적으로 해설을 했다. 전 캐스터에 익숙했던 한국인으로서 타 지역 캐스터들은 마치 다큐멘터리를 캐스팅하는 것처럼 들렸다. 그런데 시간이 지나면서 그들은 전용준 캐스터의 말투와 몸짓을 흉내내기 시작했다. 전용준 캐스터가 기준이 되어버린 것이다. 한국을 넘어 세계로.

월클 전용준 캐스터를 만난 건 〈리그 오브 레전드〉가 출시되고 얼마 지나지 않아 서대문에 있는 고깃집에서 업계 관계자들과 있던 저녁 자리에서다. 늦은 저녁 그는 방송을 마치고 나타났다. "안녕하세요!" 활짝 웃는 얼굴과 우렁찬 말투다. 우리는 함께 식사를 했다. 그의 팬이었던지라 '누구에게 자랑해야 하나' 마음에 담아두었던 추억이다.

롤드컵, 전화위복의 순간

창업자인 브랜든과 마크는 워낙 게임을 좋아하다 보니 e스포츠의 열정적인 팬이었고 한국 e스포츠에 대해서도 잘 알고 있었다. 사실 한국 외에는 프로 e스포츠라고 할 만한 곳이 별로 없기도 했다. 그렇기에 자연스레 "우리도 e스포츠를 할 수 있는 게임을 만들고 싶다"는 꿈을 키웠던 것이다.

리그 오브 레전드 월드 챔피언십의 기원은 2011년 스웨덴의 디지털 행사인 드림핵이다. 첫 대회(시즌 1이라고 부른다)는 라이엇 게임즈가 주관하지 않았지만, 그 다음해인 시즌 2부터 총상금 205만 달러를 걸고 라이엇 게임즈가 주관했다. 의욕이 앞서 야심 차게 준비했지만, 라이엇 게임즈로서는 첫 행사다 보니 실수도 많았다. 플레이어들이 자부심을 느낄 만한 큰 곳에서 하자는 생각으로 L.A. 라이브 센터를 대관해버린 것이다. 신인 밴드가 데뷔 무대에서 인기 좀 얻으니까 잠실 야구장에서 콘서트를 연 셈이다. 단지 '플레이어들이 좋아할 테니까'라는 생각으로 비용과 시간을 아끼지 않고 투자했다.

하지만 그런 큰 행사를 치르기에는 역량이 부족했다. 기획팀도 몇 명 없었고 전문성도 없었다. 그러다 보니 실수가 잦았는데, 정말 뼈아팠던 사태는 8강전에서 터졌다. 전기 문제가 생겨서 경기 도중 인터넷이 끊겨버린 것이다. 당연히 경기를 할 수가 없었고, 멀리서부터 보러 온 관객들의 불평이 쏟아졌다. 브랜든 벡 당시 최고 경영자가 나와서 마이크를 잡았다. "미안합니다, 우리가 너무 미흡했습니다"라고 투명하게 사과했다. "환불을 원한다면 전액 환불하고, 최대한 빨리, 일주일 안에 다시 장소를 잡아서 진행하겠습니다. 그리고 경기를 진행하지 못한 보상으로 머천다이즈 스토어에 있는 티셔츠 등 각종 상품을 가져가셔도 됩니다." 말이 끝나기가 무섭게 야유는 환호로 바뀌었다. 사람들이 스토어로 달려갔다. 금액으로 따지면 수십 억 규모였다. 돈을 따질 때가 아니었다. 플레이어들을 위한 행사고 실망시킨 만큼 보상하는 게 당연하다. 이 일화는 라이엇 게임즈의 플레이어 포커스를 단적으로 보여준 사건으로 자주 회자된다.

일주일 뒤에 USC 게일런 센터에서 다시 대회가 열렸다. 사운드 등의 문제는 있었지만 기획팀의 노력과 플레이어들의 열정으로 성황리에 행사를 마칠 수 있었다. 이듬해에는 최고 경영자들이 직접 인터넷과 전기선이 제대로 됐는지 체크할 정도로 심혈을 기울였고, 사운드 문제를 해결하기 위해 NBC에서 올림픽 방송을 담당했던 최고의 전문가를 채용했다. 그리고도 모자라 브랜든과 마크가 직접 무대 여기저기를 다니면서 사운드 체크를 했다. 최첨단 장비를 구입해서, 게임 전문 방송 OGN 관계자들이 부러워할 정도였다.

e스포츠 전담팀을 만든 뒤로 점점 더 매끄럽게 운영되면서 2017년에는 베이징 올림픽 개막식이 열린 버즈 네스트 스타디움에서 대회를 개최할 정도로 발전을 거듭하며 지금은 e스포츠의 정점이 되었다. 하지만 결코 관습으로 굳어진 것은 아니며, 아직도 계속 새로운 시도와 도전을 통해

진화하는 행사로써 플레이어들에게 만족감을 주려 노력하고 있다.

코로나를 극복한 롤드컵

2020년에는 전 세계에 역병이 돌았다. 금방 끝날 줄 알았던 이 난리법석은 3년을 끌었다. 2018년 말 싱가포르에서 다시 라이엇으로 복귀했을 때 니콜로는 나에게 퍼블리싱 외에 다른 임무 하나를 더 맡아 달라 했다. 그 임무인즉슨 e스포츠 부서가 너무 독자적인 역할을 하고 있는데 좀 더 타 조직들과 시너지를 내면서 유기적인 부서가 될 수 있도록 체계적으로 조직개편을 해달라는 것이다. 이 결정은 앞으로 출시될 차기작들을 위해서라도 필요했다.

2019년 초부터 효율화 작업을 진행했다. 대대적인 개편을 마치고 막강한 스폰서십을 체결했다. 이 추세로 가면 우리가 내부적으로 e스포츠 부문에 세팅한 목표에 빠르면 2020, 늦어도 2021년에는 도달할 것 같았다. 고무적인 결과였다. 설레발을 치면서 흥분했더니 2020년 3월 본격적으로 전 세계에 역병이 돌기 시작했다. 이름도 생소한 코비드 19. 코로나가 덮친 것이다. 금방 끝날 줄 알았던 이 난리법석은 3년을 끌었다. 락다운, 마스크, 거리두기, 자가격리, 막힌 하늘길, 코로나 테스트 등 우리가 살면서 경험해보지 못한 수없는 규제가 쏟아졌다.

2020년 9월 중국 상하이에서 치러지는 롤드컵을 강행해야 할지 말아야 할지 엄청난 기로에 섰다. 상황이 이리되니 거물 스폰서들도 갈피를 못 잡고 슬슬 발을 빼려는 움직임이 보였다. "Go"를 외치자니 선수들과 직원들의 안전이 염려되었다. "Stop"도 고려했다. 대회를 준비해온 글로벌 e

스포츠팀과 중국 현지팀 외 여러 부서가 "잘 치를 수 있다고 만반의 준비를 했으니 믿어 달라"고 뜻을 굽히지 않았다. 팬들에게 2020년 월드 챔피언십에 대해 역대급 규모가 될 거라고 이미 약속하고 알린 상태였다. 게다가 2020년은 리그 오브 레전드 월드 챔피언십 10주년이 되는 해였다.

고백하자면 나를 포함한 매니지먼트팀은 정말 하고 싶지가 않았다. 한 치 앞도 안 보이는 코로나 시국에 리스크를 감수하고 싶지가 않았다. 이번만은 관련 부서들도 적당히 포기해주길, 제발 기획 보고서에 오차가 있길 내심 바랐다. 그런데 그들이 만들어온 한치도 오차 없는 플랜과 백업 플랜을 보는 순간 그냥 운명에 맡겨야 했다. 포기할 상황이 아니었다. 만전을 다해 준비하며 기도하는 수밖에 없었다. '아무도 감염되지 마라. 무사하게만 끝나라. 제발.'

기획팀은 여러 도시에 걸쳐 대회를 개최하려던 방안을 전면 수정하고 결승전 개회 도시인 상하이 위주로 월드 챔피언십을 진행했다. 급변하는 안전 수칙을 고려해 대회 대부분은 무관중으로 진행하되 결승에서는 소규모 관중과 함께 할 가능성도 열어두었다.

스타워즈 드라마 〈만달로리안〉에서 활용된 신기술인 'XR*' 기술을 통해 증강현실, 가상현실, 혼합현실을 조합해 물리적으로 불가능한 무대를 방송에서 실시간으로 연출하기로 했다. 라이브 공연과 최신 기술이 실시간으로 어우러진 전례 없는 멋진 영상을 직관하지 못하는 팬들에게 선사할 계획이었다.

각 팀이 바쁘게 움직였다. 로스앤젤레스의 글로벌 e스포츠팀은 비전 구

---

*   extended reality, 확장현실

상, 대회 형식과 일정 수립, 제작 관리, 거래처 및 파트너와 협력 등을 맡았다. 또한 코로나19 위험 관리와 비상계획에 분석적 접근법을 적용해 분야별 국제 전문 기관과 협력하면서 여행 제한, 정책, 수칙 등이 어떻게 변하는지 파악했다. 중국팀은 2017 월드 챔피언십 때 지원부서의 역할을 했지만, 이번에는 현지 당국과의 소통 및 관계 형성, 현지 거래처 관리 등을 도맡았다.

월드 챔피언십은 일정대로 개최되었으며 전 세계 거의 모든 리그가 출전했다(아쉽게도 베트남팀은 여행 제한 때문에 출전이 무산되었다). 방송은 순조롭게 진행되었고 XR 기술과 라이브 공연으로 시청자 기록을 경신했다. 무엇보다 월드 챔피언십 결승에는 입장권을 신청한 320만 명 중에서 추첨으로 선정된 6,000여 명이나 되는 팬이 참석했는데도 신규 감염 사례가 하나도 없었다는 점이 큰 성과였다. 분석적 접근법을 적용해 여행 제한, 정책, 수칙 등이 어떻게 변하는지 파악하고 수천 건의 PCR 검사와 체온 측정 등을 포함한 완화 대책을 입안해서 실행한 덕분에, 몇 주 동안 선수와 대회 관계자들이 가까운 거리에서 지냈음에도 안전할 수 있었다.

어찌 보면 코로나19가 터진 시점이 2020년이었던 게 다행이었다. 몇 년만 일찍 터졌어도 라이엇 게임즈는 월드 챔피언십을 개최할 수 없었을 것이다.

e스포츠 전 세계에 뻗어나가다

우리나라는 〈스타크래프트〉 덕분에 e스포츠 시장이 자생적으로 자리잡았지만, 〈리그 오브 레전드〉 출시 초기만 해도 유럽 북미 쪽은 거의 불모지나 마찬가지였다. 올림픽이나 NFL 슈퍼볼 중계를 담당하던 최고의 사운드나 영상 엔지니어를 영입하려 해도, 돈이 문제가 아니라 '애들이나 보는' 것이라 생각하는 선입견 때문에 영입에 어려움을 겪을 정도였다.

그래도 2011년 월드 챔피언십 시즌 1에는 북미, 유럽, 아시아 등지에서 8개 팀이 참여해서 가능성을 보여주었다. 2012년 시즌 2에는 한국팀을 포함해 12개 팀이 출전했다. 라이엇 게임즈의 후원하에 지역별 리그도 만들어졌다. 축구에는 월드컵 말고도 각 지역마다 크고 작은 리그가 있다. 이처럼 지역 리그가 있어야 스포츠로서 진정한 위상을 갖출 수 있다. 먼저 e스포츠의 토대가 있던 한국 리그가 생기고 북미와 유럽 등 각지로 퍼져 나갔다. 물론 참가 팀들은 자생적으로 생겨서 각자 독립적으로 운영되지만, 리그 자체의 구조나 운영 방식은 라이엇 게임즈가 세팅한 것이다.

리그를 만든 중요한 이유 중 하나가 프로 선수 확충이다. 당시 한국에는 프로 e스포츠 선수들이 있었지만, 외국에서는 취미 삼아 아니면 부업 정도로 하는 사람이 많았다. 극소수의 프로 선수도 비정기적인 이벤트성 대회에 참가하는 정도지 제대로 뛸 수 있는 정규 리그가 없어서 전적 관리도 안 되고 소득도 매우 불안정했다. 선수들의 생계가 유지되지 않으면 e스포츠가 활성화될 수 없다고 생각한 라이엇 게임즈는 선수 숙소, 코치단, 이동용 밴과 1, 2군 체계 등을 국내 e스포츠 구조를 참고해서 각지에 전파했다. 세계 각 지역 리그 중 가장 규모가 크고 활성화된 LCK(한국), LCS(북미), LEC(유럽), LPL(중국)을 빅4라고 부르는데, 현재 이 빅4는 앞서 말한 체제를 모두 갖추고 있다. 그중에서도 한국 LCK의 위상은 독보적이며, 역대 월드 챔피언십 우승의 절반을 차지할 정도다. 한동안 중국팀에게 우승을 내준 적도 있으나 지금은 다시 우위를 점하고 있다.

한국이 워낙 e스포츠 선진국이기 때문에, 외국 선수들이 한국으로 유학을 와서 훈련하는 경우도 많고, 한때 해외 선수들이 한국 서버 계정을 만들어서 한국 플레이어를 상대로 특훈을 하기도 했다. 그러다 보니 몇 가지 잡음도 생겨서 지금은 중단되었지만, 한국 e스포츠의 위상을 잘 알 수 있는 대목이다. 심지어 LCK 방송 시청자의 절반 이상이 외국인일 정도다. 우리나라 축구 팬들이 유럽 프리미어 리그 경기를 시청하듯이 외국 e스포츠 팬들은 한국 리그를 시청하는 것이다.

e스포츠 대회 최고 상금과 스킨 판매도 리그 활성화를 위한 방편이다. 구체적으로는 플레이어들의 자부심 향상과 프로 선수들의 생태계 유지라는 두 마리 토끼를 잡는 것이 목적이었다. 200만 달러라는 큰 상금은 플레이어에게 〈리그 오브 레전드〉가 단순한 '애들 놀이'가 아니라 열정을 불사를 수 있는 당당한 스포츠라는 자긍심을 갖게 하는 한편, 그 상금을 받는 선수들이 안정적인 미래를 꿈꿀 수 있게 하는 원동력이 되었다.

월드 챔피언십 전용 스킨도 마찬가지다. 이 스킨이 나오기 전에 라이엇 내부에서 엄청난 찬반 토론이 이어졌다. 빡빡한 개발 일정도 큰 걸림돌이었다. 그러나 결과는 우리가 보는 대로다. 대회 자체는 물론 스킨 판매도 플레이어들이 환영하는 시스템이 되었다. 팬들은 응원하는 팀의 스킨, 즉 '굿즈'를 구입했다. 선수들에게 스킨 판매 수익이 돌아가서 리그 생태계 유지에 도움이 된다. 어떨 때는 선수들이 받는 우승 상금보다 기념 스킨 판매 배당금이 더 클 정도다. 여기에 우승팀 기념 스킨까지 추가되어 더욱 큰 선순환 구조가 이루어졌다.

게다가 기념 스킨은 단순히 우승팀에게 혜택을 더 주는 정도가 아니라 시야를 밝혀주는 와드*까지도 팀 컬러에 맞춰 바꿔주는 등 팀의 개성이 드러나도록 세심하게 만들고, 매년 월드 챔피언십 시즌마다 로그인 화면을 바꾸고 테마송도 새로 만드는 등 정성을 기울여서 리그 생태계를 유지하고 있다. 이 모두가 플레이어에게 더 나은 경험을 선사하기 위해서이고, 세계에서 제일 잘나가는 게임을 플레이하고 스포츠를 관람한다는 자부심을 주기 위해서다.

이렇게 e스포츠의 위상이 높아지자 리그 오브 레전드 월드 챔피언십 결승전을 NBA 결승전보다 6배 많이 시청했다는 기사도 나오고 어떤 때는 NFL 슈퍼볼보다도 많이 시청했다는 기사도 나오는데, 라이엇 게임즈에서는 이런 수치를 내부 참고용으로만 파악하고 공개는 안 한다. 어떻게 보면 자기 자랑 같기도 하고, 다른 스포츠와 비교가 불편할 수도 있어서다. 물론 그런 홍보가 플레이어의 자부심을 살려준다고 판단될 때에는 공개하기도 한다. 이것 역시 라이엇 게임즈가 얼마나 잘 했느냐가 아니고 플레이어들이 어떻게 느끼느냐가 중요하기 때문이다.

롤드컵, 계산기보다 경험이 먼저다

e스포츠 자체로는 흑자가 나기 힘든 사업이다. 세계적인 행사를 하고 각 지역마다 리그를 운영하는 데는 막대한 돈이 든다. 대부분 회사는 이런 사업을 할 때 손익계산서부터 작성한다. 초기에는 투자하더라도 언제쯤이면 흑자가 나오겠다는 예상이 서야 시작하는 것이다. 하지만 e스포

---

* 시야를 확보하는 고정형 오브젝트

츠는 사실상 돈을 벌기가 어려운 구조이기 때문에 손익을 생각하면 아예 시작을 못한다. 이것은 기존 스포츠도 마찬가지다. 프로 스포츠가 수익을 내는 경우는 많지 않다. 인기 스포츠인 야구와 축구도 적자를 기업의 후원으로 메꾼다. 언젠가는 e스포츠도 인기 종목이 되어 충분한 수익성을 가질지도 모르고 또 그 정도 위상을 갖기를 바라기도 하지만, 적어도 지금으로서는 돈을 생각하면 e스포츠를 할 수 없다.

라이엇 게임즈도 이 사실을 모르고 e스포츠에 투자하지는 않았다. 플레이어 중심으로 생각하다 보니까 〈도타 Defense of the Ancients〉와 〈스타크래프트〉를 좋아하는 사람이라면 e스포츠도 좋아하니까 〈리그 오브 레전드〉로 e스포츠를 활성화하면 플레이어들이 좋아할 거라는 막연하지만 확실한 느낌을 가지고 추진한 것이다. 창립자 브랜든 벡은 이런 직감을 게이머 본능 gamer instinct이라고 표현한다. 잘될지 안 될지는 모르지만 확실히 플레이어들은 좋아할 거니까 뚝심 있게 밀어붙이자는 것이 처음 월드 챔피언십을 개최할 때의 취지였다. 역시나 플레이어들의 뜨거운 호응을 얻었고 좋아하는 모습을 보며 '또 하자, 더 잘하자' 탄력을 받고 다음 해에는 더 큰 규모로 열었다. 시행착오도 많았다. 실수가 없던 때가 없었다고 하는 편이 더 맞을 것이다. 거듭하면서 조금씩 매끄럽게 다듬어졌을 뿐이다.

그런 점에서 월드 챔피언십의 재원 얘기를 하지 않을 수 없다. 초기에는 순수하게 라이엇 게임즈의 비용으로만 감당하려 했다. 하지만 상금 규모를 키울 필요가 있었고 아이템을 팔아 마련하자는 의견이 있었다. "아이템을 팔아서 상금을 마련한다는 것 자체가 라이엇 답지 않다", "플레이어에게서 돈을 받아내는 것은 좀 그렇다." 반대하는 사람들의 주장이다. 반면 "플레이어들이 좋아할 거다", "세계에서 가장 잘 나가는 e스포츠를 보고 싶고 제일 큰 규모라는 자부심을 느끼고 싶어 할 것이니 규모를 키워야 한다." 찬성하는 사람의 주장이다. 오랜 토론 끝에 크게 대회를 진행해보자는 쪽으로 결론을 내고 스킨 판매를 통해 상금과 행사 규모를 올리기로 했다.

결과적으로 플레이어도 만족했고, 무엇보다 e스포츠의 꽃인 프로 선수들의 생태계를 유지하는 데 도움이 되었다. 선수들이 안정적으로 생활할 수 있어야 경기력도 좋아지고 시청자들의 보는 즐거움도 늘어나는 선순환 구조가 만들어지는 것이다. 스킨 판매도 플레이어들로부터 돈을 뜯어낸다기보다 팬들의 참여를 유도하는 의미가 있어서 반응이 좋았다. 취지에 동의하지 않는 사람은 안 사면 되는 거고, 구매하지 않아 생기는 불이익은 전혀 없다. 월드 챔피언십을 즐기는 사람들이 좋아서 사는 거니 팬들도 가치를 느끼고 덕분에 우승 상금이 더 커지는 선순환이 일어났다.

'플레이어 경험을 위한 투자'의 또 한 가지 좋은 예가 롤 파크다. 축구의 종주국 영국에서 가장 유명한 축구장은 웸블리 스타디움이다. 축구 경기뿐만 아니라 콘서트도 많이 열려서 문화적으로도 상징성이 있는 장소다. 전통 스포츠에서 가장 유명한 경기장이 웸블리라면, e스포츠에서 가장 유명한 경기장은 2018년 종로에 개장한 롤 파크라고 할 수 있다. 서울 한복판이라 접근성도 좋아 많은 외국인에게 광화문과 청계천을 연결하는 관광 필수 코스가 될 정도다. 이런 시설을 만들고 유지하려면 어마어마한 돈이 드는데, 아무리 ROI*를 따져 봐도 답이 안 나온다. 수익 사업이 아니라 플레이어로서의 본능으로 하는 게 맞다고 생각했기에 지른 것이다.

---

*   Return on Investment. 투자 대비 수익

e스포츠, 밀레니얼 세대를 사로 잡다

1990년대, 〈스타크래프트〉는 '국민 게임'이었다. 20년이 훨씬 지난 지금도 게임트릭스 10위 안에 든다. 〈스타크래프트 2〉가 아니라 〈스타크래프트 1〉이 그렇다. 2대 국민 게임인 〈리그 오브 레전드〉도 10년째 사랑받고 있으며 최근 5년 동안 부동의 1위다.

〈리그 오브 레전드〉가 다른 모든 게임을 압도할 만큼 완벽하고 뛰어난 게임이어서가 아니다. 모든 게임이 그렇듯 단점이 있다. 무엇보다 진입장벽이 높다. 초창기에 17명으로 시작한 챔피언은 이제는 10배에 가까운 160여 명으로 늘어났다. 어지간한 하드코어 플레이어가 아니고서는 이 많은 챔피언의 장단점과 활용법을 숙지하기가 불가능하다. 게다가 1년 단위로 시즌이 바뀌어 시스템이 대폭 변경되므로 끊임없이 연구하지 않으면 뒤쳐지기 십상이다. 일반적으로 이런 게임은 소수의 하드코어 유저만 남는 마이너한 게임이 되기 쉽다. 그럼에도 이탈하는 플레이어가 적다. 왜 그럴까?

우선은 플레이어 풀 자체가 어마어마하게 크다. 그래서 떠났던 휴면 유저들도 친구들이 다 하고 있으니까 같이 놀 때 다시 돌아와서 플레이하게 된다. 잘 모르는 최신 메타는 열심히 하던 친구가 가르쳐준다. 그리고 마스터하기는 어렵지만 플레이 자체는 상당히 직관적이어서, 완벽한 플레이가 아니더라도 충분히 재미를 느낄 수 있다. 어차피 상대방도 비슷한 처지고, 5대5로 진행되기 때문에 내가 좀 실수해도 크게 티가 나지 않는다.

또 e스포츠도 플레이어 리텐션에 큰 영향을 준다. 한동안 안 하다가도 LCK에서 페이커 경기 장면을 보면 손가락이 근질거린다. 피파도 월드컵 시즌에 신규·복귀 유저가 확 늘어난다고 하는데, 〈리그 오브 레전드〉도 마찬가지인 셈이다. 게다가 월드컵은 4년에 1번이지만 롤드컵은 매년 열린다. 여기에 더해 LCK도 한 해에 2번씩 시즌이 진행되므로 게임에 관심이 좀 있는 사람이라면 중계를 보지 않기가 힘들 정도다.

농구를 좋아하면 경기도 관람하고 친구들과 직접 플레이하듯이, 밀레니얼 세대는 롤을 좋아하면 리그전 중계도 보고 친구들끼리 PC방에 가서 게임 한판 하는 걸 자연스럽게 느낀다. e스포츠는 밀레니얼 세대에게 문화로 자리잡았고, 그래서 밀레니얼 세대에게 다가서려는 기업들이 e스포츠 후원을 많이 한다. 예를 들어 LCK 공식 파트너는 우리은행이다. 밀레니얼 세대는 대체로 은행에 관심이 적으니, 젊은층이 즐기는 〈리그 오브 레전드〉를 통해 브랜드 인지도를 쌓으려는 것이다.

또 한 가지 눈에 띄는 현상으로 여성 관객 수를 들 수 있다. 〈리그 오브 레전드〉 같은 경쟁 게임은 남자들의 전유물이라고 생각하기 쉽지만, 실제로는 LCK e스포츠 관람객 중 여성 비율은 40퍼센트가 넘는다. 절반 이상이 여성인 경우도 있다. 생각하면 당연한 것이, 야구나 배구는 남녀 상관없이 누구나 보러 간다. 이미 문화가 된 e스포츠에 남자들만 많을 거라는 생각 자체가 어쩌면 기성세대의 고정관념일 수도 있다.

페이커는 이미 예능 프로그램에도 출연하는 셀러브리티가 되었고, 〈리그 오브 레전드〉 오케스트라 콘서트가 세종문화회관에서 열렸다. 아트 전시회도 수차례 열렸다. 〈리그 오브 레전드〉와 e스포츠는 MZ 세대에게 게임 문화가 아니라 그냥 문화다. 옛날 〈스타크래프트〉 리그를 생각하는 분은 e스포츠를 마이너한 문화라고 생각할 수도 있지만, 사실 이미 게임은 스포츠가 되었다. 특히 주로 30대 이하의 젊은 세대가 즐기는 문화라는 점을 생각하면 MZ세대에서 e스포츠가 가지는 그 위상을 잘 알 수 있다.

EPL이 최고의 축구 리그인 것처럼 LCK는 세계 최대 e스포츠의 최고 리그가 되었다. 월클 프로게이머들, 최강 팀들, 열정적인 팬들... 그 이면에 우리나라 e스포츠팀이 있다.

나는 본사 e스포츠 및 글로벌 퍼블리싱의 사장을 하면서, 전 세계적으로 훌륭한 e스포츠 조직과 사람을 많이 보았다. 그러나 내가 아는 최고의 e스포츠 조직은 라이엇 게임즈 서울 사무실에 있다. 초창기 한국의 e스포츠는 권정현, 최영우가 이끌었다. 권정현은 블리자드와 EA에서, 최영우는 위메이드에서 이미 e스포츠계의 베테랑이었다. 둘은 순식간에 〈리그 오브 레전드〉 e스포츠 구조를 설립했고 탄탄한 기반을 구축했다.

2세대 〈리그 오브 레전드〉 e스포츠는 오상헌이 리딩했다. 누군가 "e스포츠 업계의 최고 베테랑이 누구냐"고 물어본다면 서슴없이 오상헌이라고 말할 것이다. 라이엇 게임즈에 합류하기 전까지 스포츠에서 훌륭한 경력을 쌓았고, CJ에서 e스포츠 사업을 주도하고 있었다. 라이엇 게임즈에서는 LCK를 구축하고, LCK가 세계 최고의 e스포츠 리그로 우뚝 서도록 리딩했다. 불필요한 조직적 잡음을 일으키지 않으면서도 팀을 지원하고 힘을 실어줌으로써 일을 해결하는 겸손한 리더십 스타일이다. 그는 공로를 인정받아 아시아 태평양 지역의 e스포츠 총괄로 승진하고 싱가포르로 이동했다.

영화 음악 미술,
안 하는 게 뭐야?

〈아케인〉, 에미상을 거머쥐다

2014년 어느 날 니콜로와 본사에서 미팅을 마치고 복도를 걷던 중 브랜든 벡을 딱 마주쳤다. 어린아이 같이 상기된 얼굴로 "니콜로! 진! (내 영어 이름은 진이다) 이리 와봐요. 진짜 신기한 거 보여줄게요!" 왜 저렇게 흥분하나 싶어 그를 따라 외진 방으로 들어갔다. 본사는 개방된 공간이라 문이 따로 달려 있는 미팅룸으로 들어간다는 건 아주 기밀이거나 뭔가 심상찮은 문제가 생겼다는 뜻이다. 그 방에는 크리스찬이라는 애니메이터가 있었는데 브랜든은 크리스찬에게 애니메이션 〈아케인〉의 초기 작업물을 우리에게 보여주라고 재촉을 했다.

'날것의 〈아케인〉을 볼 수 있다니!' 영광의 순간을 믿을 수가 없었다. 나는 가슴이 웅장해질 준비를 마쳤다. 그런데 눈앞에 보이는 영상은 스토리보드 형식의 사운드가 입혀지지 않은 흑백의 스케치였다. 그야말로 초기 작업물이었다. '에게?' 순간 표정 관리가 되지 않았다. 그걸 보고 있자니 저기서 과연 무슨 서사가 만들어진다는 건지 도무지 상상이 안 되었다. 침을 튀겨가며 극찬 중인 브랜든과 크리스찬 앞에서 긍정의 피드백과 호응은 해줘야겠고... 애를 먹었다. 날고 기는 브랜든도 안 되는 게 있다면 이거겠구나 생각했다. 그랬던 〈아케인〉이 몇 년 후 에미상을 수상했다. 내가 정말 감각이 한참 후졌던 건지 아니면 브랜든이 정말 몇 수 앞을 보는 천재였던 건지. 그가 천재였다고 해두자.

서사에 신경 쓰지 않는 게임 회사는 없을 것이다. 당연히 라이엇도 이야기와 내러티브를 중요하게 생각한다. 세계관을 만드는 전담팀의 규모가 수십 명에 달할 정도. 2021년 11월 7일 넷플릭스에서 전 세계 190개국에 동시 공개된 아케인은 〈리그 오브 레전드〉 세계관의 배경이 되는 룬테라의 유토피아 '필트오버'와 음울한 지하 도시 '자운' 두 지역을 다룬다. 각 지역을 대표하는 두 챔피언 '징크스', '바이'의 탄생부터 그들을 갈라서게 하는 힘에 대한 이야기다.

2013년 이후에 브랜든이 크리에이티브 프리젠테이션이라는 발표를 했다. '게이머들은 이런 것을 원한다'를 시작으로 구체적인 사례를 들어가며 보드게임, 애니메이션, 소설 등의 크리에이티브 비전을 발표했다. 얼마 후 TV시리즈라면 배우는 누구를 어느 역으로 캐스팅하면 좋을지 대화를 나누고 할리우드 감독들과도 얘기가 오가고 마블하고도 몇 가지 협의를 하고 있다는 소식도 전했다.

당시 라이엇 게임즈는 〈리그 오브 레전드〉 하나만 가지고 이제 막 글로벌로 펼쳐나갈 때라 모두들 이 얘기에 충격을 받았다. 놀라운 얘기였지만 마크와 브랜든이 분명히 해낼 거라는 믿음이 있었기에 다들 흥분 상태였다. 할리우드 톱스타와 거장 감독들이 우리 게임을 영화로 만든다니! 솔직히 게임을 만드는 사람이라면 누구나 한 번쯤은 꿈꿔보는 일이지 않는가?

사실 안 해도 되는 일이었다. 〈리그 오브 레전드〉는 이미 성공한 게임이었고, 5대5 멀티 플레이라는 특성상 스토리가 중요하지도 않았다. 그렇다고 부가 콘텐츠로 돈을 벌자는 생각도 없었다. 실제로 이런 머천다이즈 제품은 플레이어 경험 제공 차원의 서비스라서 수익을 내는 경우가 많지 않다. 전혀 수지가 맞지 않는 일이다. 돈을 위해서라면 〈아케인〉과 같은 도전은 안 하는 게 맞다. 하지만 라이엇 게임즈가 뭔가를 하려고 할 때, 또는 하지 않으려고 할 때 돈은 그닥 중요한 고려 대상이 아니다. 순수 코어 게이머들, 창업자들이 생각하는 본인 같은 사람들, 게임을 즐기고 게이머들의 커뮤니티가 좋고 게임 자체가 좋으니까 게임을 즐길 수 있는 사람들을 위해서 한다.

초라하게 시작한 〈아케인〉은 챔피언 캐릭터 사이의 관계와 세계관을 정리하며 점차 모습을 갖추기 시작했다. 소설 수십 권 분량의 텍스트가 나왔고, 배경 내러티브를 바탕으로 게이머들이 가장 보고 싶어 할 부분을 골라 스토리를 다듬었다. 꼬박 6년이 걸렸다. 연출과 색감 등 비주얼에도 공을 들였다. 게임의 비주얼과 연속성을 가지면서도 게임 속 컷신이 아닌 제대로 된 애니메이션이 되어야 했다. 그렇게 많은 노력과 시행착오 끝에 〈리그 오브 레전드〉 팬들이 환호하는 〈아케인〉이 완성되었지만, 흑백 스케치부터 에미상을 수상한 영상미에 이르기까지 언제나 목표는 하나였다. '플레이어들이 보고 싶어 하는 것을 만들자.'

2021년 11월 드디어 〈아케인〉이 공개되었다. 글로벌 OTT ^{Over The Top} 콘텐츠 순위 집계 사이트 플릭스패트롤의 넷플릭스 TOP TV쇼 부문에서 46일 동안 1위로 독주하던 〈오징어 게임〉을 공개 하루 만에 밀어내고 1위 자리에 우뚝 섰다. 일주일 뒤에는 '오늘 한국의 톱10 콘텐츠'에서 2위에 올랐다. 넷플릭스 공식 위클리 순위(11월 15일 – 11월 21일 주 기준)에서도 TV쇼(English) 부문 1위를 기록하며 시즌을 마무리했다. 또한 미국의 영화 관련 웹사이트이자 리뷰 모음 사이트로 유명한 '로튼 토마토 ^{Rotten Tomatoes}'와 전 세계 최대의 영화 사이트이자 아마존닷컴의 자회사인 'IMDb'를 비롯해 포브스에서도 높은 평점 및 극찬을 받았다.

2022년 3월 개최된 '제49회 연례 애니어워드 ^{Annual Annie Awards}'에서는 'TV/미디어 부문', '캐릭터 디자인 부문', '각본 부문' 등 9개 부문에 올라 모든 부문에서 수상하는 쾌거를 이뤘다. 이어 2022년 에미상 ^{Emmy Award}에서 '최우수 애니메이션상 ^{Outstanding Animated Program}'을 포함해 4관왕을 달성했다. 이로써 아케인은 에미상 최우수 애니메이션상 부분에서 수상한 최초의 스트리밍 시리즈라는 기록을 남기게 됐다.

이렇게 이례적인 성공 뒤에는 세계적 수준의 IP와 켜켜이 쌓여 있는 세계관이 있다. 2009년 출시돼 세계적인 인기를 끌고 있는 〈리그 오브 레전드〉는 IP에 대한 인지도도 독보적이다. 지난 10여 년간 〈리그 오브 레전드〉를 비롯해 〈레전드 오브 룬테라〉처럼 같은 세계관을 공유하는 게임들을 합치면 총 6억 명의 플레이어가 경험했으며, 특히 〈아케인〉을 공개하기 직전 2021년 10월 한 달 동안 〈리그 오브 레전드〉의 세계관을 공유하는 게임에 접속한 사람만 1억 8,000여 명에 이른다.

이렇게 만화와 애니메이션을 만들다 보니까 혹시 디즈니 같은 콘텐츠

왕국을 목표로 하는 것 아니냐는 합리적 의심을 한다. 내부적으로도 나오는 말이고 외부적으로도 그런 비교를 받는다. 실제로 얼핏 보면 디즈니의 행보와 비슷해 보이는 것도 사실이다. 하지만 차이가 좀 있다. 오디언스*부터 다르다.

디즈니는 영화가 중심이다. 넓게 보면 TV 애니메이션이나 스트리밍 서비스도 포함되지만, 아무튼 영상 매체를 중심에 둔 채 종합 엔터테인먼트 회사가 되겠다는 의지와 방향을 가지고 움직이고 있다. 하지만 라이엇 게임즈는 그런 의지가 없다. 그냥 플레이어들이 좋아하는 것을 하다 보니까 여러 가지를 만드는 것이다. 라이엇 게임즈로서는 e스포츠나 애니메이션이나 만화책이나 차이가 없다. 어쩌다 보니 디즈니와 비슷한 행보를 보이는 것 같지만, 라이엇 게임즈의 모든 활동은 의도가 아니라 결과일 뿐이다.

리그 오브 레전드 라이브 : 디 오케스트라

〈아케인〉은 라이엇 게임즈의 대표적인 글로벌 IP 사업이지만, 각 나라 상황에 맞게 지역별로도 IP 확장 정책을 추진하고 있다. 한국에서는 음악, 미술, 전통 문화, 완구 산업 등을 전개하는데, 그중에서도 인상적인 것이 2021년 4월에 열린 〈리그 오브 레전드 라이브 : 디 오케스트라〉(이하 디 오케스트라) 공연이다.

〈리그 오브 레전드〉의 음악을 클래식 공연으로 풀어낸 〈디 오케스트라〉는 한국 클래식 음악의 상징 세종문화회관에서 열렸다. 이 공연은 2014년

---

*   audience. 목표로 하는 관객 수용자 집단

에 서울 상암 월드컵 경기장에서 4만 관중의 열띤 호응 속에 월드 챔피언 십 결승을 치렀던 때를 떠올리게 했다. 그 이전까지 작은 스타디움이나 실내 경기장에서 '게임 대회 결승전'이 열렸다. 2014년 대회를 기점으로 국가 대표 시설에서 열리게 되었다. 그야말로 e스포츠 시대의 한 막이 오르던 대회였다. '이제 게임 자체만이 아니라 게임 속 이야기와 음악까지 문화의 한 축으로 차례차례 자리를 잡아가리라.' 세종문화회관에서 연주는 그 한걸음을 내딛는 상징성이 있었다.

무엇보다 공연 자체가 성공적이었다. 〈디 오케스트라〉는 라이엇 게임 즈의 국내 첫 음악 콘서트이자 세종문화회관으로서도 게임 관련 첫 기획 공연이었다. KBS 교향악단의 고품격 연주와 게임 음악 전문 지휘자로 이름을 알린 진솔의 지휘가 어우러졌다. 이틀에 걸쳐 진행되었는데 특히 이튿날 공연은 메가박스 클래식 소사이어티 큐레이션을 통해 전국 메가박스 상영관에 동시 생중계되었다.

공연은 예매 시작과 동시에 매진됐다. 일반적인 클래식 공연은 여성 관람객 비율이 80퍼센트로 매우 높은데, 이번 공연은 남성 관람객 비율이 60퍼센트에 달했다. 관객 연령대가 10~30대로 이전에 보기 드문 구성이었다는 것이 세종문화회관 측의 이야기다. 세종문화회관 측이 이번 공연을 함께 기획한 이유 중 하나가 바로 관객층 확장이다. 클래식보단 게임이 익숙한 10~30대 그리고 남자 청중들과 접점을 만들어 잠재 고객 개발에 힘쓰겠다는 의지다.

〈디 오케스트라〉는 〈리그 오브 레전드〉의 그 유명한 구절, "소환사의 협곡에 오신 것을 환영합니다"라는 게임 아나운서의 멘트와 함께 막이 올랐다. 공연 플레이리스트는 〈리그 오브 레전드〉 BGM의 정수만 모았다.

세계관을 대표하는 시즌 시네마틱 영상의 배경음악 〈워리어〉와 〈어웨이 큰 Awaken〉을 비롯해 〈펜타킬 메들리 Pentakill Medley〉, 〈어너 Honor〉, 〈서머너스 콜 Summoner's Call〉 등 다양한 곡을 선보였다. 무대 위 초대형 스크린에서는 시네마틱 영상, 각 음악의 뮤직비디오, 팬 아티스트 6인과 함께 제작한 특별 영상이 상영되었다.

공연 전후와 인터미션 시간. 게임 속 캐릭터 복장과 장비로 코스튬플레이를 하고 온 사람들이 어찌나 많았는지 세종문화회관 개관 이래 이렇게 화려한 밤은 처음이었지 싶다. 공연 중간 쉬는 시간인 인터미션 때는 관객들이 재빨리 달려나와 스토어 앞에 줄을 서서 〈리그 오브 레전드〉 관련 상품을 구매하는 진풍경을 보이기도 했다. 세종문화회관의 담당자들이 '문화 충격'이라는 말을 사용할 만큼 코스튬플레이 복장이 화려하고 정교했다. 공연에 대한 더 자세한 내용은 이 공연 준비 과정을 담은 짧은 다큐멘터리 〈리그 오브 레전드 : 디 오케스트라 - The People〉을 살펴보기 바란다.*

미술관 안 챔피언

라이엇 게임즈가 주관한 미술 전시회는 음악 콜라보레이션과는 또 다른 시도였다. 먼저 2015년 11월에 서울 종로 인사동의 가나인사아트센터에서 열린 〈리그 오브 레전드 : 소환전〉은 한국 화풍 작가들**이 〈리그 오

---

*   https://youtu.be/aGl7bOS-cvQ

**   라오미, 신미경, 신영훈, 유갑규, 이동연, 임태규 작가 등

브 레전드〉게임 내의 배경과 챔피언 등의 요소를 재해석한 20여 종의 작품을 선보인 이색 전시회였다.

라오미 작가는 〈일월장생도〉를 출품해 화려하고 대담한 색감과 구도, 표현 방법으로 눈길을 끌었다. 병풍 그림의 형식 안에 '룬테라'와 '소환사의 협곡'을 이상향으로서 표현하고 럼블, 트리스타나, 티모를 비롯해 〈리그 오브 레전드〉의 주요 챔피언들을 촘촘히 그려 넣었다.

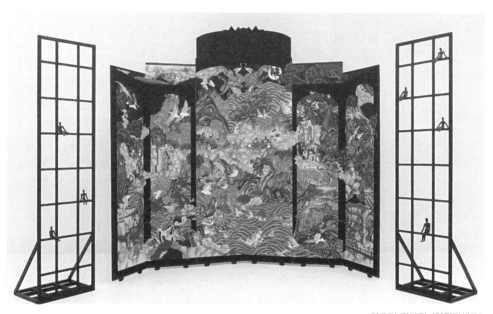

라오미 작가의 〈일월장생도〉

임태규 작가는 추운 겨울을 이겨내며 살아가는 '아이오니아'의 세 챔피언인 야스오, 리 신, 마스터 이를 세 친구로 표현한 〈세한삼우歲寒三友〉라는 연작을 선보였다. 그중 〈맹동〉은 한겨울 얼어붙은 얼음을 깨고 물 속에서 수련하는 리 신의 이미지를 표현했으며, 〈엄동〉에서는 빙폭을 배경으로 눈 속에 서 있는 야스오의 굳은 의지를 표현했다. 〈해빙〉에서는 아이오니아의 평화를 꿈꾸는 마스터 이의 현재와 밝아오는 미래의 암시를 담았다.

임태규 작가의 〈세한삼우〉. 엄동, 맹동, 해빙

신영훈 작가는 수묵화로 선수와 챔피언을 연결지었고, 이동연 작가의 미인도로 챔피언을 표현했다. 평소 〈리그 오브 레전드〉를 즐겨 플레이하는 유갑규 작가는 〈빙폭 - 격동기세擊動機勢〉라는 주제로 얼음으로 뒤덮인 프렐요드 지역 챔피언들의 강렬한 이미지를 표현했다.

페이커와 제드(신영훈)　　　　　미인도 아리(이동연)　　　　　빙폭-호령하다(유갑규)

　　2019년은 처음 미국 시장에 〈리그 오브 레전드〉가 출시된 지 10주년이
되는 해다. 이를 맞아 종로 롤 파크에서 〈LoL INVADE ART〉 미술전을 열었
다. 이번에는 한국화가 아니라 국내 컨템퍼러리 아티스트 10팀과 함께했
다. 예술과 게임의 경계를 허물기 위해 좀 더 젊고 감각적인 각 분야의 아
티스트를 전시에 끌어들였다. '예술을 인베 Invade 하다'는 취지의 이 전시는
챔피언들이 움직이는 조이트로프 Zoetrope를 시작으로 평면, 입체, 애니메이
션, 설치, 대형 벽화 등 다양한 작품을 선보였다.

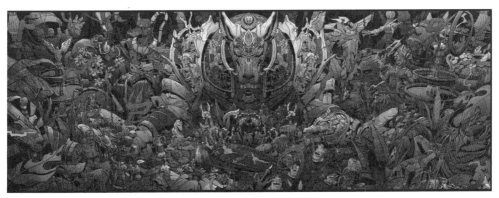

나서스의 비밀정원(미스터 미상)

부원 & 하종훈 작가는 〈레전드 오브 룬테라〉 3D 챔피언 카드 작품, 샘 바이펜 작가는 〈리그 오브 레전드〉 챔피언의 개성을 살린 캐릭터 작품을 선보였다. 또한 최미경 작가의 K/DA 챔피언 회화, 핸즈 인 팩토리 작가의 〈전략적 팀 전투〉 등도 감상할 수 있었다.

현실과 환상 사이(최미경)

그중에서도 그라플렉스의 〈서머너즈 라이트〉는 〈리그 오브 레전드〉를 한 번이라도 해본 유저라면 아마도 한눈에 빠져들 매혹적인 구성의 작품 이었다. 〈리그 오브 레전드〉는 픽창에서 다양한 챔피언 중 하나를 선택해 게임을 시작한다. 플레이어는 소환사가 되고 잠시 챔피언과 하나가 되어 경기를 이끈다. 그라플렉스는 챔피언을 선택하는 픽창을 크게 추상적인 기법으로 만들어 재현했다.

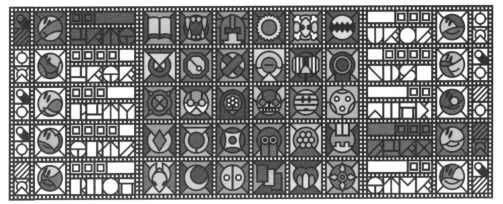

<서머너즈 라이트>(그라플렉스)

2021년 10월에는 라이엇 서울 오피스에서는 〈아케인〉 출시를 기념해 서울 성수동에 위치한 카페 쎈느에서 체험 전시 〈Experience the Arcane〉를 운영했다. 국내외 현대미술을 대표하는 6인의 아티스트와 함께 준비한 작품 전시와 관람객이 직접 참여하는 기획 프로그램을 통해 아케인의 세계관을 생생하게 경험할 수 있는 팝업 스토어로 구성했다.

개인소장을 하고 싶을 정도로 마음에 드는 작품도 있었는데 작품을 판매하지는 않기에 나도 구매하지는 못했다. 작품은 모두 라이엇 게임즈 코리아 사무실에 전시되어 있다.

승전보를 울려라, ㄷㄷㄷㅈ!

라이엇 게임즈가 클래식 공연만 했다고 생각하면, 오산이다. 자, 이 초성을 보고 이게 무엇인지 알아맞혀 보기를. ㄷㄷㄷㅈ이 무언지 바로 알았다면 대한민국의 대중문화 트렌드에 대한 감각이 상당하다고 자신해도 좋다. 대중적이지는 않은, 그렇지만 또 아는 사람은 다 아는 그런 것이다. 그러니 일단 몰랐더라도 괜찮다.

서로 겹쳐지지 않는 대중문화의 여러 레이어가 있는데, 그런 대중문화의 레이어 중 최근 가장 핫한 영역이 힙합이고 게임이다. 힙합과 게임은 단지 핫한 것만이 아니라 그 규모도 점점 커지고 있다. 그러니 조금만 시간이 지나면 지금 잘 모르는 사람들도 훨씬 익숙하게 될 거다. 'ㄷㄷㄷㅈ'은 바로 그 힙합과 게임에 걸쳐 있는 아이템이다.

정답을 발표하자면 'ㄷㄷㄷㅈ'은 '두둥등장'의 초성을 딴 말이다. 라이엇 게임즈가 2019년에 출시한 〈전략적 팀 전투 Teamfight Tactics〉(줄여서 TFT)의 모바일 버전용 홍보 동영상*에 실린 힙합 노래 제목이다. 제목뿐만이 아니라 노래 도중에 계속 사용된 라임이기도 하고, 인기를 얻어 2020년 게임과 관련해서 나온 가장 재미난 밈 meme 중 하나가 되었다. 목소리의 주인공은 래퍼 머쉬베놈. 힙합 서바이벌 프로그램 〈쇼미더머니〉 시즌 9 준우승자로 우승자 못지 않은 주목을 받았던 실력파 래퍼다. 다음 페이지에 있는 QR 코드를 스캔하면 바로 그 노래로 연결될 테니 1분만 시간을 내보시길.

---

* TFT 모바일 두둥등장(Feat. 머쉬베놈). https://youtu.be/_tKd9Vcky14

(얘들아 승전보 올려라)

Hey TFT 모바일 두둥등장!

뚜루루루 갤럭시 두둥등장!

Hey TFT 모바일 두둥등장!

뚜루루루 갤럭시 두둥등장!

또 떨어져 허구한 날 남 탓탓

여긴 갤럭시 너 이 자식 UN-LUCKY다 (Unlucky)

너의 두뇌 둔해 그래서 닷지 닿지 않아 (닿지 않아)

21세기 니 전략 이제 전략 뿌르르르 예!

〈두둥등장〉은 이미 등장할 때부터 〈리그 오브 레전드〉 유저들의 환영을 받았지만, 한국 대회에서 한 경기가 끝나고 다음 경기로 넘어가기 전이 노래 영상을 틀어주면서 더 큰 화제를 모았다. 대회 중계를 보던 유저 사이에 널리 퍼지면서 이 노래가 등장하면 대화 창에 'ㄷㄷㄷㅈ'이나 '두둥등장'이 올라왔다. 곧 한국 경기를 관람하던 해외 유저들까지 동참했고 귀에 들리는 발음 그대로 알파벳으로 쓴 'DUDUDUNGA'가 대화창에 올라왔다.

라이엇 게임즈가 협업할 아티스트를 선정할 때 고려하는 몇 가지 중요 기준점이 있다.

1. 제작 기획 방향과 적합성

2. 아티스트의 능력 및 잠재성

3. 게이머 DNA 보유 여부

다시 말해 아티스트의 작품 스타일이 우리가 생각한 제작 방향과 어울리고, (당장의 인기는 좀 적더라도) 훌륭한 능력과 성장 가능성을 가지고 있으며, 본인 스스로가 게이머이고 다른 게이머의 마음을 이해하고 있다면 정말 파워풀한 결과물을 만든다고 믿는다. 운 좋게도 머쉬베놈은 이 세 요소를 다 충족시켰다. 라이엇 게임즈가 만든 노래를 발주해 부르면 되는 어떻게 보면 아주 쉬운 일이지만, 저 세 요소가 더해진다면 작업은 전혀 다른 결과물이 되리라. 'ㄷㄷㄷㅈ'의 머쉬베놈과는 '룬테라 모바일'의 광고 음악 〈왔어? WASSUP!〉 작업도 같이 했고, 신작 〈발로란트〉의 출시를 기념해서는 해당 게임의 IP를 활용한 음원과 뮤직비디오 〈OPERATOR〉를 나플라, 페노메코, 윤훼이 등 젊은 힙합 가수들과 협업해서 공개하기도 했다

라이엇 게임즈 코리아가 음악가들과 협업한 역사는 생각보다 오래되었다. '미스터리 음악 쇼'를 표방하는 〈복면가왕〉에서 9회 연속 가왕이라는 대기록을 달성한, '복면가왕들의 진정한 가왕' 국카스텐과도 인연이 있다. 2016년 5월에 공개된 〈Challenge〉는 '2016 리그 오브 레전드 챔피언스 코리아' 여름 시즌의 테마송이었다. 〈Challenge〉의 뮤직비디오에는 LCK에 참여하는 프로 플레이어들의 여러 모습과 테마송을 부르는 밴드 국카스텐의 파워풀한 공연 장면이 교차하면서 담겨 있다.

"왜 게임 회사가 게임 개발과 서비스가 아닌 다른 일들을 자꾸 벌이는 것일까?"라는 의문을 가진 사람들이 있을지도 모르겠다. 남들이 보기에 '번외편'처럼 보인다. 이런 일들은 라이엇 게임즈가 갖고 있는 게임 지식재산권의 외연을 확장해 더 크고 새로운 사업을 꿈꾸는 과정으로 진행하는 것들이다. 그런 만큼 위에서 언급한 일보다 훨씬 더 다양하고 많은 일

을 차곡차곡 만들어가고 있는 중이다.

앞서 언급한 라이엇 게임즈 코리아에서 이뤄지는 수많은 혁신적인 퍼블리싱 기법은 양세현 리더십하에서 태어났다. 명민하고 직관적인 게임 마케터라 내가 게임 퍼블리싱에 대해 궁금증이 생길 때마다 제일 먼저 연락하는 사람이다. 그는 항상 자신감이 있고 긍정적인 에너지가 넘친다. 수많은 장점을 가지고 있는데 그중 하나는 브랜든이 얘기한 게이머 본능이다. 게이머들이 무엇을 원하는지, 싫어하는지 본능적으로 알고 있다.

라이엇 게임즈처럼
일하기

LoL
평등한 게이밍
경험 제공

라이엇
플레이어
중심주의

LoL
문화

커뮤니티
왓칭, 플레이, 액션

커뮤니케이션

16

플레이어 포커스
게임 개발

코어 게이머 정의하기

목표 매출을 정하고 거기에 맞는 비즈니스 모델부터 역산정해서 장르와 규모를 결정하는 경우도 있지만, 일반적으로 게임 디자인은 리드 디자이너 또는 핵심 팀의 아이디어에서 시작한다. '이런저런 게임을 만들면 재미있을 거야'라는 게임 플레이를 구상하고, 브레인스토밍과 프로토타이핑을 거치며 구체화한다. 게임 개발자들 역시 게이머이므로 자신이 좋아하는 게임, 하고 싶은 게임을 만들고자 하는 것은 당연하다.

그런데 라이엇 게임즈는 조금 다르다. 결과적으로 보면 라이엇 게임즈의 개발자들도 자기가 플레이하고 싶은 게임을 만든다. 그런데 이는 방향일 뿐이지 목표가 아니다. 플레이어들이 어떤 게임을 좋아할까를 생각하고 거기에 맞춰 게임을 만들다 보니 역시 플레이어인 개발자들도 즐기는 게임을 만들게 되는 것이지, 처음부터 '내가 좋아하는 게임을 만들자'가 목표는 아니라는 뜻이다.

라이엇 게임즈에서는 타깃 고객, 오디언스를 코어 게이머라고 정의한다. 여기서 코어 게이머란 단순히 게임을 많이 하는 사람을 뜻하지 않는다. 캐주얼 게임은 가장 많은 사람이 즐기는 장르이며 매출 면에서도 업계에서 큰 비중을 차지하고 있지만, 캐주얼 게임 플레이어를 코어 게이머라고 생각하지 않는다. 우선 스스로를 코어 게이머라고 생각하고, 여러 취미 중에서 첫 손에 꼽는 게 게임이며, 실제로 게임을 하기 위해 일부러 시간을 내는 사람이 코어 게이머다. 예를 들어 신작 게임이 나오면 몰입 플레이를 위해 연차를 낸다든지, (과거의 문화지만) 패키지를 사기 위해 출시일 전날부터 줄을 선다든지, 1초라도 일찍 다운로드를 받기 위해 밤새서 기다리는 사람이 코어 게이머고, 라이엇 게임즈가 생각하는 플레이어다. 그리고 이 '플레이어를 위해서 만든다'가 라이엇 게임즈의 우선적인 개발 목표다. 어떤 장르고 어떤 게임 플레이인가는 다음 순위다.

〈리그 오브 레전드〉 기획하기

라이엇 게임즈의 철학 중 하나가 '장르 디파이닝genre-defining 게임을 만들자'다. 장르 디파이닝이란 그 장르를 대표하거나 또는 장르 자체의 의미를 새롭게 한다는 뜻이다. MMORPG라면 〈울티마 온라인〉이나 〈WoW〉, RTS라면 〈C&C〉나 〈스타크래프트〉, FPS라면 〈둠〉이나 〈카운터 스트라이크〉, 턴제 전략Turn-based Strategy이라면 〈문명〉 같은 게임이 이에 해당한다. 게임 타이틀만 말해도 어떤 식의 게임 플레이가 이루어지는지 설명이 되는 게임이 장르 디파이닝 게임인 것이다. 이 세상엔 훌륭한 AAA급 게임이 많지만, 장르 디파이닝 게임이 되기엔 AAA급으로는 부족하다. 볼륨과 게임플레이만이 아니고, 장르를 대표할 만한 파급력이 있어야 한다.

라이엇 게임즈 창업자들은 플레이어에 포커스한 장르 디파이닝 게임을 만들고 싶어 했다. 먼저 플레이어들이 원하는 게임이 무엇인지는 확인할 필요가 있었다. SNS나 포럼 등에서 오가는 내용을 모니터링하고, 스스로도 코어 게이머라고 자부하고 있어 직감에도 의존했다. 라이엇 게임즈 창립 시기에는 때마침 새로운 장르에 대한 수요가 불같이 일고 있었다. 북미나 유럽 쪽에서 〈도타〉가 인기를 끌고 한국에서도 그 변형판인 〈카오스〉가 유명세를 탔으나, 모두 기존 게임의 유즈맵에 불과했고 마땅한 명칭도 없이 '도타류^{DotA-like}'라고 불렸다. 오죽하면 유즈맵의 원본 게임인 〈워크래프트 3〉가 도타 에뮬레이터라는 비아냥까지 들을 정도였다. 이는 단지 〈도타〉를 플레이하기 위해 〈워크래프트 3〉 전체를 설치하고 실행하는 것은 아무래도 낭비되는 부분이 많음을 의미했다. 그렇다면 불편함을 없애고 아예 처음부터 이런 플레이에 최적화된 게임을 만들면 플레이어들이 좋아하지 않을까? 이러한 고민에서 출발한 것이 〈리그 오브 레전드〉의 시작이었다. 현재 장르 이름으로 굳어진 온라인 배틀 아레나도 〈리그 오브 레전드〉가 출시되고 나서 생긴 명칭이고, 〈도타〉를 정식 게임화한 〈도타 2〉도 〈리그 오브 레전드〉보다 한 해 뒤인 2010년에 나왔으니, 〈리그 오브 레전드〉는 그야말로 장르 디파이닝이라는 정의에 꼭 맞는 셈이다.

5대5 실시간 대전 게임으로 가닥을 잡으면서 과금 시스템에 대한 논의도 이어졌다. 아무리 게임을 좋아해도 열정만으로 일하라고 할 수는 없으니 말이다. 수익을 창출할 방법을 모색하는 회의가 열렸다. 페이투윈 과금 시스템을 넣자는 의견이 있었다. 회의 중 누군가 고개를 갸우뚱하며 "그건 아닌 것 같다"라고 얘기했다. 페이투윈 과금 시스템은 수익을 창출하는 효과적인 비즈니스 모델이지만 돈으로 플레이어가 더 강력해지는 방식은 〈리그 오브 레전드〉에 어울리지 않았다. '플레이어 경험이 최우선'이므로, 게이머들이 불만을 가질 과금 요소는 적절하지 않았다. 게임 플레이에 영향을 미치는 상품은 아예 제공하지 않기로 했다.

그래서 나온 게 스킨 시스템이다. 보통은 특정 스킨을 사서 입히면 캐릭터의 스탯이 올라가는 과금 시스템이 흔하지만, 〈리그 오브 레전드〉에는 스탯을 올려주는 스킨이 전혀 없다. 사실 스탯 변동 없는 스킨도 게임에 영향을 미치기는 한다. 정확히는 게임 플레이가 아니고 게임 경험 시야가 달라진다. 플레이어 입장에서 재미 요소가 하나 더 생기는 것이다. 자신이 좋아하는 챔피언에 스킨을 입혀주는 것도 하나의 재미니까. 인형 옷 입히기 제품들의 시장 규모를 생각하면 아무 스탯 보너스 없는 스킨이라도 충분한 비즈니스 모델이 될 수 있음을 짐작할 수 있다.

모바일로도 출시된 〈레전드 오브 룬테라〉 역시 CCG Collectible card game 장르의 전통적 비즈니스 모델이지만 플레이어들의 주요 불만 요소였던 랜덤 박스를 과감하게 없애는 등 '플레이어는 무엇을 원하는가'를 최우선으로 두고 게임을 디자인했다.

이런 목표와 방향성 때문에 게임을 출시하기까지 몇 년씩 걸리기도 하지만, 그것이 플레이어들을 만족시키기 위한 비용이라면 얼마든지 감당하겠다는 것이 라이엇 게임즈의 마인드다.

테스트하기, 피드백 반영하기

일반적으로 게임 개발은 초기 진척 속도가 매우 빠른 편이다. 극단적인 경우 한두 달 안에 프로토타입이 나오고, 근본 시스템 변경 없이 그 뒤로 몇 개월 몇 년에 걸쳐서 콘텐츠 보강과 폴리싱* 작업이 진행되기도 한다.

라이엇 게임즈에서는 프로젝트 시작 시 업무 진행 밀도가 엄청나게 높다. 코어팀이 아주 디테일하게 들어가며 살벌할 정도로 토론한다. 모두가 전문가이며 코어 게이머라는 자부심이 있으므로, 라이엇 특유의 바텀업 문화와 어우러져 위아래도 없는 난상토론이 벌어진다. 게임에 관해서는 말단이고 디렉터고 없다. '이건 내가 했는데', '그건 아니잖아' 같은 갑론을박이 길면 몇 개월에 걸쳐 이루어지며, 이 과정에서 생성되는 도큐먼트 양도 방대하다. 이렇게 공들여 콘셉트를 만들어도 프레임워크에 안 맞아서 승인을 받지 못하면 미련 없이 버린다. 개발 중에도 처음에 생각했던 게 아닐 수도 있다는 판단이 들면 원점으로 돌아가서 프레임워크와 원칙을 재정립한다. 그렇다고 이미 진행 중인 개발을 손 놓고 허송세월하지는 않지만, 의구심이 드는데도 '이미 시작했으니까'라며 관성으로 진행하는 프로젝트는 없다.

초기 토론 못지 않게 중시하는 단계가 테스팅이다. 이상적으로 누구나 테스팅이 중요하다 하지만 막상 실제 개발 현장에서는 일정이 급하니까 대충 넘어간다거나, 테스트 결과가 별로 안 좋을 것 같아서 미룬다거나 하는 경우도 드물지 않다. 개발 초기에 내부에서 진행한 테스트는 팀 외

---

*   사업성을 목적으로 게임 특징 및 비즈니스 모델을 다듬는 일련의 일

부로 보고하지 않는다. 아직 명확히 정립되지 않은 초기부터 많은 피드백을 받으면 방향이 흔들리기 때문이다. 그러나 일단 테스트 가능한 단계에 이르면 팀원뿐만 아니라 다른 라이어터들도 같이 테스트에 참여하고 피드백을 준다. 이런 피드백은 지적이 아니라 선물이다. 담당팀이 아닌 외부의 피드백은 두려울 수밖에 없지만, 출시하고 나서 플레이어들로부터 질타를 받는 것보다는 훨씬 낫다. 출시 전에 하드코어 게이머들로부터 꼼꼼한 테스트와 피드백을 받아 만전의 상태로 출시할 수 있으니 기꺼이 선물이라 하지 않을 수 없다.

출시하고 나서도 테스트는 계속된다. 패치나 새로운 콘텐츠가 나오면 SNS나 포럼 등에서 플레이어 피드백을 실시간으로 체크한다. 일반적인 개발사는 전담팀이 사용자 반응을 모아서 전달하지만, 라이엇 게임즈에서는 개발자들이 직접 읽고 소통한다. 어떤 때에는 목소리 큰 소수의 의견이 과대 반영될 수도 있지만, 모든 개발자가 여러 곳에서 소통을 하다 보면 대체로 좋아하는지 싫어하는지 답이 나온다. 그러면 그 피드백을 바탕으로 또 개발하고 수정한다. 분석이 틀릴 수도 있지만, 피드백과 소통을 반복하다 보면 점차 좋은 방향으로 나아가게 된다. 때로는 플레이어들이 원하는 것이지만 개발해도 돈은 안 되는 피드백도 있을 수 있다. 하지만 장기적으로 봤을 때 플레이어 경험에 도움이 된다면 만든다.

패치 노트라는 것이 있다. 새로운 콘텐츠가 업데이트될 때마다 '이러저러한 게 바뀌었습니다'라고 공지하는 것인데, 라이엇 게임즈는 바뀐 부분을 이 정도까지 필요할까 싶을 정도로 상세히 설명한다. 대부분 회사는 '무엇무엇이 바뀌었습니다'라고 팩트 전달만 한다. 하지만 라이엇 게임즈는 왜 바뀌었는지 그 사유까지 얘기한다. "플레이어들이 전에 어떤 얘기를 했는데 이에 대해 이렇게 검토해서 이렇게 반영했습니다"라고 일일이 설명한다. 게다가 영상 매체에 익숙한 게이머들이 재미있게 볼 수 있도록 스토리를 넣어서 유튜브 동영상으로 공개한다. 이렇게 하면 플레이어들이 패치 이유와 결과를 이해하게 되고, 이 과정이 반복되면 신뢰가 쌓이는 것이다. 이는 더 적극적인 피드백으로 이어지고, 그렇게 선순환이 된다.

완성도의 함정에서 벗어나기

〈리그 오브 레전드〉로 대박을 터뜨리고 세계적 유명세를 탔지만, 그 뒤 10년 동안 라이엇 게임즈의 후속 게임은 나오지 않았다. 여기에는 잦은 패치 및 각종 부대 이벤트 준비 등으로 바빴던 탓도 있지만, 데드라인보다 게임의 완성도를 더 중요시한 라이엇 컬처도 한몫했다. 쉽게 말해 '될 때까지 만드는' 문화였던 것이다. 3년, 5년 긴 시간 공을 들이고 수백억을 투자를 했더라도 그들의 기준에 맞는 흡족한 결과물이 나오지 않으면 과감하게 접어버린다. '이제까지 만든 결과물이 아깝고 지금 상태에서 잘 마무리해서 내도 욕 먹을 정도는 아니니 출시해서 투자비 정도는 건지자'라는 결정도 할 만한데, 라이엇 게임즈에서는 지금까지 그런 경우가 하나도 없었다.

이러다 보니 단점도 있었다. 모두들 '방망이 깎는 노인'이 되어 몇 년이 지나도 완성작이 나오질 않았다. 그렇다고 개발팀이 게으르거나 무능하다는 뜻이 아니다. 모두들 게임에 진심이고 열정을 다해 후속작 개발에 애쓴 점을 모르는 것은 아니다. 다만 〈리그 오브 레전드〉의 매출이 넉

넉했기에 여유가 있었던 만큼 '완제품'을 만들어야 한다는 긴급함이나 치열함이 좀 부족했던 게 아닌가 싶다. 프로젝트 관리 측면에서도 시스템이 좀 부족했고, 다들 코어 게이머다 보니 창의성은 나올 때 나오는 거지 KPI나 데드라인을 빡빡하게 잡는다고 좋은 게임이 나오지 않는다는 분위기도 있었다. 그렇지만 아무리 여유가 있더라도 적당한 시점을 잡아서 공개하고 나머지는 플레이어의 의견을 받아 수정해가는 것이 맞는 방향이다. 그래야 완성도가 높아진다. 아무리 뛰어난 개발자라도 플레이어의 집단지성에는 미치지 못한다.

2017년 니콜로가 새로운 최고 경영자로 취임하며 이런 단점이 개선되었다. 수십 개 프로젝트의 수백 명이나 되는 개발자와 일일이 협의하며 과감히 데드라인과 마일스톤을 새로 정한 결과, 2019년부터 2020년에 걸쳐 신작들이 차례로 출시되었다. 말로는 간단한 일이지만, 이 과정에 들어간 노력은 이루 말할 수 없다. 라이엇 게임즈는 톱다운 구조가 아니기 때문에 직원 스스로 납득하지 못하는 일을 강제할 수 없다. 상대가 최고 경영자든 아니든 '아니다' 싶은 일에 이의를 제기하는 것이 라이엇 컬처다. 자유를 중시하는 개발자에게 데드라인을 정해놓고 그때까지 완성하라는 지시는 창의성을 무시하는 처사로 비춰질 수 있다. '이 정도면 됐다'고 개발자 스스로가 납득하는 합의가 나오기까지 몇 개월에 거쳐 수천 번의 회의와 상담을 진행했다. 마일스톤을 못 지키는 팀에는 자금이 지원되지 않는다는 초강수까지 뒀다.

큰 진통을 겪었지만, 한 번 교통 정리가 되자 1~2년 후 〈전략적 팀 전투〉, 〈레전드 오브 룬테라〉, 〈리그 오브 레전드 : 와일드 리프트〉, 〈발로란트〉 등 신작이 쏟아지며 플레이어들의 큰 호평을 받았다. 사실 이렇게 빠른 기간에 출시가 이어진 데에는 팀 간의 경쟁도 작용했다. 마일스톤을 중시하지 않았을 때에는 계속 갈고 닦기만 했지만, 일정이 강조되고 다른 팀은 어떻게 하는지가 눈으로 보이니까 기한에 맞추고 싶다는 의욕이 생긴 것이다. 일부러 경쟁을 부추기진 않았지만 다른 팀이 얼마만큼 하는지가 눈에 보이면 더 잘하고 싶은 것이 사람 심리다. 위에서 일방적으로 제시한 것이 아닌 자신이 적극적으로 참여해서 세운 목표니까 달성하고야 말겠다는 오너십도 생겼다. 이 과정에서 가장 어려웠던 점은 개발자의 창의성을 중시하며 한편으로 마일스톤에 맞춰 개발을 진척할 수 있게 균형을 잡는 일이었다. 크리에이터의 능력과 열정을 믿고 마냥 맡겨둔다고 좋은 게임이 착착 나오지는 않는다. 크리에이터의 사명이 좋은 콘텐츠를 만들어내는 것이라면, 관리자의 사명은 이 콘텐츠가 제때 맞게 나올 수 있도록 핵심성과지표를 제시하고 동기를 이끌어내는 것이다. 라이엇 게임즈에서 프로젝트 관리자는 명령권자가 아닌 가이드다.

새로운 IP 개발 : 〈발로란트〉

라이엇 게임즈 하면 〈리그 오브 레전드〉가 생각나고 실제로 가장 강력한 타이틀이지만, 그 밖에도 성공한 타이틀은 많다. 그중 하나가 〈발로란트VALORANT〉다. 20위 안에 진입하는 것만 해도 엄청난 성과인 게임트릭스 순위에서 3~5위를 놓치지 않고 있다.

〈발로란트〉는 폭발물인 스파이크를 설치, 해제하기 위해 대결하는 PC용 5대5 전술 FPS 게임이다. 〈리그 오브 레전드〉와 마찬가지로 무료 플레이에 스킨 아이템을 판매하는 비즈니스 모델을 사용하지만, 완전히 새로운 IP로 제작된 게임이며 1인칭 슈팅 게임 베테랑 개발자들이 제작에 참여했다. 2020년 6월 2일 전 세계에 출시되었고 북미와 유럽 지역 CBT 개시 당일(2020년 4월 7일)에는 트위치 동시 시청자가 172만 명을 돌파하는 등 출시와 동시에 열렬한 호응을 얻었다.

게임 속에서 〈발로란트〉는 전 우주에 영향을 미친 '최초의 빛 first light' 사건 이후 발생한 환경 문제를 조사하는 비밀 조직의 이름이다. 한국의 제트 Jett 요원을 포함해 영국, 미국, 러시아 등 전 세계 각지의 문화를 대변하는 각양각색의 전투 요원이 소속되어 있다. 다양한 총기를 제공하는 동시에 캐릭터마다 고유 스킬을 부여해 1인칭 슈팅 게임의 핵심 요소인 '타격감'과 '전략성'을 완성도 높게 구현했다. 유저들은 정밀한 총기 사용으로 상대를 제압하고, 스킬을 활용해 전황을 뒤집을 수도 있다. 요원들은 각자의 콘셉트에 따른 스킬을 사용하기 때문에 전략에 따라 조합을 자유자재로 설정할 수 있다.

쾌적한 게임 플레이를 위해 128틱 전용 서버를 마련해 전 세계 70퍼센트 이상의 이용자가 35ms 미만의 우수한 핑 환경에서 게임을 실행할 수 있는 환경을 구축했다. 또한 상대적으로 높지 않은 사양을 적용해 초당 최소 30FPS Frame Per Second에서 최대 144FPS 이상을 구현해 비교적 사양이 낮은 컴퓨터에서도 원활하게 플레이할 수 있다. 나아가 정확한 타격 판정을 구현하는 맞춤형 넷코드를 적용해 실력으로만 승부를 겨루는 공정한 시스템을 마련했다. FPS 게임의 고질적 문제인 불법 프로그램(핵) 방지 대책에도 많은 공을 들이고 있다. 자체 안티치트 Anti Cheat 프로그램을 운용해 불법 프로그램 사용자를 빠르게 감지하고 적발 시 강력한 제재를 가한다.

인플루언서를 활용한 '보는 게임' 콘텐츠를 맞춤 제작한 것도 인기의

한 요소라고 볼 수 있다. 프로게이머 출신 1인칭 슈팅 게임 전문 유튜버가 초보자를 가르치는 형식의 '코치 〈발로란트〉', 이벤트 대회 '코치 발할라', 〈발로란트〉 판 '5대 측정'으로 화제가 된 웹 예능 '에임폭발' 등 신규 및 캐주얼 플레이어의 눈높이에 맞춘 다양한 콘텐츠로 게임의 매력을 확실히 어필하며 고정 팬층과 두터운 인지도를 쌓아가고 있다.

또 〈발로란트〉는 6개월마다 새로운 '에피소드'를 선보이고 2개월마다 새로운 요원과 게임 모드, 배틀패스를 새롭게 선보이는 '액트' 단위의 업데이트를 진행한다. e스포츠 리그도 출시 직후 출범시키며 플레이어들에게 꾸준한 재미를 선사하고 있다.

17

플레이어 포커스 퍼블리싱

라이엇 게임즈의 퍼블리싱

퍼블리싱 부서와 개발 부서 사이가 안 좋은 회사가 꽤 많다. 퍼블리싱 부서에서는 개발팀이 시장을 모른다며 답답해하고, 개발팀에서는 게임 회사의 중심은 게임 개발이고 퍼블리싱은 부속이라는 생각으로 무시하는 경우가 있다.

내가 라이엇 게임즈에서 직접 겪은 사례도 있다. 굉장히 높은 직위에 있는 개발자였는데, 실력도 대단해 게임 개발을 책임졌다. 항상 개발만 생각하다 보니 게임만 좋으면 플레이어들이 알아봐줄 거라는 생각을 가지고 있어서 "퍼블리싱은 쓸모 없어!"라고 공공연하게 말했다. 문제는 영향력이 커서 그 말을 들은 다른 개발자도 그렇게 생각하게 된다는 점이다. 당연히 퍼블리싱 부서 귀에 들어갔고 회사에 긴장감이 생겼다. 퍼블리싱을 담당하던 나와 마찰이 잦아졌다. 결국 그는 퇴사해서 새로운 회사를 차렸다. 여기까지는 스타트업 흔한 광경이다. 재미있는 일은 그다음에 일어났다. 막상 게임을 출시할 때가 되니까 퍼블리싱을 해달라고 그가 스스로 라이엇 게임즈를 찾아온 것이다. "그렇게 퍼블리싱은 쓸모 없고 특히 라이엇 게임즈는 퍼블리싱 능력이 별로라고 떠벌리더니... 참 아이러니하네요." 니콜로 CEO가 리더십 미팅에서 뼈 있는 농담을 던졌다.

사람은 그렇다. 본인 일이 제일 중요하고 급박해서 다른 부서에서 하는 일을 잘 인정하지 않는다. 직접 경험해봐야 다른 일들이 얼마나 힘들고 중요한지를 깨달을 수 있다.

지금 라이엇 게임즈는 개발팀, 특히 리더십팀에 퍼블리싱 담당자가 초창기부터 배정되어 같이 움직인다. 아무리 회사 차원에서 개발자와 플레이어와의 소통을 지향한다고 하지만, 게임 제작에 매진하다 보면 플레이어와 항상 접촉하기는 쉽지 않다. 반면 퍼블리싱 파트는 물고기가 물 속에서 호흡하듯 플레이어들과 수시로 소통한다. 그렇기 때문에 개발 때부터 퍼블리싱 파트가 참여하면 플레이어들의 의견을 계속 전달할 수 있다. 필요하다면 설문도 진행할 수 있고 이 지역 플레이어들은 이렇다라며 개발자를 같이 출장에 데려가서 직접 분위기를 느끼게 해줄 수도 있다. 플레이어 중심으로 개발하는 회사에서 이런 역할은 매우 중요하다. 퍼블리싱이 없이 게임이 개발되면, 플레이어들이 원하는 제품이 되기 어렵고 퍼블리싱 부서의 게임 이해도와 애착 역시 떨어진다. 결국 개발팀이 주는 에셋에 그럴듯한 태그를 붙여서 여기저기 광고를 올리는 역할밖에 하지 못한다. 개발이 다 끝나고 나서 마케팅하는 것보다 게임 개발 초기부터 제품을 차별화할 전략을 함께 모색하는 것이 낫다.

타깃 마케팅

내가 업계에 처음 들어왔을 때만 해도 광고에 자금을 엄청나게 쏟아부었다. 가능하다면 케이블 TV에도 광고를 넣을 정도였으니까. 나는 광고가 별로 좋은 수단이 아니라고 생각했다. 진짜 타깃 유저를 안다면 그들에게 맞춤형 방식으로 광고를 해야 효과적이다.

설문 조사도 그렇고 주변 사람의 반응도 마찬가지다. 어떻게 〈리그 오브 레전드〉에 입문했는지 물어보면 광고를 보고 왔다는 사람은 없다. 대부분 친구 따라, 동료 따라다. 광고 효과가 아예 없다고 말하긴 어렵지만 '이런 게임이 있다'라고 보여주는 정도다. 실제로 사람을 끌어오는 효과는 미미하다. 물론 모든 게임이 다 그렇지는 않다. 몇 년째 지하철 역이 게임 광고로 도배되는 걸로 봐서는 효과를 보는 게임도 있어 보인다. 예를 들어 모바일이나 캐주얼 게임은 광고를 보는 즉시 설치와 플레이가 가능하니 효과적인 수단일 수도 있다. 반면 라이엇 게임즈가 추구하는 장르 디파이닝 게임에는 맞지 않는다.

그래서 라이엇 게임즈는 광고보다는 주로 플레이어들에게 직접 다가가는 퍼블리싱을 하는데, 그러다 보니 아예 마케팅을 안 하는 것 같다는 얘기도 종종 듣는다. 방식이 다를 뿐이지 그렇지 않다. 예를 들어 〈발로란트〉를 출시한다고 생각해보자. 요새 게이머들이 이 신작 게임을 주로 어디서 접하게 될까? 스트리밍 서비스다. 내가 업계에 들어왔을 때는 그런 매체가 별로 없었고 광고가 거의 유일한 대안이었다. 하지만 지금은 유튜브도 보고 인플루언서도 보고, 심지어 자기네들끼리 게임 토너먼트를 만들어서 하기도 한다.

이렇게 시대가 바뀌었으면 그런 게이머들을 따라가야 한다. 그래서 라이엇 게임즈에서는 인플루언서와 협업을 많이 한다. 그리고 인플루언서는 지역마다 다르므로 자연스럽게 그래스루츠 grassroots(풀뿌리) 마케팅을 하게 된다. 인플루언서와 협업할 때 돈을 주며 게임 방송을 요청하는 회사들도 있지만, 라이엇 게임즈는 이러한 마케팅을 지양한다. 인플루언서도 사람인 만큼 돈을 주면 객관적으로 말해달라 당부해도 편향되기 마련이다. 그러면 플레이어들은 곧바로 눈치챈다. 게임의 지명도는 올라갈지 몰라도 신뢰는 마이너스가 된다.

그렇다고 라이엇 게임즈가 돈에 인색한 것은 아니다. 인플루언서에게 하고 싶은 말 다 하라고 하되, 플레이어를 위해 뭔가를 하고 싶은데 지원이 필요한 경우라면 얼마든지 후원해준다. 예를 들어 100명을 모아서 대회를 열고 이것을 영상으로 찍고 싶다고 하면 약간의 검증을 한 뒤 실제로 기획을 실행할 사람이라는 판단이 들면 비용을 대준다. 시청자들에게 이벤트를 열고 라이엇 티셔츠를 나눠준다고 하면 이벤트 내용을 보고 제품을 지원하는 식이다.

그리고 e스포츠에 집중 투자한다. e스포츠 대회는 광고가 아니니까 마케팅이라고 생각하지 않는 사람도 많지만, 나는 광고보다도 이런 플레이어들과의 스킨십이야말로 진정한 마케팅이라고 생각한다. 광고도 단기적인 효과는 있다. 페이스북이나 인스타그램 광고는 유저 획득 user acquisition 용도로 분명히 의미가 있고, 캐주얼 모바일 게임에는 주요 경로가 된다. 라이엇 게임즈도 전혀 안 하는 것은 아니지만, 불특정 다수를 겨냥한 광고는 거의 안 한다고 보면 맞다. 남녀노소 누구나 대상으로 하는 캐주얼 게임과 달리 라이엇 게임즈가 만든 게임은 타깃 유저가 딱 정해져 있다.

대상이 아닌 캐주얼 유저를 많이 데려와봐야 리텐션만 떨어지고 어렵고 재미없더라는 입소문이 늘어날 뿐이다. 이런 게임을 즐기는 사람은 광고를 안 해도 자기가 찾아서 들어온다.

본사와 로컬의 장점을 살린 지사 설립

시간을 거슬러 한국 지사를 설립하기 전으로 가보자. 당시 니콜로는 인터내셔널 부문 총괄이었다. 한국에서 반년을 살면서 PC방도 다니고 게임사들도 만나면서 시장에 대해 이해도를 높이고 나서야 지사 설립을 결정했다. 마케팅 보고서만 받아도 숫자적인 파악은 가능하다. 하지만 현지(한국) 플레이어들이 이 게임을 좋아할지 안 할지, 어떤 성향인지는 직접 만나봐야 안다. 의사결정자인 니콜로는 감을 잡기 위해 직접 발로 뛴 것이다. 말은 안 통하지만 최대한 많이 경험하고 통역을 통해 듣고 이해하면서 시장을 파악한 뒤에 현지 채용으로 지사를 설립했다. 사실 본사에서 사람을 보낼 수도 있다. 조직을 새로 만들기에는 그 편이 더 쉽다. 언어가 안 되면 한국말이 통하는 교포를 보내는 방법도 있다. 하지만 플레이어를 이해하는 사람이 필요해서 100퍼센트 로컬로 채용했다.

라이엇 컬처와 맞는 사람을 구하기란 쉽지 않았다. 라이엇 게임즈는 몇 년이 걸리더라도 맞는 사람을 찾아서 채워나갔다. 그래야 현지 플레이어들과 공감하면서도 라이엇 컬처를 공유하는 조직을 세울 수 있기 때문이다. 다만 뽑자마자 라이엇 컬처가 정착되는 것은 아니다. 아무래도 100퍼센트 한국인이다 보니 한국인 특유의 업무 문화를 일거에 벗어던질 수는 없었다. 시간이 필요하다. 나 역시 처음 지사장으로 입사했을 때 지시를 많이 했다. 톱다운 방식이었다. 토론을 하려고 해도 잘 진행되지 않았다. 한국 지사의 한국식 문화를 라이엇 컬처로 바꾸는 데 오래 걸리긴 했지만, 지금은 진짜로 활발하게 토론하고 임파워먼트도 확실하다. 100퍼센트 로컬 직원들은 한국 문화를 이해한다는 강력한 장점까지 갖추고 있다. 더 빨리 더 열심히 하고 창의적이고 한국적인 콘텐츠를 많이 내놓는다. 양쪽 문화의 장점을 가진 셈이다.

독자적으로, 때로는 함께

지사와 본사는 때로는 독자적으로 때로는 함께 일한다. 플레이어의 게이밍 경험에 영향을 미치는 사안은 보통 본사에서 진행하게 되는데, 부정행위 프로그램 방지 체계를 갖출 때는 한국 지사가 먼저, 이후에 본사와 협업하여 해결을 했다.

앞서 언급한 스트리머의 부정행위 사용 의심으로 촉발된 사건은 공정한 게임의 공정성에 의구심을 불러일으켰다. 많은 플레이어가 부정행위 프로그램을 사용하고 있다는 인식이 확대되어 부정행위 프로그램을 사용하지 않으면 손해라고 생각하는 인식이 생겨날 정도였다. 부정행위 프로그램을 탐지하고 제재하는 시스템은 기존에도 있었으나 플레이가 원하는 공정함을 달성하기에는 부족했다. 공정함이 핵심인 게임에서 공정함이 무너지고 있었다. 플레이어들이 〈리그 오브 레전드〉를 떠나는 이유로 부정 프로그램과 채팅창에서의 욕설이 주요하게 작용하고 있었다. "이런 상태가 오래 유지되면 위험합니다. 본사가 어렵다면 지사 차원에서 할 수 있는 일부터 해나갔으면 좋겠습니다." 류석문 기술 총괄 상무(현재 쏘카 CTO)가 부정행위 전담 대응팀을 만들자 제안을 했다. 서버를 우리가 운영하고 있으니 자체적으로 해결이 가능하다는 의견이었다. 더는 미룰 이유가 없었다.

문제 해결을 위해 먼저 문제를 정확히 인식하고 파악하는 절차에 돌입했다. 부정행위 프로그램을 더 좋은 성적을 올리는 수단으로 일부 플레이어가 사용한다고 가정했으나 실제 조사한 결과에 따르면 상대팀을 조롱하고 같은 팀을 괴롭히는 일에서 즐거움을 찾는 악성 플레이어들이 주로 사용하고 있음을 알게 되었다. 이러한 악성 플레이어들은 제재를 당해도 새로운 계정을 구매하여 다시 게임에 참여했다. 하루에 계정 수십 개를 정지당해도 부정행위를 포기하지 않을 정도다. 이러한 특성 때문에 부정행위 프로그램을 탐지한 후 일정 기간 이후 제재하던 기존의 대응 방식은 충분하지 않았다. 24시간 실시간 모니터링하여 부정행위 프로그램이 발견되면 즉시 제재하는 체계가 필요했다. 부정행위 대응 체계를 완전히 바꿔야 가능한 일이었다. 한국팀은 한 달만에 초기 모델을 만들었다. 이후 지속적으로 개선해 탐지 즉시 게임 내에서 추방하고 제재하는 부정행위 방지 체계를 6개월만에 구축했다.

한국 지사에서 재빠르게 조치한 덕분에 게임 플레이 환경이 개선되기는 했지만 완벽하지는 못했다. 날이 갈수록 부정행위 프로그램은 더 고도화되었다. 게다가 더 음성화되어 점조직과 같은 형태로 거래가 이루어지면서 수만 원 하던 가격이 수백만 원까지 올라갔다. 부정행위 사용자 수는 줄었으나 일부 악성 유저들은 높은 비용을 지불하며 제재받지 않을 것이라는 기대를 품게 되었다.

새로운 유형의 부정행위에 대응하고자 본사와 한국팀이 힘을 모았다. 그 결과 플레이어 행위 기반의 탐지 체계를 갖추기로 합의하고 데이터를 수집하였고 게임 내 플레이 데이터를 기반으로 부정행위를 식별하고 제재할 수 있는 신뢰성 높은 부정행위 방지 체계를 개발할 수 있었다. 이후 〈리그 오브 레전드〉는 공정성이 가장 높은 게임이라는 신뢰를 회복할 수 있었다. 이는 한국팀이 관성을 깨뜨리고 플레이어의 눈높이에 맞는 해결책을 찾아내고, 나아가 더 효과적인 방법을 끊임없이 탐구한 결과다. 류석문 상무의 적극적인 해결 의지가 없었다면 그렇게 발 빠르게 대응하지 못했을 것이다. 현재는 한국 부정행위 대응팀은 이윤모 팀장을 중심으로 부정행위 탐지에 그치지 않고 부정행위 사용을 예방하고 나아가 게임 내의 공정성을 해치는 고의적인 트롤 행위까지 대응하고 있다.

남미는 축구, 중동은 랩

신작 게임 〈발로란트〉가 출시되자, 라이엇 게임즈 남미 LATAM팀은 축구에 대한 열정을 e스포츠로 불어넣을 방법을 모색했다. 파트너가 필요했다. 멕시코에서 두 번째로 큰 축구 클럽인 시바스 Chivas가 물망에 올랐다. 시바스는 창립한 지 115년이나 된 만큼 팬이 두텁고 많았다. 게다가 급성장하는 e스포츠에 관심이 많았다. 덕분에 협상은 빠르게 진행되었다. 클럽의 상징색인 하양과 빨강 줄무늬 유니폼을 입은 〈발로란트〉 e스포츠팀을 창단하는 한편 그 과정을 TV 시리즈로 제작하기로 했다. 5부작으로 만든 이 시리즈는 시바스와 〈발로란트〉 양쪽을 잘 이해하고 만든, 양쪽 팬 모두를 위한 쇼다. 시바스 클럽의 방송 채널인 시바스 TV에서 처음 방송되었고 이어서 소셜 미디어와 유튜브로도 배포되어 2,300만 조회 수를 기록했다.

중동의 메나* 지역에서는 또 다르게 접근했다. 현재는 크게 봐서 이슬람 문화권이지만, 우리나라 단군 시절에 피라미드를 만든 이집트를 봐도 알 수 있듯이 깊은 역사와 다양한 문화를 가진 지역이다.** 아무리 현지화한다 해도 모든 지역의 각 문화를 다 다룰 수는 없지만, 최대한 수용하기 위해 노력한다. 예를 들어 라마단 금식 기간의 마지막인 이드 Eid 축제에 〈발로란트〉 뮤직비디오를 공개하기로 했는데, 최대한 많은 지역의 문화를 수용하기 위해 세 지역의 아티스트가 협업했다. 북아프리카의 인기 있는 트랩*** 음악가인 이삼 하리스 Issam Harris, 이집트와 그 동쪽을 포함하는 레반트 지역을 휩쓰는 래퍼 마르완 무사 Marwan Moussa, 페르시아만 연안에서 떠오르는 작곡가 파파 FAFA를 기용한 것이다.

10주년 행사 그리고 안녕 준규

〈리그 오브 레전드〉 출시 10년째가 되는 2019년에 성대하게 10주년 행사를 했다. 준비에 2년 가까이 걸린 행사다. 흔히 매해 열리는 주년 행사는 게임 안에서 아이템을 주거나 기간 이벤트를 진행한다. 하지만 라이엇 게임즈는 플레이어들을 위한 축제를 만들고 싶었다. 다들 기다리는 차기작을 소개하고 싶었다. 10주년 날짜는 바뀔 수 있는 게 아닌 만큼 중요했고 차기작 발표는 플레이어를 만족시킬 수준이 아니면 역효과가 난다. 시스템이나 게임 플레이만큼이나 비주얼도 중요하고, 시연 중에 버그라

---

*   MENA, Middle East & North Africa, 중동 및 북아프리카
**   최초의 피라미드는 기원전 2630년부터 2611년까지 건축됐다고 알려져 있다. 단군이 고조선을 건국했다고 전해지는 해는 기원전 2333년이다.
***   힙합의 한 종류로 빠른 비트가 특징이다.

도 나면 플레이어의 신뢰를 확 떨어뜨리게 된다. 또한 신작을 소개할 멋진 영상을 만드는 데는 노력과 시간이 적지 아니 들어간다. 그만큼 개발에 들어갈 시간을 뺏기는 셈이다. 특히 첫 차기작으로 결정된 〈레전드 오브 룬테라〉 개발팀에 비상이 걸렸다. 정식 서비스 전에 시행하는 클로즈 베타 같은 느낌으로 공개하기로 했으니 얼마나 부담이였겠는가?

급기야 개발자들이 집단 행동에 들어갔다. 개발만 해도 바빠 죽겠는데 왜 마케팅에 동원되어야 하냐는 것이다. 바텀업 문화로 일하는 라이어터들은 자신이 납득하지 못하는 일은 안 한다. 해고는 할 수 있어도 강요는 할 수 없다. 어쩔 수 없이 창업자인 마크 메릴이 주도해서 10주년 행사 PM 역할을 맡았다. 나도 한 명 한 명 다 만나서 설명하고 이해를 구했다. 자기 색깔이 확실한 개발자 수백 명을 설득하는 작업이 결코 쉽지는 않았지만 우리의 노력을 알았는지 개발자들의 행동도 조금씩 변해갔다.

진짜 축제다운 축제를 만들어 10년간 변함없는 사랑을 보여준 플레이어들에게 짠 하고 서프라이즈 이벤트를 제공하고픈 마음이 간절했다. 라이엇 게임즈를 좋아하고 〈리그 오브 레전드〉를 좋아하는 사람들이 얼마나 즐거울까를 생각하니 적당히 넘길 수 없었다.

게임에 대한 인식을 바꾸고 싶은 마음도 있었다. 그냥 게임을 플레이하는 게 아니라, 게임 플레이를 자랑스러워했으면 좋겠다고 생각했다. 야구 선수는 정규 리그에 들지 못하는 동네 야구라도 자랑스럽고 떳떳하게 참여한다. 왜 게이머는 그런 느낌을 가지면 안 되는가? 나는 게임 회사에 들어오기 전까지 직장에서 게이머라고 얘기해본 적이 단 한 번도 없다. 하지만 내가 즐기는 게임이 얼마나 좋은 것이고 내가 당당하게 이런 걸 하고 있다고 알리고 싶은 욕구는 항상 있었다. 플레이어들이 그런 자긍심을 갖는 데 라이엇 게임즈가 힘이 되기를 바랐다.

10주년 행사에서 발표한 것은 게임만이 아니었다. 애니메이션 〈아케인〉 제작 발표도 했다. 이 모든 것을 전 세계에서 진행하며 생중계했다. 각자 지역을 맡아서 나는 한국으로 날아와서 발표하고 프랑스 출신인 니콜로 최고 경영자는 프랑스에서 발표했다. 브라질이나 유럽으로 간 임원도 있었다. 각지에서 플레이어 대상으로 행사도 하고 발표도 했다. 전 세계의 플레이어들은 〈레전드 오브 룬테라〉를 접해보고, 차기작 일정도 알게 되고, 〈아케인〉 트레일러도 볼 수 있었다. 이 모든 것이 창업자 마크 메릴의 진두지휘하에 퍼블리싱 조직이 뒤에서 진력한 결과다.

2019년 10주년 행사는 나와 라이엇 식구들에게 여러 의미를 남겼다. 사랑하는 동생이자 라이엇 코리아를 1년간 이끌었던 박준규 지사장이 짧은 생을 마치고 우리 곁을 떠났다. 다트머스대학의 영문학도 출신이었던 준규는 어찌나 글이 수려한지 빈틈없는 보고서마저도 서정적인 에세이 같았다. 어떤 날은 그가 보낸 (업무용일지라도) 이메일만 하루종일 읽고 싶을 정도였으니 말이다. 늘 말을 아끼는 과묵한 그이지만 필요할 때는 날카로운 인사이트와 카리스마로 라이엇 코리아를 진두지휘했다.

서울에서 열린 10주년 기념행사에서 준규를 봤을 때 병세가 악화되었다고 생각하지 못했다. 티를 내지 않아 함께 일하던 동료들도 병세가 그리 깊은지 잘 몰랐을 정도다. 끝까지 주어진 10주년 미션을 모두 완수하고 나서 스스로 병원으로 향했다. 그 마음이 어땠을지 가늠이 어렵다. 그게 그와의 마지막이었다. LA로 날아온 그의 부고 소식을 들었다. 마지막 가는 길을 지켜보지 못해 아직도 마음 한쪽이 저리다.

그곳에서는 더 이상 아프지 않길. 준규, 안녕.

18

플레이어 포커스
서포트

그런데 왜 여기에 질문한 거예요?

안녕하세요 소환사님을 스치는 산들바람 [GM]잔나입니다.

소환사님의 문의는 정상적으로 접수되었습니다.

점막 잘 까시고(매우 중요), 경로에 맹덕맹덕 잘 심어놓으시고 대군주 잘 넣으셔서 기습 드랍 같은 거 당하지 마세요... 나오는 병력 잘 끊어줘야 되고 좀 배짱 있게 멀티 드세요

뭔가 "ㅎㄷㄷ 여기 멀티하면 순식간에 뿌셔질 것 같아!"하는 느낌이 들어도 일단 해처리를 펴고 보면 생각보다 잘 안 뿌셔집니다.

200 vs 200 싸움하면 답이 안 나오니 꾸준히 병력을 갉아먹으면서 하는 게 답 같습니다.

그러다 지면 그냥 나와서 〈리그 오브 레전드〉 하세요.

〈리그 오브 레전드〉는 지면 팀탓이라도 할 수 있지,

〈스타 2〉는 지면 어디 하소연할 데도 없습니다.

그냥 100퍼센트 본인 실력 부족이거든요.

그리고 세레모니는 대군주 다 끌고 테란 본진 상공에서 108집단 감시군주 고치쇼 보여주면

테란 유저의 멘탈 + 비위에 큰 지장을 주게 됩니다.

어디서든 승리하는 소환사님 되시길 바래요.

근데 왜 이거 여기에 질문한 거예요?!

이상 [GM]잔나였습니다.

코미디에 설명을 덧붙이면 재미가 파삭 부서지지만, 어쩔 수가 없다. 이건 설명이 필요하다. 이번 장 제일 끝에 설명이 있으니 잠시만 기다려 달라!

우리의 제1과제는 플레이어 서포트

2011년 12월, 한국에서 정식으로 〈리그 오브 레전드〉의 서비스를 시작하고 나서 우리는 한층 더 바빠졌다. 어떻게 지속적으로 성장시켜 나갈 것인가? 어떻게 해야 한국 사회에 의미 있는 기업으로 자리 잡을 수 있을까? 어떻게 게이머들에게 신뢰를 받을 수 있을까? 다방면에서 고민을 했다. 그렇게 생긴 과제를 하나하나 풀어나가야 했다. 오래도록 성장할 수 있는 발판을 만들기 위해 e스포츠를 다시 활성화해야 했고, 외국계 회사

로서 한국 사회에 의미 있는 기업이 되고자 사회적 책임도 다해야 했다.

그중에서도 게이머들에게 신뢰를 주는 일은 일상적인 과제면서도 가장 어려운 일이었다. 다른 고민들은 '사업'적으로 접근하고 풀어나갈 수 있었지만 이건 '사업'이나 '비즈니스' 문제가 아니었다. 마음을 얻는 문제고 신뢰를 쌓는 문제였다. 게이머들에게 신뢰를 주는 것은 양보할 수 없는 라이엇 게임즈의 제1원칙 '플레이어 포커스'에도 부합하는 일이었다. 그만큼 더 중요한 과제였다.

게이머들에게 신뢰를 받는 것에는 여러 차원이 있다. 회사의 이름을 걸고 인정받고 신뢰를 받기 위해서 앞에서 이야기한 e스포츠 같은 이벤트를 만들고 사회적 책임을 다하는 일도 잘해야 하지만, 시발점은 게임 자체에 있다. 무엇보다 재미있는 게임을 제공해야 한다. 이게 가장 우선이다. 그래야 그다음이 생긴다. 이는 플레이어들의 리뷰와 코멘트, 피드백을 받아 본사 개발팀에 전하고, 한국적인 아이템을 고민하는 것으로 대응할 수 있었다. 두 번째로 안정적인 서비스를 제공하는 것이다. 서비스 초기에는 접속 인원이 급증하면서 속도가 느려지는 등 서비스 안정화 문제가 있었다. 아주 직접적으로 플레이어들이 반응하는 문제라 급하게 서버를 증설하는 등 어떻게든 빠른 시간 안에 해결해야 했다.

마지막으로 고객 응대 서비스를 제대로 해야 한다. 일반 회사로 치면 AS 혹은 고객 응대 부서의 업무도 중요하다. 우리는 그것을 CS가 아니라 PS라고 불렀다. 플레이어 서포트 Player Support, 말 그대로 플레이어가 안정적으로 또 재미있게, 아무런 불편 없이 게임을 지속할 수 있도록 그리고 우리 게임을 하면서 최고의 경험을 할 수 있도록 모든 도움을 다하는 것. 아마 라이엇 게임즈만큼 1:1 고객 서비스에 열심이고 진심인 곳도 없을 것이다.

대응보다 감동으로

플레이어의 경험이 최우선이다. 나는 게이머, 유저, 플레이어들이 〈리그 오브 레전드〉와 접하는 모든 일을 '경험'이라고 생각했다. 게임을 한다는 것은 게임을 통해서만 우리와 연결된다는 뜻이 아니다. 우리가 제작한 모자를 쓰고, 우리가 만든 챔피언 피규어를 방에서 제일 좋은 곳에 전시하고, 다른 일류 플레이어들의 게임 중계를 지켜보고, 게임 중 일어난 무엇이든 우리에게 문의 글을 남기고 하는 그 모든 과정이 라이엇 게임즈와 관계를 맺는 경험이다. 어느 하나도 소홀할 수가 없다.

우리는 '대응'보다 '감동'을 주기로 했다. 그냥 대응이라면 다른 회사들이 하듯 정형화된 답변, 틀에 박힌 대답을 하면 그만이다. 하지만 감동을 주겠다면 차원이 달라진다. 시작하는 마인드부터 하나하나의 응대 방법에 이르기까지 전부 다른 회사가 시도하지 못한, 시도할 수 없는 방식을 원했다.

초기부터 〈리그 오브 레전드〉를 플레이했던 사람들 사이에 전설처럼 전해 내려오는 이야기들이 있다. 전설은 이때 다 만들어졌다 해도 과언이 아니다. 그리고 유저들이 이야기를 얼마나 재미있어 했는지 본인들이 스스로 나서서 '미담'을 곳곳에 전파했다. 우리가 따로 홍보를 할 필요도 없었다. 그 전에 이미 소문이 자자해져서 오히려 그 때문에 더 많은 기발한 문의와 상담이 몰려들었다. 잠깐 그 이야기들을 돌이켜보자.

2012년 9월, 한 남성 이용자가 〈리그 오브 레전드〉 게시판에 도움을 청했다. 곧 결혼을 앞두고 있으며 부인될 사람과 같이 온라인 청첩장을 만들었단다. 그런데 신부 친구들만 찾아와 축하글을 남기고 자신의 친구들은 글을 남기지 않는다며 친구들에게 섭섭함을 표하는 내용이었다. 결혼 축하 메시지를 남겨달라는 언급은 있었지만 그 이상은 아니었다. 다른 곳이었다면 무시할 만한 메시지였을 것이다. 아니면 아주 기계적인 응대로 담당자 혼자서 사무적 말투로 "고객님, 결혼을 축하드립니다!" 하고 메시지를 남겼을 수도 있다.

하지만 우리가 누구인가? 플레이어들의 감동을 최우선으로 생각하는 라이어터다. 게시물 내용을 확인한 게임 마스터 GM은 고객센터 전 직원들에게 도움을 청했다. 신부 쪽 친구들로만 방명록이 넘친다고? 신랑 쪽 친구들로도 뭘 할 수 있는지 한번 보여주겠어!

다른 GM들까지 가세해 해당 이용자의 온라인 청첩장 방명록을 찾아갔다. 그리고 〈리그 오브 레전드〉에 등장하는 주요 챔피언들의 대사를 재치 있게 패러디해 릴레이 축하 인사를 남겼다. 이걸로도 모자라 친필 축하 메시지 등을 담아 결혼식에 액자 선물까지 보냈다. 해당 이용자만이 아니라 그분의 아내와 다른 지인들까지, 모두 큰 감동을 받았다고 한다.

라이어터들이 병원을 찾아간 일도 있다. 같은 해 11월. 백혈병으로 투병 중인 〈리그 오브 레전드〉 이용자가 홈페이지 게시판에 메시지를 남겼다. 힘든 시기를 지나고 있으며, 응원을 받고 싶으니 롤링페이퍼를 써줄 수 있겠느냐는 부탁의 메시지였다. 어떻게 됐을까? 수십 명의 직원들이 정성껏 기운을 북돋는 메시지를 담아 롤링페이퍼를 만들었고 〈리그 오브 레전드〉 선물 세트를 들고 병원으로 찾아가 전달했다.

감동만이 아니라 재미로도 소문을 탔다. GM들이 각종 플레이어의 1:1 문의 사항에 직접 그림을 그려 답변을 내보낸 것이 화제가 된 것이다. 물론 1:1 문의 답변의 내용이라, 사실은 문의한 이용자와 라이엇 게임즈만 알고 있어야 할 일이었다. 그런데 GM들의 톡톡 튀는 답변에 감명을 받은 플레이어들이 자발적으로 답변 내용을 온라인 커뮤니티나 게시판 등에 공유함으로써 플레이어 사이에 화제가 된 것이다. 의도한 건 아닌데 바이럴 마케팅의 모범 사례가 되어버렸다.

플레이어 챔피언이 트랩에 걸리는 이유가 뭐죠?

GM 제가 그린 그림을 보면 아실 거에요.

당시 한 플레이어가 〈리그 오브 레전드〉 게임 중에 날개를 지닌 챔피언이 바닥에 설치된 트랩에 걸리는 이유가 무엇인지를 문의한 일이 있었다. 이 질문을 받은 GM이 말로는 해결이 안 될 것이라 생각했는지 그림으로 해당 챔피언의 꼬리가 트랩에 걸리는 부분을 잘 표현하면서 유머러스하고도 명쾌하게 답변했다.

또 '잭스'라는 챔피언의 모습을 그림으로 그려달라는 플레이어의 요청에 GM이 기꺼이 손수 그린 그림을 그려서 응답한 일도 있었다. 이에 감명받은 플레이어가 화답으로 또 다른 챔피언 그림을 직접 그려 보냈다. 그림 응답 시리즈가 알려지면서 한 플레이어는 챔피언을 하나 지목한 뒤 그 챔피언이 코끼리, 기린, 얼룩말 등을 타고 있는 모습을 그림으로 그려달라고 요청을 보내기도 했다. 이때도 GM들은 각자의 개성을 담아 여러 가지 그림을 그려 응대함으로써 커뮤니티 등에서 화제가 되었다.

한편으로는 이런 일도 있었다. 롤에서는 스킨을 구매할 때 RP라는 게임 내 통화를 이용한다. 꼭 사고 싶은 스킨이 나왔는데 몇 RP가 부족해서 못 사는 사람이 어떻게 좀 살 수 없겠냐고 문의를 보내왔다. 예를 들어 아리

스킨을 사고 싶은데 RP가 부족하다는 문의가 오면 GM이 아리 그림을 보내달라고 답변한다. 그러면 종이에다 그림을 그린 다음 사진을 찍어서 보내는 경우도 있고 포토샵으로 그려주는 경우도 있다. 감탄할 만큼 예쁜 그림이 있는 반면 작대기 죽죽 그은 스틱맨을 보내오는 사람도 있는데, 아무튼 그렇게 보내오면 수고하셨다고 하고 RP를 보내줘서 스킨을 사게 해준다. 그런데 재미있는 것은 이렇게 받은 그림을 모아서 본사에 전시를 해뒀다는 점이다. 플레이어들이 보내준 그림들을 볼 때면 왠지 흐뭇하고 내가 정말 플레이어를 위해 일하고 있구나라는 생각이 들었다.

응대는 비용이 아니라 투자다

돌이켜보면, 플레이어 중심의 철학을 가지고 성의껏 플레이어의 의견에 답변하고 소통하는 것이야말로 가치 있는 투자였다. 〈리그 오브 레전드〉가 10년째 '국민 게임'으로 자리를 지킬 수 있는 것은 그 투자의 결과물이다. 하지만 당시에 지금과 같은 결과를 염두에 두고 행동한 것은 아니다. 오직 진심으로 플레이어들에게 다가가야겠다고만 생각했다. 이용자들로부터 사랑받는 게임사가 되는 것이 우리의 목표였다. 그래서 좋은 콘텐츠(게임)를 제공하는 것에서 그치지 않고, 이용자들의 목소리에 귀 기울이고 충실한 고객 대응 등으로 〈리그 오브 레전드〉를 즐기는 게이머들에게 다가갔다.

게임 회사에서는 CS, PS, QA 인력이 상대적으로 찬밥 대우를 받는 경우가 많은 것이 현실이다. 하지만 라이엇 게임즈에서는 그런 느낌을 주고 싶지 않았고 같은 팀임을 강조했다. 2012년 11, 12월 두 달간은 나를 포함해 모든 직원이 PS 업무 체험 프로그램에 참여했다. 그 업무가 플레이어들의 입장을 듣고 소통을 책임지는 가장 접점이자 우리 비즈니스의 최전선이었기 때문이다. 플레이어들이 무슨 생각을 하는지 모르는데 어떻게 더 나은 서비스를 제공하고 더 재미있는 게임을 개발할 수 있겠는가?

언젠가 한 인터뷰에서 매출에 대한 질문을 받았다. 문화유산 보호 및 지원이라든지 깨알 같은 1:1 고객 응대라든지 그런 일이 이익만 쫓는 기업 입장에서 가능한가를 묻는 질문이었다. 그때 이렇게 대답했다. "더 매출을 올릴 수 있는 방법이요? 당연히 알고 있습니다. 하지만 안 하는 겁니다. 돈을 쫓다 보면 우리의 가치관과는 다른 방향으로 흘러가 플레이어 입장에서 생각하지 않게 됩니다."

자, 이제 맨 앞의 인용문을 이야기할 차례다. 저 GM은 친절한 안내 뒤에 이렇게 이야기하고 있다. "그런데 왜 여기에 질문한 거예요?" 경쟁사의 게임인 〈스타크래프트 2〉에 관련된 질문이었던 것이다. 이 라이어터는 번지수를 잘못 찾아왔다고 면박을 주지도 않았고, 그냥 모르는 척 무시하고 넘어가지도 않았다. 그러기는커녕 아주 재치있게 질문에 답했다. 질문의 핵심에 성실히 대답을 달고, 안 되면 〈리그 오브 레전드〉로 바꿔보라고 제안까지 했다. 그러면서 바꾸는 명분까지 만들어준다. "〈리그 오브 레전드〉는 팀 게임이라 본인 실력이 안 되어도 남 탓을 할 수 있어요!"

물론 남 탓하라고 권하는 게 아니다. 팀 플레이라는 〈리그 오브 레전드〉의 장점을 질문자의 상황에 맞게 재치있게 드러낸 것이다. 다른 게임에 대한 문의도 허투루 대하지 않고 알려줄 건 알려주고, 그 와중에 〈리그 오브 레전드〉로 올 것을 재치있게 권하기도 했다. 플레이어에 대한 응대는 비용이 아니라 투자다. 이런 플레이어 우선의 마음들이 쌓여 지금의 〈리그 오브 레전드〉, 지금의 라이엇 게임즈가 되었다.

〈리그 오브 레전드〉를 넘어서

라이엇 게임즈는 2006년 창립했다. 2023년 현재 창립한 지 17년이 지났고 〈리그 오브 레전드〉 외에도 다른 게임들도 출시했다. 지금까지도 극적인 성장을 이뤘지만 앞으로는 더 큰 결실을 얻으리라고 기대해본다. 좋은 사람들이 확실한 비전을 위해 뛰고 있으며 자금도 충분하기 때문에 충분히 근거 있는 기대다. 마지막으로 기대의 근거를 더 구체적으로 살펴보자.

현재의 라이엇

전 세계에 퍼진 라이엇 게임즈 직원이 5,000여 명에 이른다. 미션을 중심으로, 바텀업으로, 최소한의 시스템으로 지금까지 왔다. 조직 규모가 커지면서 그것만으로는 충분하지 못하다. 어떻게든 조직에 알맞은 시스템의 변화가 필요하다.

오랜 기간 게임이 하나밖에 없었다. 모든 것이 〈리그 오브 레전드〉 중심으로 돌아갔다. 개발도 마케팅도 〈리그 오브 레전드〉팀에 속해 었었다. 하지만 다른 게임들도 출시되고 세계 각 지역에 지사도 많아지면서 마케팅은 별도 조직으로 분리되었다. 지금의 라이엇 게임즈는 필러 pillar 구조*에 가깝다. 게임, 퍼블리싱, e스포츠, 엔터테인먼트, 엔터프라이즈 부문별로 나눠져 있다. 예전에는 지사장이 모든 일을 맡아서 처리하고 본사에 보고하는 식이었다면 지금은 각 부문과 지사와의 연계와 협업이 중요하다.

한편으로 시스템이 많이 강화되었다. 예전에는 거의 '게이머의 직감'으로 판단하고 문화에 따라서 행동했다. 이런 방식 덕분에 얻은 장점도 많지만, 관리 면에서 비효율적이었던 것도 사실이다. 지금은 라이엇 컬처를 유지하면서도 시스템을 많이 보강해서 업무의 안정성이 높아졌다.

리더십의 변화

아마 가까운 미래에 라이엇 게임즈의 가장 큰 변화는 CEO 교체일 것이다. 2017년부터 최고 경영자를 맡아 라이엇을 훌륭히 이끌어온 니콜로가 2023년 12월을 끝으로 사임하고 고향인 프랑스로 돌아가기로 했다. 다른 회사로 옮기거나 창업할 생각은 없고, 당분간은 라이엇 게임즈의 고

---

*   필러는 라이엇 게임즈 용어다. 부문이라고 생각하면 쉽다. 게임, 퍼블리싱, e스포츠, 엔터테인먼트, 엔터프라이즈. 부문 안에는 본부, 본부 안에는 팀이 있다. 게임, e스포츠, 엔터테인먼트는 프로덕트(Product)이고, 퍼블리싱과 엔터프라이즈는 서비스 조직이다. 엔터프라이즈와 퍼블리싱팀들이 게임, e스포츠, 엔터테인먼트에 매트릭스로 들어가 있다. 예를 들어 게임 필러 안에 발로란트 본부가 있고 발로란트를 총괄하는 퍼블리싱 장의 소속은 '퍼블리싱'이지만 발로란트 게임팀에 매트릭스되어 있다.

문 역할을 하며 가족에게 충실한 시간을 보낼 예정이다. 니콜로는 전 세계 상위 0.057퍼센트 안에 들어야 입학할 수 있는 프랑스 그랑제콜* 준비반(classes préparatoires aux grandes écoles, CPGE)과 ESSEC 비즈니스 스쿨을 졸업했다. 2009년 입사해 최고 경영자가 되기 전에 글로벌 퍼블리싱 부문 사장과 인터내셔널 부문 부사장을 역임한 바 있다. 〈리그 오브 레전드〉는 물론 〈FIFA 온라인〉, 〈월드 오브 워크래프트〉, 〈발더스 게이트〉 등을 좋아하는 코어 게이머다. 뛰어난 리더십으로 라이엇 컬처를 정착시키는 데 큰 공헌을 한 니콜로는 내 뜻을 마음껏 펼치도록 전폭적으로 지원해준 훌륭한 상사이자 친구였다.

후임으로는 A. 딜런 자데자 A. Dylan Jadeja 현 프레지던트가 내정되어 있다. 2011년에 라이엇 게임즈에 CFO로 합류했으며 2017년에 프레지던트가 되었고 엔터프라이즈 부문을 이끌고 있으니, 니콜로에 버금가는 터줏대감이다. 하버드 비즈니스 스쿨 출신이며 라이엇 게임즈에 합류하기 전에는 골드만삭스에서 일했다.

나는 오래전부터 딜런이 차기 CEO가 될 적임자라고 믿고 있었다. 짧게 소개를 하자면, 딜런은 내가 만난 모든 사람 중에서 IQ와 EQ 사이의 균형이 가장 뛰어나다. 성공적인 기업 경영자는 대개 의욕이 넘치고 지적이며 결과를 잘 이끌어내는 반면, 공감 능력이 부족할 때가 있다. 그런데 딜런은 그렇지 않다. 사려 깊고, 지휘고하를 막론하고 서로의 업무와 개인 그 자체를 존중한다. 그 결과 라이엇 리더의 신뢰와 존경을 받고 있다.

---

*　그랑제콜(Grandes Écoles)은 프랑스의 고등교육기관. 그랑제콜 학위과정에 입학하려면 추가적으로 2년의 그랑제콜 준비반을 거쳐야 한다.

〈아케인〉 시즌 2 제작

2021년 말, 넷플릭스에서 큰 인기를 끌었던 〈아케인 : 리그 오브 레전드〉 시즌 1의 완결과 동시에 시즌 2 제작이 공식 발표되었다. 시즌 1과 마찬가지로 라이엇 게임즈와 프랑스 3D 애니메이션 스튜디오 포티셰 프로덕션Fortiche Productions이 협업한다. 제작 총괄도 크리스티안 링케Christian Linke와 알렉스 이Alex Yee가 다시 맡았다. 시즌 1에서 배경으로만 나오고 제대로 설명되지 않았던 필트오버와 자운 사이의 전쟁을 중심으로 진행될 예정이다.

니콜로는 〈아케인〉 시즌 2가 2023년 이내에는 나오지 않겠지만 시즌 1처럼 6년이나 걸리지는 않을 것이라 밝혔다. 팀 구성과 스토리 구상부터 새로 해야 했던 시즌 1에 비해 조직이 갖춰지고 애니메이션용 설정이 정립되었기 때문일 것이다. 그러나 예전의 관행을 답습하지 않는 것이 라이엇 게임즈의 관행인 만큼, 또 어떤 혁신적인 결과물을 가지고 나올지 나도 예상이 안 된다.

다양한 장르의 신작들

〈리그 오브 레전드〉는 멀티플레이어 온라인 배틀 아레나 장르에서 선두이고, 〈발로란트〉는 FPS다. 〈전략적 팀 전투〉는 오토배틀러*, 〈레전드 오브 룬테라〉는 카드 게임으로 장르가 모두 다르다. 이렇게 라이엇 게임즈

---

*   타워 디펜스 장르의 변형으로, 전장에 유닛을 배치하고 자동으로 이뤄지는 전투를 지켜보는 게임

는 비슷비슷한 게임을 자기 복제하기보다는 플레이어들이 원하지만 아직 서비스하지 못하는 다양한 장르의 게임을 제작한다. 창업자들부터가 RTS 나 MMORPG 등 여러 장르를 즐겨 플레이했기에 이는 당연한 것이라 할 수 있다. 지금도 새로운 게임이 계속 만들어지고 있는데, 아직 진행 중인 프로젝트들인 만큼 확정되지 않은 사항이 많지만, 짧게나마 소개해본다.

샌드박스 RPG 〈하이테일 Hytale〉

〈마인크래프트〉의 미니 게임 서버 제작사였다가 라이엇 게임즈의 자회 사가 된 하이픽셀 스튜디오에서 제작 중이며, 타이틀이 확정된 만큼 가장 구체적으로 드러난 프로젝트다. 2024년 출시를 목표로 개발에 매진하고 있다. 〈마인크래프트〉와 비슷하게 건물을 짓거나 모험을 할 수 있으며, 모 드 제작과 블록 코딩이 훨씬 강력하고 배경도 5가지 행성으로 다양하다.

LoL e스포츠 매니저

〈리그 오브 레전드〉를 하는 e스포츠팀을 관리하는 시뮬레이션 게임. 프 로 야구 매니저나 사커 매니저 등 일반 스포츠를 매니징하는 기존 게임은 꽤 있지만, e스포츠를 다룬다는 점이 특색있다. 〈리그 오브 레전드〉라는 거대 IP를 보유하고 있기 때문이기도 하지만 e스포츠 역시 당당한 스포츠 라는 선언이기도 한 셈이다. 현재는 중국에 출시된 상태다.

MMOFPS 〈프로젝트 T〉

블리자드의 〈오버워치 2〉, 라이엇 게임즈의 〈레전드 오브 룬테라〉 프로듀서 트레이시 케네디 Tracy Kennedy가 진행 중인 프로젝트다. 2023년 개발이 시작되었으니 출시까지는 몇 년 더 필요할 것 같다.

MMORPG

제목은 아직 정해지지 않았지만 〈리그 오브 레전드〉 세계관을 배경으로 하는 MMORPG다. 〈리그 오브 레전드〉 개발팀 인원이 많이 참여하고 있고 〈월드 오브 워크래프트〉 게임 디자이너였던 캔디스 토머스 Candace Thomas도 합류했다. 〈리그 오브 레전드〉 챔피언들도 NPC로서 등장하지만, 이들에게만 의존하기보다는 고유 콘텐츠를 풍부하게 넣을 예정이다. 〈월드 오브 워크래프트〉를 좋아하던 마크와 브랜든 공동 창업자가 큰 관심을 두는 프로젝트이며, 무료 플레이에 장식 아이템 위주의 비즈니스 모델을 목표로 하고 있다. 즉 〈리그 오브 레전드〉 같은 비즈니스 모델인데, AAA급 MMORPG로서는 불가능하다고 여겨지던 방식인 만큼 꼭 실현되었으면 좋겠다고 개인적으로도 바라고 있다.

ARPG 〈프로젝트 F〉

PvE Player versus Environment* 중심의 오픈 월드 RPG다. 〈리그 오브 레전드〉 배경 세계인 룬테라를 직접 돌아다니며 실제 세상처럼 생생하게 느끼게 하

---

* 다른 플레이가 아니라 컴퓨터와 겨루는 방식 모두를 포괄하는 용어

는 것이 개발 목표다.

격투 게임 〈프로젝트 L〉

〈리그 오브 레전드〉 챔피언들이 등장하는 대전 격투 게임이다. 격투 장르는 플레이어 간의 핑 차이가 승패에 결정적 영향을 미치기 때문에 여기에 문제가 생기면 플레이어들의 불만이 매우 높아진다. 프로젝트 L 개발팀은 이 문제를 해결하기 위해 최신 기술을 쏟아붓고 있다.

미래, 그래도 변하지 않는 가치

이렇게 다양한 신작들을 내놓았거나 준비 중이지만, '플레이어 경험이 최우선'이라는 핵심 가치에는 한 치의 양보도 없다. 일례로, 앞서 말한 〈발로란트〉의 개발을 리드한 스테판 림은 〈리그 오브 레전드〉처럼 코어 게이머들이 좋아하는 게임에는 또 어떤 것이 있고 사용자들은 무슨 생각을 하는지, 왜 게임을 하는지에 대해 인터뷰를 통해 분석했다. 그러자 '경쟁성'이라는 키워드가 나왔고 거기에 성취감이 연결되었다. 다시 말해 다른 사람보다 더 잘하고 싶고, 그 결과를 남에게 보여주고 싶다는 것이다. 이런 게이머가 가장 많이 하는(원하는) 장르로 멀티 플레이어 온라인 배틀 아레나 외에도 FPS가 있었기에 FPS로 장르가 정해진 것이다. 그렇다고 기존 FPS를 따라 만들 생각은 없었다. 이미 훌륭한 FPS 게임이 많았고, 거기에 타이틀 하나를 더 얹는 일은 플레이어들이 원하는 것이 아니었다. 장르 디파이닝 게임이어야만 새 타이틀을 내놓는 의미가 있다. 그렇게

'스킬'을 사용하는 FPS 〈발로란트〉가 나왔다.

〈발로란트〉의 또 한 가지 목표는 글로벌한 게임을 만들자였다. 현재 게임에 등장하는 에이전트가 21명인데, 한국 국적인 제트도 있고 중국, 미국, 브라질 등 여러 문화권을 골고루 반영하면서도 국가별 아키타입*에 빠지지 않도록 초기부터 조심스럽게 디자인되었다. 이게 원활하게 가능했던 이유는 첫째로 글로벌 지사가 많고 플레이어 소통을 통해서 많은 피드백을 받을 수 있었기 때문이다. 또한 개발팀은 미국에 있어도 팀원은 글로벌하게 데려오기 때문이기도 하다. 단순히 개발 팀원의 출신지가 다양해서가 아니라, 남의 얘기에 귀를 기울이는 면이 크다.

어느 조직이나 일부 스타 또는 독선적인 리더가 자기 마음대로 하려는 경우가 있기 마련이다. 단언컨데 〈발로란트〉 개발팀에는 (그리고 라이엇 게임즈에도) 그런 일은 없다. 조직 전방위 그리고 조직 밖 플레이어들의 피드백을 받아 논의하고 받아들인다. 그만큼 플레이어 포커스가 조직 전반에서 강력하게 작용한다. 대표적인 예가 '신속 플레이' 모드다. 짧게 시간 날 때 한두 판 하고 싶은데 30분에서 1시간씩 걸리는 일반전은 너무 길어서 못 할 때가 있다는 의견에 게임 플레이를 압축한 모드를 추가했다.

그래서 라이엇 게임즈의 개발 문화를 극단적으로 말하자면, 라이엇 게임즈에는 게임 업계에서 흔히 말하는 '장인정신'이 없다. 게임 플레이나 배경 설정, 스토리 서사에 집착하지 않는다. 이런 요소를 소홀히 한다는 뜻이 아니라, '내 게임은 어떤 모습이 되어야 한다'고 창작자로서 고집하지 않는다는 뜻이다. 모든 것을 플레이어 중심으로, '플레이어들이 어떻

---

* 　민족이나 인종, 국가 등의 집단 무의식에서 공통되게 나타나는 보편적인 이미지

게 느낄까'라는 관점에서 만들고 서비스한다. 그것이 게임이 되었든 소설
이나 애니메이션이 되었든 아니면 e스포츠 리그전이 되었든, 플레이어들
에게 선보이는 '놀이'는 달라질 수 있어도 라이엇 게임즈의 정신은 변하
지 않는다.

딸아이가 태어나고 얼마 지나지 않은 2011년에 라이엇 게임즈에 입사해 아이의 모든 성장 과정과 라이엇 게임즈에서의 내 경험이 함께 겹겹이 쌓여갔다.

아이가 말을 틀 무렵부터 주말에는 함께 회사에 갔다. 함께 창밖으로 보이는 한강을 보며 강 건너 할머니, 할아버지 집을 맞추며 시간을 보냈다. 라이엇 게임즈의 주먹 로고를 보며 자라서인지 딸아이는 주먹만 보면 "라이엇 게임즈"라고 외치곤 했다. 회사 로고와 아이 이름이 큼지막히 새겨져 있는 티셔츠를 입고 놀이터에서 놀았고, 티모 Timo와 나르 Gnar를 좋아하며 자랐다. 원래 발음이 나르인데 아이가 영어의 묵음을 알리가 없으니 보이는 대로 '그나르'라고 불렀다. 본사 로비에 있는 대형 애니와 티모를 보다가 "왜 쟨 바지를 안 입었냐"는 천진난만한 질문을 던져 함께 있던 본사 담당자와 함께 다들 웃었던 기억이 생생하다. 어느새 훌쩍 커서 친구들

사이에서 아빠 회사가 이야깃거리로 등장할 때마다 어깨가 으쓱해지는 10대 소녀로 자랐다.

2011년 나는 라이엇 게임즈의 게임에 대한 진정성과 상품에 매료되어 이제 막 출사표를 던진 스타트업에 합류했다. 현실적으로 보면 조금은 무모한 결정이었다. 당시 오랫동안 기다렸던 첫 아이를 품에 안은 지 얼마 되지 않았고 누구나 이름만 대면 다 아는 회사에서 안정된 직책으로 평탄한 삶을 살고 있었다. 어떻게 보면 모험을 선택하면 안 되는 상황이었다. 그때 라이엇 게임즈에 합류하지 않았다면 지난 내 12년은 어땠을까? 균형 잡힌 일과 삶을 느긋하게 즐기며 살았을까? 아니면 무료하다 느끼며 살았을까? 라이엇 게임즈의, 〈리그 오브 레전드〉의 눈부신 성장을 보며 땅을 치고 후회하고 있을까? 아니면 라이엇 게임즈와의 인연조차 잊은 채 살아갔을까?

내가 라이엇 게임즈에 합류했든 안 했든 〈리그 오브 레전드〉는 전 세계적으로 가장 많이 플레이하는 게임 중 하나로 145개가 넘는 국가에서 월 플레이어 수 1억 명 이상을 달성해 시대를 대표하는 게임이 되었을 것이다. 넷플릭스에서는 〈리그 오브 레전드〉의 세계관을 바탕으로 제작된 3D TV 애니메이션 시리즈인 〈아케인〉을 방영했을 터이고 세종문화회관에서는 KBS교향악단의 연주로 〈리그 오브 레전드〉 음악을 클래식 공연으로 풀어냈을 것이다. 〈리그 오브 레전드〉는 명실상부 세계적인 e스포츠이자 문화로 우리의 삶에 자리 잡았을 것이다. 그리고 MZ세대의 문화로 자리 잡았을 것이다. 그만큼 라이엇 게임즈는 철저히 '플레이어 포커스'를 지키는 회사이기 때문이다. 그런 라이엇 게임즈와 〈리그 오브 레전드〉의 영광의 순간을 함께 할 수 있었다니 나는 정말 복이 많은 사람이다.

예전엔 한국이 온라인 게임의 메카라고 불렸는데, 위상이 옛날 같지 않다. 나의 경험을 녹여낸 이 책이 국내 회사들의 성공적인 글로벌 진출에 미약하게나마 기여하는 안내서가 되었으면 하는 소망이 생겼다. 이제 라이엇에서의 영광을 뒤로 하고 나 역시도 벤처캐피털이라는 다음 챕터를 열었다. 먼저 게임 산업에 몸담은 선배로서 한국 스타트업들에 기여하고 사람들의 인사이트에 지속적으로 도움을 줄 수 있으면 하는 마음이다.

리그 오브 레전드 플레이어 중심주의

게임에서 문화로, 〈리그 오브 레전드〉를 만든
라이엇 게임즈 인사이드 이야기

초판 1쇄 발행 2023년 09월 10일
초판 2쇄 발행 2023년 09월 15일

지은이 오진호
팩트 체크 기술(류석문), 사회공헌(구기향), e스포츠(오상헌, 윤영학), 퍼블리싱(양세현)

펴낸이 최현우 · **기획** 최현우, 강세중 · **편집** 최현우, 박현규, 최혜민
디자인 디박스 · **조판** SEMO

펴낸곳 골든래빗(주)
등록 2020년 7월 7일 제 2020-000183호
주소 서울 마포구 신촌로2길 19, 302호
전화 0505-398-0505 · **팩스** 0505-537-0505
이메일 ask@goldenrabbit.co.kr
SNS facebook.com/goldenrabbit2020
홈페이지 goldenrabbit.co.kr

ISBN 979-11-91905-37-3   03000

* 파본은 구입한 서점에서 바꿔드립니다.

자료를 제공해주신 라이엇 게임즈 코리아에 깊이 감사드립니다.